L'ANCIENNE FRA

LA JUSTICE

ET

LES TRIBUNAUX.

IMPÔTS, MONNAIES ET FINANCES.

OUVRAGE ILLUSTRÉ DE 178 GRAVURES

ET D'UNE CHROMOLITHOGRAPHIE.

PARIS,

L'IBRAIRIE DE FIRMIN-DIDOT ET CIE,

IMPRIMEURS DE L'INSTITUT, RUE JACOB, 56.

1888.

LA JUSTICE

ET

LES TRIBUNAUX.

TYPOGRAPHIE FIRMIN-DIDOT. — MESNIL (EURE).

COMMENT GUILLAUME DE POMMIERS, ATTEINT DE TRAHISON,
et un sien clerc, furent décollés à Bordeaux par ordre du lieutenant du roi d'Angleterre (1377).
Chroniques de Froissart, n°. 2644. Biblioth. nat. de Paris.

LA JUSTICE.

ET

LES TRIBUNAUX.

LA JUSTICE AU MOYEN AGE.

Le gouvernement né de la famille. — La législation barbare humanisée par le christianisme. — Le droit de justice inhérent au droit de propriété. — Les lois sous Charlemagne. — Formes judiciaires. — Les témoins, le duel, etc. — Organisation de la justice royale sous saint Louis. — Le Châtelet et le prévôt de Paris. — Juridiction du parlement. — Ses devoirs et ses gages. — Les bailliages. — Luttes du parlement et du Châtelet. — Rédaction des coutumes.

HEZ les anciens peuples celtiques et germains, avant qu'aucune infiltration soit grecque, soit romaine, se soit mêlée à leurs mœurs, tout semble subordonné à la famille; c'est à la famille que se rattache l'existence politique des races aussi bien que la possession légitime des terres. « Chaque année », dit Jules César dans ses *Commentaires*, « magistrats et princes du peuple assignaient, dans le lieu qu'ils voulaient et selon la mesure qui leur convenait, un territoire aux familles

ainsi qu'aux associations d'hommes revêtus de ce caractère;
l'année suivante, on les forçait d'aller s'établir ailleurs. »

Les familles (*familiæ*), les associations d'hommes (*cognationes
hominum*), dont parle César, se retrouvent, dans les lois barbares et dans les historiens du moyen âge, sous les dénomina-
tions de *genealogiæ*, de *faramanni*, de *faræ*, etc. Mais la paren-
tèle (*parentela*) varie dans son extension : chez les Francs, les
Lombards, les Visigoths, les Bavarois, et en général chez tous
les peuples d'origine germanique, elle s'étend seulement jusqu'au
septième degré; parmi les Celtes, elle n'a d'autre délimitation
que la communauté d'origine, avec subdivision indéfinie de la
tribu en maisons distinctes. Chez les Germains, au contraire, on
voit se dessiner déjà trois groupes rudimentaires, savoir : 1° la
famille, comprenant le père, la mère, les enfants, les ascendants
et collatéraux de tous les degrés; 2° les vassaux (*ministeriales*)
ou domestiques de condition libre; 3° les serviteurs (*mansionarii,
coloni, liti, servi*) ou domestiques de condition servile, adjuvants
de la famille proprement dite (fig. 1).

L'autorité domestique était représentée par le *mund* ou chef de
famille, appelé aussi *roi*, qui, selon les cas, exerçait, sur la personne et les biens de tous ceux qui dépendaient de lui, un pouvoir
spécial, une tutelle accompagnée de droits et de devoirs, avec une
sorte de responsabilité civile et politique. Ainsi, le chef de famille,
responsable pour sa femme et pour ceux de ses enfants qui vivaient
chez lui, l'était aussi pour ses esclaves et ses animaux domestiques (fig. 2). Bien plus, d'après la loi, il répondait du mal que
pouvait faire son arc ou son épée, sans qu'il en eût conscience ni
volonté, tant ces peuples barbares étaient intéressés à ce que
justice se fît dans toutes les circonstances où il y avait délit.

Déjà, depuis longtemps, quand s'ouvrit l'ère mérovingienne, la famille, isolée d'abord dans sa sphère d'individualisme, s'était incarnée au sein d'une grande famille nationale, qui avait, pour chaque peuple, ses réunions officielles à époques fixes, sur le *malberg* (colline du parlement). Ces réunions seules constituaient dans sa plénitude le pouvoir suprême. Les titres attribués à certains chefs, roi, duc, comte, *brenn* (général d'armée), n'exprimaient que les subdivisions de ce pouvoir, appliquées, la dernière exclu-

Fig. 1. — La famille et les barbares. Fac-similé d'une gravure sur bois de la *Cosmographie universelle* de Munster. xvi° s.

sivement à la guerre, les autres à l'ordre administratif et judiciaire.

Au comte surtout incombait l'obligation de rendre la justice, de connaître des différends entre particuliers et d'infliger l'amende. Il y avait un comte dans chaque grand district, dans chaque ville importante; il y avait aussi plusieurs comtes, groupés autour du souverain, sous le titre de *comtes du palais*, position très recherchée, à cause des avantages pécuniaires et honorifiques qui en résultaient pour le titulaire.

Les comtes du palais délibéraient avec le souverain sur toutes les affaires, sur toutes les questions d'État, en même temps qu'ils prenaient part à ses chasses, à ses festins, à ses actes religieux; ils intervenaient dans les questions d'héritage de la couronne; pendant la minorité des princes, ils saisissaient le pouvoir que la constitution réservait aux rois majeurs; ils validaient la nomination des principaux fonctionnaires, même celle des évêques; ils donnaient leur avis sur l'opportunité d'une alliance de peuple à peuple, d'un traité de paix ou de commerce, d'une expédition militaire, d'un échange de territoire, d'un mariage de prince, et ils n'encouraient nulle autre responsabilité que celle inhérente à leur position originelle au sein de la société barbare. Les légats (*legati*), et plus tard les envoyés du maître (*missi dominici*), les évêques improvisés, les ducs ou chefs d'armée, sortaient généralement de la première classe des serviteurs de cour, des comtes du palais, tandis que les *ministeriales,* formant la seconde classe de la domesticité royale, allaient remplir les charges inférieures, honorables et lucratives, de l'administration et de l'ordre judiciaire.

Sous les Mérovingiens, le principe légal du pouvoir s'inféoda dans la propriété foncière, mais le morcellement de ce pouvoir suivit de près cette inféodation; la ruine des uns accrut de jour en jour la prépondérance des autres, et les rois francs s'aperçurent que la société échapperait bientôt à leur gouvernement, s'ils ne portaient un prompt remède à cet état de choses. Alors parurent les lois *Salique* et *Ripuaire,* qui eurent à subir des remaniements successifs, des modifications lentes ou subites, nécessitées par les vicissitudes politiques ou par les exigences croissantes des prélats et des nobles hommes (fig. 3). Loin d'amoindrir l'action souveraine des rois, les coutumes nationales, qu'ils avaient réunies en code, reculèrent les limites de leur [autorité et en facilitèrent l'exercice.

En 596, Childebert, d'accord avec ses leudes, décidait que désormais le rapt serait puni de mort, et que le juge du canton (*pagus*) où le crime aurait été commis, tuerait le ravisseur et abandonnerait son cadavre sur la voie publique ; que l'homicide aurait

Fig. 2. — Famille gauloise; d'après un bas-relief gallo-romain.

le même sort, « car il est juste, disait le texte de la loi, que celui qui sait tuer apprenne à mourir ». Le vol, attesté par sept témoins, devait entraîner aussi la peine capitale, et le juge convaincu d'avoir, par sa faute, laissé fuir un voleur, subissait la même peine que celui-ci eût subie (fig. 4). La pénalité, cependant, était différente, suivant la classe sociale du délinquant. Ainsi, pour le fait de l'inobservation du dimanche, lequel avait alors force de loi, un Salien payait 15 sols d'amende; un Romain, 7 sols 1/2; un esclave, 3 sols, ou bien « son dos payait pour lui ».

Dès ce temps, quelques dispositions importantes du code bar-

Fig. 3. — Le roi des Francs, au milieu des chefs militaires formant sa cour armée, dicte la loi salique, code des lois barbares. D'après une miniature des *Chroniques de Saint-Denis*, ms. du xive s. (Bibl. de l'Arsenal.)

bare sont abrogées; la peine de mort, sans rémission, remplace déjà les accommodements amiables entre les parties intéressées; on ne rachète plus un crime avec de l'argent; le vol lui-même, qui était encore à cette époque applaudi, même honoré au delà du Rhin, est impitoyablement puni de mort. On voit donc que c'est le plus frappant témoignage de l'abaissement des privilèges dans l'aristocratie franque et de la marche du pouvoir souverain vers l'omnipotence absolue et sans contrôle, vers le droit de vie et de mort. Par degrés insensibles, la législation romaine s'est humanisée et perfectionnée, le christianisme s'infiltre dans la barbarie, la licence est considérée comme un délit, puis le délit devient un crime contre le roi, contre la société, et c'est en quelque sorte par la main du roi que la société frappe les coupables.

Depuis le baptême de Clovis, l'Église avait eu beaucoup d'influence dans la transformation du code pénal; par exemple, les mariages avec une belle-sœur, une belle-mère, une tante, une nièce, étaient défendus; les spectacles ambulants, les danses nocturnes, les orgies publiques, autorisés naguère dans les fêtes, étaient proscrits comme dangereux. Du temps de Clotaire, les prélats, assis au conseil du souverain, composaient un véritable tribunal, d'ordre supérieur, qui révisait les arrêts des juges subalternes. Il prononçait, de concert avec le roi, des sentences sans appel. Or, la nation n'intervenant plus dans l'élection des magistrats, les assemblées du *malberg* ne se réunissant plus qu'extraordinairement, toute affaire de gouvernement et de justice

Fig. 4. — Childebert Ier, roi des Francs, statue provenant de l'abbaye de Saint-Germain des Prés, et conservée au musée du Louvre.

était remise à l'arbitrage suprême et souvent capricieux du monarque.

Tant que les maires du palais d'Austrasie et ceux du palais de Bourgogne furent nommés temporairement, l'autorité royale ne fléchit point, le souverain demeura le grand juge de ses sujets; mais, après le supplice de Brunehaut, sacrifiée à la haine des seigneurs féodaux, la mairie du palais étant devenue, avec un titre viager, une royauté de fait, les monarques légitimes tombèrent sous la tutelle des futurs usurpateurs de leur couronne.

L'édit de 615, auquel concoururent l'aristocratie de l'Église et celle de l'État, accuse dans les lois et dans les mœurs un divorce complet avec le passé. En reprenant leur place dans la constitution française, les institutions germaniques forcèrent le roi mérovingien à redescendre au rôle passif, dénué d'influence et d'autorité, qu'exerçaient leurs prédécesseurs dans les forêts de la Germanie; mais ils n'avaient plus, comme ceux-ci, le prestige du commandement militaire, ni le caractère d'arbitre ou de juge. Les canons du concile de Paris, confirmés par l'édit du roi, en date du 15 des calendes de novembre 615, renversent le système politique et légal, si laborieusement établi en Europe depuis le cinquième siècle. C'est le pouvoir royal qui renonce à ses plus précieuses prérogatives dans le choix des évêques; défense aux juges laïques de traduire un clerc devant les tribunaux; interdiction au fisc de saisir les successions *ab intestat*, d'augmenter les impôts, les péages, et d'employer les juifs à la perception des deniers publics; responsabilité des juges et des autres officiers du roi; restitution des bénéfices enlevés aux leudes; interdiction au roi d'accorder désormais des ordres écrits (*præcepta*) pour enlever les veuves riches, les jeunes vierges et les religieuses; peine de mort contre les infracteurs des canons du concile.

De là naissent deux juridictions nouvelles : l'une ecclésiastique, protectrice du droit des faibles, l'autre seigneuriale, limitant l'absolutisme du roi ; juridictions entre lesquelles va se débattre, pendant plusieurs siècles, la royauté, de plus en plus amoindrie.

Parmi les nations germaniques, le droit de justice fut, dès le principe, inhérent à la propriété territoriale, et ce droit portait sur les choses non moins que sur les personnes. C'était le patronage (*patrocinium*) du propriétaire, et ce patronage enfanta successivement dans chaque province et dans chaque féodalité les juridictions féodales, les privilèges seigneuriaux et le droit coutumier. On peut en inférer que, sous les deux premières races, les lois étaient individuelles, et que chacun portait, pour ainsi dire, la sienne propre avec soi.

Le droit de juridiction semble tellement inhérent au droit de propriété, qu'un propriétaire terrien pouvait toujours imposer une trêve aux haines, aux vengeances personnelles, arrêter momentanément les poursuites judiciaires, et, en proclamant son *ban,* suspendre l'action de la loi autour de sa demeure, dans un périmètre déterminé ; ce qui se faisait d'habitude à l'occasion de quelque fête de famille, ou de quelque solennité publique, civile ou religieuse. En ces circonstances, quiconque enfreignait le ban du maître de la maison et de sa terre devenait justiciable de sa *cour* et payait une amende à son profit. Le seigneur qui se trouvait trop pauvre pour composer cette cour d'une manière assez forte et imposante empruntait des *pairs* à son suzerain, ou se dessaisissait, entre les mains de celui-ci, du droit de justice, d'où naquit cette maxime des feudistes : « Autre chose est le fief, autre chose est la justice. »

La loi visigothe parle de seigneurs locaux tenant tribunal, à l'instar du juge d'office, du comte ou de l'évêque ; le roi Dagobert fait figurer les juges privés avec les juges publics. Dans la loi lombarde, on cite des propriétaires qui, au double titre de seigneurs et de juges, s'emparent du droit de protéger les esclaves fugitifs réfugiés sur leur domaine. Dans un article de la loi salique, le seigneur répond de son vassal devant la justice du comte. Il faut donc conclure de ces textes de loi que la justice seigneuriale s'exerçait indistinctement sur les serfs, les colons et les vassaux. Un capitulaire de 855 lui soumet de même les hommes libres qui résident chez autrui.

De ces textes divers ressort un fait curieux, inaperçu jusqu'à présent par les historiens : c'est qu'il existait entre la justice officielle du comte ou de ses subordonnés et les justices privées une juridiction intermédiaire, une sorte d'arbitrage amiable exercé par les voisins (*vicini*), sans l'assistance des juges du comté, juridiction revêtue, néanmoins, d'un caractère d'autorité qui rendait ses décisions obligatoires.

Ainsi, la compétence des justices seigneuriales avait des limites; elles n'étaient ni absolument indépendantes ni souveraines et sans appel; toutes fonctionnaient à peu près comme l'ont fait depuis les hautes, moyennes et basses justices du moyen âge, au-dessus desquelles primait la justice du roi. La faculté accordée aux gens d'église, évêques, abbés, abbesses, qui, devenus seigneurs temporels, exerçaient une juridiction domestique, devait s'arrêter devant la judicature du comte, à plus forte raison devant celle des *missi dominici,* délégués officiels du monarque. Charles le Chauve, malgré les concessions énormes qu'il fit à la féodalité et à l'Église, ne leur céda jamais le privilège de juger et de décider en dernier ressort.

Pendant toute la durée de l'époque mérovingienne, le *mahl* (mail), assemblée générale et régulière de la nation (fig. 5), avait

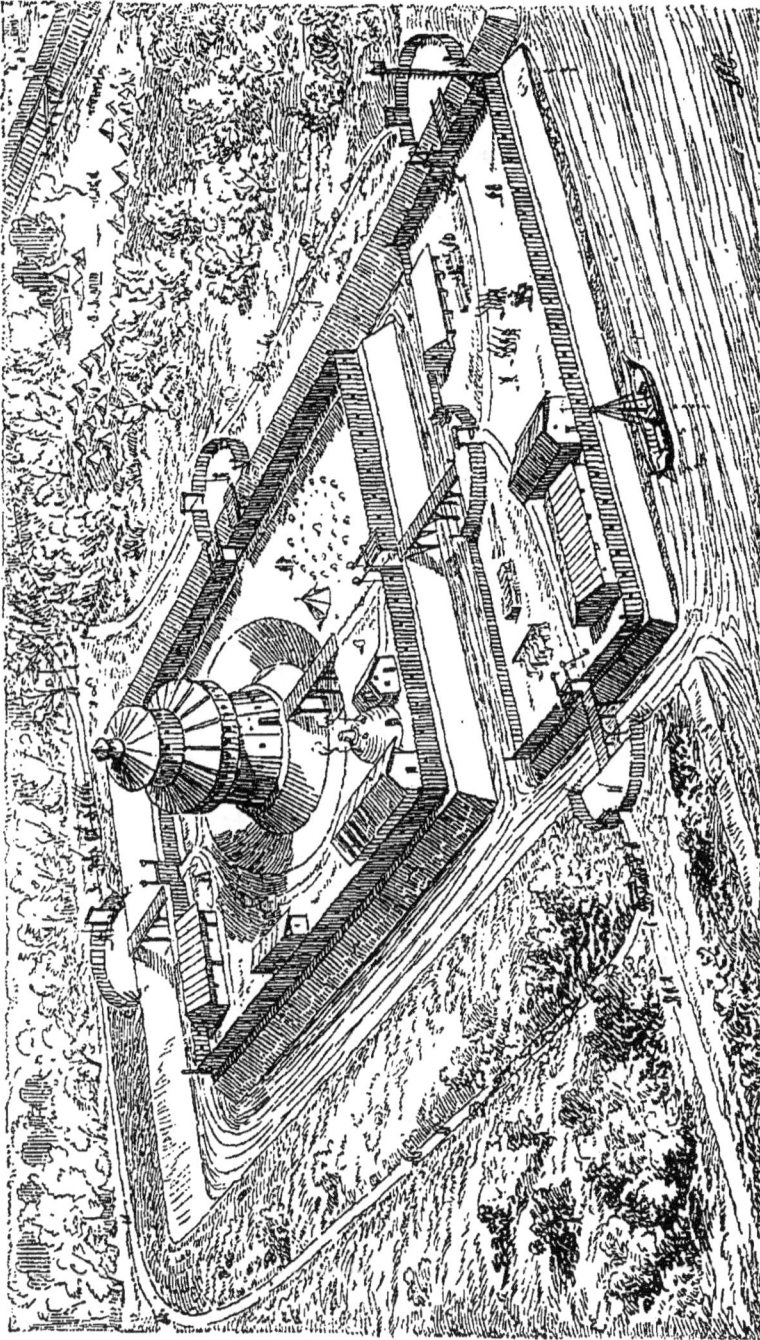

Fig. 5. — Lieu d'assemblée des Francs, dit *Lower*; restitution par M. Viollet-le-Duc.

lieu au mois de mars. Tous, grands et petits, s'y rendaient en armes; on y traitait, sous la présidence du monarque, des intérêts politiques, commerciaux et judiciaires du pays ; ce qui n'empêchait pas d'autres réunions accidentelles de la cour du roi (*curia regalis*), chaque fois qu'on en reconnaissait l'urgence. La cour formait alors parlement (*parlamentum*).

D'abord exclusivement militaire et barbare, le parlement, à dater de Clovis, offrit un personnel mélangé de Francs, de Burgondes, de Gallo-Romains, de lètes-propriétaires, d'ecclésiastiques. A mesure que le gouvernement féodal s'organise, la convocation des assemblées nationales devient plus utile et l'exercice de la justice plus compliqué.

Charlemagne décida qu'il y aurait tous les ans deux *mahls,* l'un au mois de mai, l'autre en automne, et, de plus dans chaque comté deux *plaids* annuels, sans préjudice des *mahls* et *plaids* extraordinaires qu'il lui conviendrait d'ordonner. En 788, l'empereur reconnut la nécessité de trois plaids généraux, et, en outre, il se plaisait à convoquer ses grands vassaux ecclésiastiques et laïques aux quatre fêtes principales de l'année. L'archevêque Hincmar a tracé un tableau complet des champs de mai, et l'on remarque, suivant Guizot, que « Charlemagne le remplit seul. Il est le centre et l'âme de toutes choses, des assemblées nationales comme de son propre conseil. C'est lui qui fait qu'elles se réunissent, qu'elles délibèrent ; qui s'enquiert de l'état du pays, des nécessités du gouvernement ; en lui résident la volonté et l'impulsion ; c'est de lui que tout émane pour revenir à lui. » Le peuple n'a aucun rôle dans ces assemblées, et les grands n'y figurent qu'à titre consultatif. On peut dire que du règne de Charlemagne date véritablement l'implantation de la royauté dans le domaine légal du droit commun (fig. 6).

La royauté, qui s'appuie sur la loi, prend dès lors des racines si profondes, qu'elle se maintient debout, malgré la faiblesse des successeurs du grand Charles, malgré l'empiétement progressif des grands vassaux de la couronne (fig. 7).

Aux intempérances des haines privées, des inimitiés de famille, que signalait l'érection permanente de fourches patibulaires auprès de chaque demeure; aux passions brutales d'un chef ou d'un juge, souvent seul, sans assesseurs, et qui n'avait d'autre bourreau que lui-même, d'autre instrument de supplice que la hart ou la corde, sinon sa hache ou son épée, succédait l'action autoritaire d'un tribunal représentant la société, tribunal qui repoussa le défi, la guerre impitoyable d'homme à homme, de famille à famille, et dont le premier soin fut de garantir, non la vie de l'homme, c'était impossible en ces temps d'aveugle barbarie, mais du moins sa demeure. Insensiblement, l'inviolabilité de la maison' s'étendit à des villes de refuge, à certains lieux publics, à l'église, au *mahl*, ou lieu des réunions nationales, au marché, à la taverne, etc. On voulait que l'accusé, innocent ou coupable, demeurât inviolable, depuis l'instant de la faute commise jusqu'au jour du jugement.

Fig. 6. — Main de justice de Charlemagne.

Circonscrit dans l'espace, le *droit de vengeance* ne le fut pas moins dans le temps. On lui enleva successivement le dimanche, les principales fêtes de l'année, tout l'avent, la semaine de Noël jusqu'à l'Épiphanie, les octaves de l'Ascension jusqu'à la Pentecôte, les quatre-temps, quelques vigiles ou veilles de fête. « Le pouvoir du roi, » dit un écrivain sagace et judicieux, « participait aussi, dans une certaine mesure, de celui de Dieu et des saints; il imposait sa paix aux passions humaines : il la donnait par son scel, il la donnait avec la main; il l'étendait sur toutes les grandes lignes de communication, sur les forêts, les principaux cours d'eau, les routes de premier et de second ordre, etc. La trêve ou paix de Dieu (1041) fut l'application logique de ces principes d'humanité. »

On aurait tort de croire que la justice se dispensait alors des formalités et des atermoiements réguliers, qui devaient être la garantie de ses décisions. Nul n'était mis en cause sans avoir été préalablement assigné à comparaître devant le tribunal. Sous les Carolingiens, comme aux époques antérieures, la lune était prise pour régulatrice des termes d'assignation. On assignait, de préférence, au jour du premier quartier ou pendant la pleine lune; on assignait par lunaisons ou par quartier de sept nuits en sept nuits. L'assignation se faisait quatre fois, après lesquelles, si l'inculpé n'avait pas comparu, il perdait le bénéfice du débat contradictoire. La loi salique n'admettait même que deux assignations devant le comte, à quarante nuits d'intervalle l'une de l'autre. La troisième avait lieu quatorze nuits après, devant le roi, qui mettait l'inculpé *hors de sa parole,* confisquait ses biens et lui interdisait toute espèce d'asile, lorsqu'au quatorzième jour, avant le coucher du soleil, il ne s'était point présenté.

Chez les Visigoths, la justice était également hiérarchique, depuis le comte jusqu'au dizenier. Chaque officier magistrat avait son tribunal, sa compétence. Ces juges appelaient près d'eux des assesseurs, tantôt *rachimbourgs,* pris au hasard parmi les hommes libres; tantôt *scabins* ou échevins (*scabini*), revêtus d'un caractère officiel et permanent. Les scabins, créés par Charlemagne, furent d'abord des magistrats élus. Ils étaient sept pour chaque siège; eux seuls instruisaient les causes et préparaient la sentence. Le comte, ou son délégué, ne faisait que présider le tribunal et prononcer l'arrêt. Tout vassal, défendeur, jouissait du droit d'appel

Fig. 7. — Roi carolingien dans son palais, sous les traits de la Sagesse, qui fait appel à tous les humains. D'après une miniature d'un ms. du ixᵉ s.

au souverain. Le roi seul et sa cour prononçaient sur les conflits élevés entre seigneurs ecclésiastiques et laïques, entre particuliers compris dans la *truste* ou dans le protectorat royal. Au souverain, aux *missi*, au comte palatin, étaient exclusivement déférées les affaires criminelles. Le comte palatin jugeait en dernier ressort toutes les causes, telles que révoltes, séditions, luttes à main armée, où la paix publique se trouvait compromise.

Déjà, du temps de l'invasion, les Francs, les Bavarois, les Visigoths procédaient par enquête dans l'instruction des causes, et, avant de recourir aux épreuves judiciaires, ils invoquaient le témoignage et le serment; alors celui qui jurait était absous. Ce système, honorable sans doute pour la dignité humaine, était une source d'abus, qu'on crut éviter, en appelant au serment la famille ainsi que les amis de l'accusé. Ils levaient la main sur un crucifix, sur des reliques ou sur une hostie consacrée. Ces témoins, nommés *conjurés*, venaient attester devant les juges, non le fait en lui-même, mais la véracité de celui qui invoquait leur témoignage. Le nombre, la qualité des *conjurés* variait d'après l'importance de l'objet en litige. Grégoire de Tours rapporte que le roi Gontran ayant élevé des soupçons sur la légitimité de l'enfant qui fut Clotaire II, Frédégonde, sa mère, en appela au témoignage des seigneurs neustriens : ceux-ci jurèrent, au nombre de trois cents notables, ayant à leur tête trois évêques (*tribus episcopis et trecentis viris optimis*), et la reine fut déclarée innocente.

La loi des Burgondes et la loi des Angles, plus exigeantes que celles des races germaines, mettaient les armes aux mains des plaideurs. Après avoir employé les épreuves au fer rouge et à l'eau bouillante, les Francs adoptèrent le duel judiciaire.

Les épreuves ou *ordalies* étaient regardées comme le jugement de Dieu. Le chroniqueur Aimoin raconte qu'on y eut recours pour décider dans une querelle survenue entre Louis le Germanique et son frère Charles le Chauve : dix hommes furent soumis à l'épreuve de l'eau bouillante, dix à celle de l'eau froide, dix à celle du fer chaud. « Cette dernière épreuve, dit M. Chéruel, consistait à prendre avec la main nue un fer rougi au feu, ou à marcher pieds nus sur un fer brûlant. L'épreuve du feu était une des plus solennelles : on élevait deux bûchers dont les flammes se touchaient ; l'accusé, une hostie à la main, traversait rapidement les flammes et, s'il n'en recevait pas d'atteinte, il était réputé innocent. »

Les condamnés à l'épreuve de l'eau, froide ou bouillante, assistaient d'abord à la messe, avec leurs parents et amis. S'ils se prétendaient innocents, on les admettait à la communion. Puis le prêtre conjurait l'eau qui devait servir à l'épreuve. « Cela fait, on déshabillait ceux qu'on exposait au jugement de l'eau froide et, après leur avoir fait baiser l'Évangile et la croix, on les arrosait d'eau bénite ; on leur liait la main droite avec le pied gauche, et on les jetait dans une rivière ou dans une cuve, en présence de tout le monde. S'ils allaient au fond, comme c'était naturel, ils étaient réputés innocents ; si, au contraire, ils venaient sur l'eau, on disait que cet élément les rejetait, et on les tenait pour convaincus du crime qui leur était reproché. » L'épreuve de l'eau chaude consistait à plonger le bras dans une chaudière d'eau bouillante pour en retirer un menu objet qu'on y avait jeté. Ces épreuves restèrent en usage dans toute l'Europe jusqu'au treizième siècle.

Quant au duel judiciaire, considéré comme l'ordalie par excellence, il fut imposé d'abord aux parties (fig. 8), puis aux témoins, et quelquefois aux juges eux-mêmes. A partir du règne de l'empereur Othon le Grand (936), le duel judiciaire, restreint primitivement aux cas les plus graves, fut introduit dans presque tous les débats devant les tribunaux ; on n'en excepta ni les femmes, ni les vieillards, ni les enfants, ni les infirmes. Quand on ne pouvait se battre par soi-même, on produisait un *champion*, qui n'avait pas d'autre métier que de prendre en main les querelles d'autrui. Les gens d'église devaient se battre également par procuration. Le champion ou *avoué* se faisait payer d'avance, bien entendu. Dans certains cas, le duel judiciaire semble avoir été déféré même contre un animal, si la légende du chien de Montargis repose sur un fait véritable. Louis le Gros tenta de réformer la coutume des ordalies, et Louis VII l'autorisa seulement en de rares circonstances. Louis IX voulut y substituer la preuve par témoins, mais' le préjugé était tellement enraciné qu'il résista encore plus d'un siècle.

Au douzième siècle, l'Europe se divisait, pour ainsi dire, en deux vastes zones de judicature : l'une méridionale, gallo-romaine et visigothe; l'autre occidentale et septentrionale, mi-partie germaine, mi-partie scandinave, angle ou saxonne. Le christianisme établissait des liens communs entre ces législations diverses, qui gardaient les éléments de leur origine païenne et barbare, et il en adoucissait insensiblement l'âpreté native. Les sentences n'étaient point encore rédigées par écrit; on les confiait à la mémoire des juges qui les avaient rendues, et, quand s'élevait un débat entre les parties intéressées, à l'occasion des termes mêmes de l'arrêt prononcé, on faisait une enquête, et la cour formulait une seconde décision appelée *record*.

Tant que la cour du roi fut ambulatoire, le roi se fit suivre du texte original des lois, en rouleaux. L'enlèvement de cette précieuse collection par les Anglais, sous le règne de Philippe-Auguste (1194), donna l'idée de conserver, aux archives de l'État, le texte des lois sur lesquelles était fondé le droit public, et d'ouvrir des registres authentiques, à l'effet d'y inscrire les décisions des affaires civiles et criminelles. Déjà, du temps de Charles le Chauve, on avait reconnu l'inconvénient de laisser ambulatoire la haute justice du comte, et de ne point avoir un lieu spécial consacré à l'instruction des procédures, à l'audition des témoins, à la détention

Fig. 8. — Le duel judiciaire. L'appelant propose son cas devant le juge de l'appelé.
D'après une miniature d'un ms. du XVᵉ s.

des prévenus, etc. Un capitulaire y avait pourvu, mais rien ne prouve qu'avant le douzième siècle on ait institué beaucoup de *maisons de justice* (fig. 9). Les rois et, à leur imitation, les comtes tenaient audience en plein air, à la porte du palais, ou dans quelque autre lieu public, ou sous un arbre, comme faisait saint Louis au bois de Vincennes (fig. 10).

« Dès l'année 1190, » dit M. Desmaze dans ses excellentes recherches sur l'histoire du parlement de Paris, « Philippe-Auguste, partant pour la Palestine, établit des bailliages, qui devaient tenir leurs assises un jour par mois; durant cette assise, ils entendaient tous ceux qui voulaient se plaindre et ils leur donnaient jugement sans délai. L'assise du bailli se tenait à des époques fixes; la cour royale n'avait de séances que quand il plaisait au roi d'en indiquer. L'assise du bailli siégeait dans un endroit déterminé; la cour accompagnait le roi et n'avait aucun lieu habituel de résidence. L'assise du bailli se composait de cinq juges; la volonté du roi déterminait pour chaque session le nombre et la qualité des personnes qui pouvaient prendre part aux délibérations de la cour. »

Sous Louis IX, la justice royale acheva d'absorber la justice seigneuriale, non seulement en fait, mais encore en droit; les baillis, mandataires directs du pouvoir souverain, prirent une autorité devant laquelle dut fléchir le seigneur féodal, car derrière les baillis se tenait le peuple, attentif et vigilant, le peuple organisé en corporations, les corporations réunies en commune. Avec les baillis se développa un système judiciaire dont les principes se rapprochaient beaucoup plus de la législation romaine que du droit coutumier, qu'on respecta néanmoins; l'épreuve judiciaire par le duel disparut presque entièrement; on fit une large place aux appels, aux enquêtes, dans toute espèce de procédure, et Louis IX parvint à régler la compétence des cours ecclésiastiques, en précisant mieux la nature des causes, et à réprimer l'abus des saisies intempestives, arbitraires et ruineuses, que les seigneurs opéraient sur les vassaux. L'ordonnance de 1254 fixe très bien la juridiction des parlements et des bailliages, le rôle important des baillis, en même temps qu'elle trace la manière

Fig. 9. — Le Palais de la Cité au xiv⁰ s. D'après un dessin de *Paris à travers les âges*.

dont s'instruira désormais la procédure, et le rôle dévolu aux conseillers, aux maîtres des requêtes, aux auditeurs, ainsi qu'aux
avocats.

Aux bailliages déjà créés Louis IX ajouta les quatre grands bailliages de Vermandois, de Sens, de Saint-Pierre le Moustier et de
Mâcon, « pour connoistre en dernier ressort des appels de justices
seigneuriales ». Philippe le Bel compléta l'œuvre de son aïeul par

Fig. 10. — Saint Louis rendant la justice. Ms. du commencement du xive s.

l'ordonnance de 1302. « On ne saurait trop remarquer, » dit
Pardessus, dans son *Essai historique sur l'organisation judiciaire,* « la part que les baillis eurent au rétablissement de l'autorité royale dans l'administration de la justice. S'il n'eût pas
existé des baillis, exerçant chacun leur action sur une partie assez
étendue du territoire et se rattachant à la cour du roi, toutes les
justices, tant royales que seigneuriales et municipales, seraient
restées dans l'isolement; l'arbitraire aurait continué d'y régner
(fig. 11), la cour aurait nécessairement ignoré les abus; l'incurie

des prévôts royaux, établis dans des territoires exigus, et leur peu de force ne leur auraient jamais permis de disputer avec succès à ceux des seigneurs la connaissance des affaires, dont l'ordre public exigeait que la décision appartînt à des officiers institués par le roi et jugeant en son nom. »

Au moment de monter sur le trône, Hugues Capet était comte de Paris, et, comme tel, revêtu d'attributions judiciaires, aux-

Fig. 11. — Justice distributive et justice commutative; allégorie tirée du livre V des *Éthiques* d'Aristote. Ms. du xiv° s.

quelles il renonça (987), sous réserve que son comté de Paris, après l'extinction des héritiers mâles de son frère Eudes, ferait retour à la couronne : ce qui eut lieu. En 1032, presque aussitôt naissait un nouveau magistrat, le *prévôt de Paris,* chargé de prêter secours aux bourgeois, lorsqu'ils opéraient une main-mise sur leurs débiteurs. Chef de la noblesse du comté, placé au-dessus des baillis et des sénéchaux, indépendant du gouverneur, le prévôt de Paris fut à la fois le chef financier et politique de la capitale, le chef de la justice et de la police urbaine, le commandant des troupes municipales, en un mot le préfet (*præfectus urbis*), ainsi qu'on le qualifiait sous l'empereur Aurélien, le premier magistrat de Lutèce, comme on l'appelait encore sous Clotaire (663).

Autour du prévôt se groupaient des assesseurs, formant un tribunal, appelé plus tard *le Châtelet* (fig. 12), parce qu'il siégeait dans cette forteresse, dont on fait remonter l'érection à l'empereur Julien, et sans doute aussi les attributions de ce tribunal ne différaient pas de celles des châtellenies royales. Sa juridiction embrassait les conflits entre particuliers, les voies de fait et *batteries,* les émeutes, les démêlés de l'Université avec les écoliers, et les *ribaudailles,* d'où était venu au prévôt le surnom populaire de *roi des Ribauds.* Il jugea d'abord sans appel, mais bientôt les justiciables invoquèrent la justice du parlement, et le parlement dut connaître de certaines causes jugées au Châtelet; il ne le fit toutefois qu'avec réserve, dans des cas graves, malgré la fréquence des appels à son arbitrage suprême.

Nonobstant la juridiction des comtes et des baillis, dans certaines grandes villes existaient des juridictions échevinales ou consulaires électives, assez semblables au Châtelet de Paris : ainsi, le capitoulat de Toulouse, le maître-échevinat de Metz, la bourgmestrie de Strasbourg et de Bruxelles, possédaient, dans chacune de ces villes, un tribunal qui, jugeant sans appel, réunissait des attributions multiples, au civil, au criminel et en simple police. Diverses localités françaises du nord avaient un prévôt avec siège prévôtal, d'une juridiction variable, mais préposé principalement au maintien de la sécurité publique, à l'apaisement des conflits nés des privilèges dévolus aux corporations d'arts et métiers, dont l'importance s'accrut beaucoup depuis le douzième siècle, surtout dans les Flandres.

| Grand Châtelet. | Saint-Leufroi. | Pont au Change. | Pont aux Meuniers. |

Fig. 12. — Vue à vol d'oiseau du grand Châtelet et du quartier au xvı^e s. D'après *Paris à travers les âges*.

« Au retour d'oultremer, Louis IX vint se seoir *sobȝ li dées* (sous le dais), encosté li bon prevost de Paris, rendant justice. » Ce bon prévôt n'était autre que le docte Étienne Boileau, en faveur duquel la prévôté fut déclarée *charge de magistrature*. Avant lui, elle était vénale et avait donné lieu à de graves abus. Saint Louis, dit Joinville, « qui mettait grande diligence comment le menu peuple fût gardé, ne voulut plus que la prévôté fut vendue, » et en investit Boileau, « lequel la maintint si bien que nul malfaiteur, ni larron, ni meurtrier n'osa demeurer à Paris ».

La multiplication croissante des affaires qui incombaient au prévôt, surtout après l'extension de l'enceinte de Paris sous Philippe-Auguste, l'avait fait décharger de la perception des deniers publics. On l'autorisait à se pourvoir d'*enquesteurs idoines* (capables), occupés des menus détails de la procédure, et on lui permettait de s'adjoindre des juges auditeurs. « Nous ordonnons qu'il y en ait huict, » disait un édit de Philippe le Bel (février 1324), « tant seulement desquels il y en auroit *quatre clercs et quatre laics,* et s'assembleront au Chastelet deux jours en la semaine, pour voir d'un accord et d'un assentiment les procès et les causes avec nostre prevost. » En 1343, la cour de la prévôté se composait d'un procureur du roi, d'un lieutenant civil, de deux avocats du roi, de huit conseillers et d'un lieutenant criminel, dont les *plaids* (procès) avaient lieu tous les jours non fériés au Châtelet.

A dater de l'année 1340, ce tribunal ayant eu à juger ou à régler toutes les affaires de l'Université, et, depuis le 6 octobre 1380, celle de la *marée,* qui n'étaient pas moins multipliées, son importance s'en accrut considérablement.

Malheureusement, de nombreux abus s'introduisirent dans cette juridiction municipale. En 1313 et 1320, les officiers du Châtelet furent suspendus de leurs charges, à cause des extorsions qu'ils s'étaient permises. Le roi ordonna une enquête. Le prévôt et deux conseillers du parlement, nommés d'office, informèrent, et Philippe VI, adoptant les conclusions de l'enquête, dressa de nouveaux statuts, empreints d'une juste défiance, statuts auxquels les officiers du Châtelet promirent, sous serment, de se soumettre. L'ignorance et l'immoralité des laïques, substitués aux clercs dans ce personnel, avaient été les causes principales du désordre. Le parlement chargea deux de ses présidents d'examiner les officiers du Châtelet. Vingt années après, sur de nouvelles plaintes, le parlement assemblé décida que trois-conseillers *idoines,* choisis parmi ses membres, procéderaient de concert avec le procureur du roi au Châtelet, afin de réformer les abus et les dérèglements de cette judicature.

Du temps de Philippe IV il n'existait encore, à vrai dire, qu'un seul parlement, la *cour du roi.* Son action, à la fois politique, administrative, financière et judiciaire, se mouvait dans un ensemble très compliqué. En 1302, ce monarque lui imposa pour limites exclusives la judicature, fixa son ressort territorial et lui donna, comme corps de justice, des privilèges propres à consolider son indépendance, à relever sa dignité. Il attribua au grand conseil (conseil d'État) les fonctions politiques; à la chambre des comptes, les fonctions de comptabilité; il ne contesta pas aux évêques le droit de connaître des testaments, des legs, des douaires, des cas d'hérésie; mais il voulut soustraire les juifs à la compétence du parlement, et fit fermer aux prélats les portes du palais où siégeait la cour, et cela en dérogation à la sage ordonnance de 1295 : c'était enlever à la justice les lumières et la prépondérance des plus dignes représentants de l'Église. Philippe le Bel et ses successeurs, dans leur lutte incessante contre l'aristocratie, avaient

besoin avant tout des grands corps de justice, qui enregis-
traient les édits, et des justices urbaines ou municipales, qui, se
renouvelant par l'élection, se recrutaient surtout au sein de la
bourgeoisie, centre commun des résistances aux usurpations du
pouvoir, que ces usurpations vinssent de la noblesse ou de la
couronne.

Les *Grands Jours de Troyes,* assises des anciens comtes de
Champagne, et l'*Échiquier de Normandie,* furent également or-
ganisés par Philippe le Bel, tout en restreignant leurs attributions,
et, de plus, il autorisa le maintien d'un parlement à Toulouse,
cour souveraine dont il fit en personne l'ouverture solennelle, le
10 janvier 1302. En temps de guerre, le parlement de Paris
siégeait une fois dans l'année; en temps de paix, deux fois, à
Pâques et à la Toussaint. Il y avait, selon les besoins, deux, trois,
quatre séances des Grands Jours de Troyes, tribunaux annexes
du parlement de Paris, présidés d'habitude par un de ses délégués,
même quelquefois par le chef suprême de cette haute cour. C'était
au conseil du roi (fig. 13) qu'on décidait si telle affaire devait
être retenue au parlement de Paris, ou renvoyée soit à l'Échiquier,
soit aux Grands Jours de Troyes.

Philippe le Bel, cet impitoyable niveleur, étant mort avant que
ses institutions eussent pris racine, il y eut jusqu'à Louis XI entre
le parlement de Paris et les diverses cours du royaume, entre les
grands vassaux et les parlements, entre ces derniers et le roi,
un conflit perpétuel de prééminence, qui, sans abaisser la majesté
du trône, accrut peu à peu la considération dont jouissait l'ordre
judiciaire.

Dès l'avènement de Louis X (1314), la réaction commença; le
haut clergé rentra dans le parlement, mais Philippe V fut moins
défavorable aux laïques, et ne permit point que dans son conseil

Fig. 13. — Cour du roi, ou le grand conseil. Fac-similé d'une miniature des *Chroniques* de Froissart, ms. du xve s.

d'État les conseillers titrés fussent plus nombreux que les gens de robe. Ces derniers finirent même par l'emporter, sous le double rapport des services qu'ils rendaient et de l'influence que leur donnait la connaissance des lois du pays. Autant l'épée avait dominé la toge durant des siècles, autant depuis l'émancipation de la bourgeoisie les légistes s'étaient rendus maîtres du terrain administratif et judiciaire. On avait beau les tenir encore sur le marchepied du banc où siégeaient les pairs et les barons, leur avis prédominait, leur arbitrage décisif tranchait les questions les plus importantes.

Le 11 mars 1344, une ordonnance rendue au Val Notre-Dame augmente le personnel du parlement, qui dès lors se compose de 3 présidents, de 15 conseillers clercs, de 15 conseillers laïques, de 24 clercs et 16 laïques, à la chambre des enquêtes; de 5 clercs et 3 laïques, à celle des requêtes. Sur la présentation du chancelier et du parlement, le roi nommait aux sièges vacants. Il était re-commandé aux rapporteurs d'écrire de leur propre main « leurs arrests large et loing en loing, si que on les puist mieux lire ». Aux huissiers était confiée la police des audiences, la garde des portes, la disposition des places : « ils se partageoient les courtoisies qu'on leur faisoit pour cause de l'office. » Avant d'être admis à plaider, il fallait qu'un avocat eût prêté serment et fût inscrit au rôle.

Image affaiblie de l'ancienne représentation nationale sous les Germains et les Francs, le parlement en consacra le souvenir. Pendant des siècles, il défendit les peuples contre l'arbitraire et le despotisme, mais souvent il manqua d'indépendance, de sens politique; il ne se distingua pas toujours par une appréciation saine des hommes et des choses. Ce tribunal suprême, si haut placé à la tête des pouvoirs publics, fléchissait quelquefois devant la menace d'un ministre ou d'un favori; il subissait les influences de l'intrigue, épousait les préjugés de l'époque. On l'a vu se diviser pendant que nos provinces étaient envahies par l'étranger ou ravagées par la guerre civile, et prêter son concours au parti victorieux, quel qu'il fût ; même alors, ces faiblesses étaient rachetées par de grandes et incontestables vertus.

Aux quatorzième et quinzième siècles, tous les membres du parlement faisaient partie du conseil d'État, qui se divisait en grand conseil et petit conseil. Le grand conseil ne se réunissait qu'en cas d'urgence, pour les causes exceptionnelles ; le petit conseil s'assemblait tous les mois, et ses décisions étaient enregistrées ; d'où était venue la coutume d'opérer au parlement un enregistrement semblable, confirmatif du premier. On lisait l'ordonnance en présence de la cour, ensuite on l'inscrivait sur les registres ; Dès l'année 1336, on trouve au bas d'une ordonnance de Philippe de Valois : « Lu par la chambre, et enregistré par la cour du parlement dans le livre des ordonnances royales. » Dans les premiers temps, lorsqu'on voulait donner à un acte un caractère d'authenticité, on ne disait pas qu'il avait été enregistré, mais bien qu'il avait été *déposé* entre les actes publics, après avoir été transcrit sur un parchemin, que l'on roulait. Étienne Boileau, prévôt de Paris, avait le premier fait écrire en cahiers les actes de sa juridiction.

Pendant la captivité du roi Jean, en Angleterre, l'autorité souveraine allant à la dérive, le conseil d'État, les parlements et les divers corps de magistrature agrandirent leurs attributions à ce point que, sous Charles VI, le parlement de Paris osa prétendre qu'une ordonnance du souverain ne devait acquérir force de loi qu'après avoir été enregistrée au parlement ; jurisprudence hardie et toute nouvelle, que les rois ne repoussèrent pourtant pas en principe, afin de pouvoir, au besoin, déclarer nuls et non avenus des traités compromettants, surpris à leur bonne foi ou rendus nécessaires sous la pression de certaines circonstances difficiles (fig. 14).

L'esprit de corps des parlements et leur rôle politique (car ils avaient occasion de s'interposer sans cesse entre les actes émanés du gouvernement et les prétentions respectives des provinces ou des trois ordres) accrurent naturellement l'importance de cette magistrature souveraine. Les rois eurent lieu de se repentir plus d'une fois de l'avoir rendue si puissante; le parlement de Paris, surtout, entravait le libre exercice de leur volonté. Aussi, que firent les rois? Ils diminuèrent insensiblement diverses attributions des autres cours de justice; ils circonscrivirent davantage le ressort du parlement de Paris et augmentèrent en proportion la juridiction des grands bailliages, ainsi que celle du Châtelet. Le prévôt de Paris était un auxiliaire, un appui pour le pouvoir royal, qui le tenait sous sa main. Le Châtelet était aussi un centre d'action et de force, qui contre-balançait en certains cas les résistances parlementaires. De là naquirent des rivalités et des haines implacables.

Il fallait voir avec quelle habileté le parlement profitait des moindres indices, d'un bruit public, des accusations le moins justifiées, pour traduire à sa barre les officiers du Châtelet soupçonnés de prévarications ou d'attentats contre la religion, les mœurs, le gouvernement! Maintes fois, ces officiers, et le prévôt lui-même, étaient sommés de venir faire amende honorable devant le parlement assemblé, mais ils conservaient leur charge; plus d'une fois, un officier du Châtelet fut jugé à mort et exécuté, mais le roi levait toujours la confiscation prononcée à l'égard des biens du condamné; ce qui atteste qu'en réalité la condamnation avait été inique, et que, par des motifs graves, le pouvoir royal n'avait pu soustraire la victime à la vindicte du parlement. Le prévôt Hugues

Fig. 14. — Promulgation d'un édit; fac-similé d'une miniature d'un ms. du xvᵉ s.

Aubriot fut ainsi condamné à la prison perpétuelle sous les plus vains prétextes; il eût subi la peine capitale, si le roi Charles V l'avait abandonné au moment de son procès. Pendant l'occupation anglaise, sous le règne désastreux de Charles VI, le Châtelet de Paris, qui soutenait la cause nationale, fit preuve d'une énergie rare et d'un grand caractère; le sang de plusieurs de ses membres coula sur l'échafaud. Ce fut une flétrissure pour les juges et les bourreaux, et pour les victimes une auréole de gloire (fig. 15).

L'ordonnance du roi Jean, rendue en 1363, après son retour de captivité et peu de temps avant sa mort, avait déterminé expressément la juridiction du parlement. Il devait connaître des causes qui touchaient les pairs de France et quelques prélats, chapitres religieux, barons, communautés, conseils, auxquels appartenait le privilège de relever de la cour souveraine; il connaissait aussi des causes du domaine, des appels du prévôt de Paris, des baillis, sénéchaux et autres juges (fig. 16); il planait en quelque sorte au-dessus des affaires minimes, mais il ne demeurait étranger à aucun des débats judiciaires qui intéressaient la religion, le roi, l'État. Notons que les avocats ne devaient parler que deux fois dans la même cause, et qu'ils subissaient une amende, tout au moins une remontrance, s'ils étaient prolixes ou s'ils se répétaient dans leur réplique; à plus forte raison, s'ils dénaturaient les faits. Après la plaidoirie, on leur accordait le droit de rédiger par écrit « les faits positifs et défensifs de leurs clients ».

Charles V confirma ces dernières prescriptions relatives aux avocats, et en ajouta d'autres non moins remarquables, dans lesquelles on voit apparaître l'assistance judiciaire « pour les povres et misérables personnes qui y plaident et plaideront ». Cette ordonnance de Charles V impose aussi des délais fixes, sous peine d'amende, aux opérations diverses des officiers de justice;

Fig. 15. — Décapitation de Franquet d'Arras, partisan des Anglais, condamné pour ses meurtres et rapines. A droite, on voit le combat de Lagny; à gauche, Jeanne d'Arc et le bailli de Senlis. Dessin d'un ms. de 1510.

elle déclare, en outre, que le roi ne devra plus « oïr d'ores en avant la plaidoirie d'aucunes petites causes », et, quels que soient

les ordres de la cour, elle interdit aux présidents de surseoir au
prononcé de leurs arrêts et de suspendre la marche régulière de
la justice. Charles VI, avant de tomber en démence, ne contribua
pas moins que son père à établir sur des bases meilleures la
juridiction de la cour souveraine du royaume, ainsi que celle du
Châtelet et des bailliages (fig. 17).

Le parlement, par la pompe souveraine et presque théâtrale

Fig. 16. — Cour de bailliage, fac-similé d'une gravure sur bois de la *Cosmographie universelle* de Munster. xvie s.

dont il s'entourait, fit de la justice plus qu'un spectacle qui la
manifestait vivement aux yeux : il l'érigea en une représentation
austère et splendide à la fois dans laquelle se complaisait l'orgueil
national. Un roi de France était fier de la chambre dorée de son
parlement; c'était le premier objet qu'il offrait à la curiosité des
princes étrangers. En 1415, l'empereur Sigismond, étant à Paris,
voulut assister à une séance. « La cour, » raconte Juvénal des
Ursins, « était bien fournie de seigneurs sur tous les sièges d'en

Fig. 17. — La Justice, figure d'un jeu de cartes de Charles VI. xvᵉ s.

haut; pareillement étaient les avocats bien vêtus, en beaux manteaux et en chaperons fourrés. Et s'assit l'empereur au-dessus du
premier président, où le roi s'assiérait s'il y venait. » Le procès
qui était appelé commença; et comme un des plaideurs encourait
une déchéance à cause de la qualité de chevalier qui lui manquait,
Sigismond le manda devant lui et lui conféra le titre dont il avait
besoin. Mais le parlement vit avec déplaisir un souverain étranger qui s'ingérait d'exercer devant lui une prérogative de l'autorité royale, et il continua à juger, sans tenir aucun compte de ce
qui venait d'avoir lieu en sa présence.

Au quinzième siècle, le parlement de Paris présentait une organisation qui n'a pas sensiblement varié jusqu'en 1789. Il avait
des conseillers pairs, des conseillers clercs, des conseillers laïques,
des membres honoraires, des maîtres des requêtes, dont quatre
seulement y siégeaient, en tout une centaine de juges. Un premier président, *souverain de ladite chambre de Parlement,*
maître de la grand'chambre de plaids, nommé à vie, et trois
présidents de chambre, également nommés à vie, quinze *maistres*
ou *conseillers clercs* et quinze laïques, confirmés chaque année
par le roi, à l'ouverture de la session. Un procureur général,
plusieurs avocats généraux et des substituts formant collège, *gens*
du roi ou *parquet,* constituaient la partie active de cette cour,
autour de laquelle se groupaient des avocats consultants, des
avocats plaidants, des avocats stagiaires, des huissiers ou *sergents,*
dont le chef devenait noble à son entrée en charge.

Le costume officiel du premier président rappelait celui des anciens barons et chevaliers. Il portait une robe écarlate, doublée
d'hermine, et un bonnet à mortier de taffetas noir, orné de deux
galons d'or. En hiver, il avait, par-dessus sa robe, un manteau
d'écarlate doublé d'hermine, sur lequel se trouvait appliqué l'écus-

son de ses armes; ce manteau était fixé, du côté gauche, à l'épaule, avec trois *lettices* (ganses) d'or, afin de laisser libre le côté de l'épée, attendu que les anciens chevaliers et barons siégeaient toujours, comme juges, avec l'épée. Aux archives de la mairie de Londres, on voit, dans la *Relation de l'entrée du roi d'Angleterre Henri V à Paris* (1er décembre 1420), que « le premier président estoit en habit roial, et le premier huissier devant lui, aiant son bonnet fourré, et estoient les seigneurs clercs vestus de robes et chaperons d'azur, et tous les autres vestus de robbes et chaperons d'escarlatte vermeille ». Ce costume sévère, en harmonie parfaite avec la majesté des fonctions de ceux qui le portaient, dégénéra vers la fin du quinzième siècle. Une ordonnance de François Ier défend aux juges de porter « chausses déchiquetées et autres habits dissolus ».

Dans les premiers temps de la monarchie, les fonctions judiciaires étaient gratuites; mais on avait l'usage de faire aux juges, en échange du don de justice que l'on attendait d'eux, un don volontaire de friandises, d'épiceries, dragées, confitures, jusqu'au jour où les juges, « aimant mieux l'argent que les dragées, » dit le chancelier Étienne Pasquier, les *épices* furent tarifées par ordonnance et rendues obligatoires (1498). Des comptes de dépenses qui sont conservés aux Archives nationales, il résulte qu'au quatorzième siècle le premier président du parlement de Paris touchait 1,000 livres parisis par an, représentant plus de 100,000 francs au taux actuel, les trois présidents de chambre « chascun 500 livres (50,000 fr.), et les autres seigneurs dudict parlement chascun cinq sols parisis, ou 6 sols 3 deniers (environ 25 fr.) par jour, *c'est à scavoir les jours qu'il sieent* (siègent) *et les aultres non* ». On leur donnait, en outre, annuellement, deux manteaux. Quant aux prélats, princes et barons, dont le roi se réservait le choix, *ils ne prennent nuls guaiges* (ordonn. du 27 janvier 1367). Les sénéchaux, les grands baillis, assimilés aux présidents de chambre, recevaient 500 livres (50,000 fr.). Il leur était expressément défendu, ainsi qu'aux baillis d'ordre inférieur, de recevoir des parties *or ou argent,* mais ils pouvaient accepter, pour un jour, des viandes et du vin en pots ou en bouteilles.

Les gages devaient être payés de mois en mois; mais ils ne l'étaient pas fort régulièrement, tantôt *par la faute du roi,* tantôt *par la malice et faute des généraux des finances, des receveurs ou des payeurs.* Quand le tort provenait du roi, le parlement lui faisait d'*humbles remontrances,* ou *cessait la justice.* Quand, au contraire, un officier des finances ne payait pas les gages, le parlement lui envoyait un huissier en garnison et prononçait un interdit sur les opérations du débiteur, jusqu'à ce qu'il se fût exécuté. La question des gages se renouvelait fréquemment. Le 9 février 1369, « la cour ayant été requise de *servir sans gages durant un parlement,* et que le roi y satisferoit une autre fois, les seigneurs de la cour répondent, après scrutin, qu'ils sont prests à faire le plaisir du roi, mais ne pourront, comme il faut, servir sans gages ».

Au commencement du quinzième siècle, le chiffre des gages ne fut point augmenté. En 1411, il s'élevait à 25,000 livres (qui, estimés au taux actuel, représentent à peine un million) pour l'ensemble de la cour. La pénurie financière renouvelait le scandale des réclamations pour le payement des gages, avec menaces d'interrompre le cours de la justice si l'on n'était payé ou assuré de l'être. Le 2 octobre 1419, deux conseillers et un huissier sont envoyés par la cour *en garnison* chez l'un des généraux des finances, chargé du payement des gages de la cour. Au mois d'octobre 1430, le gouvernement devait aux magistrats deux

années d'arrérages; après d'inutiles réclamations près du duc de
Bedford, régent, et de Louis de Luxembourg, chancelier pour
Henri VI, le parlement députe, à Rouen, vers le monarque anglais

Fig. 18. — Sceau d'Henri VI d'Angleterre, tiré d'un acte de 1430, conservé aux Archives
de France.

(fig. 18), deux de ses membres, qui obtiennent, non sans peine,
« un mois de payement pourvu que parlement tînt ses audiences le
mois d'avril ». Au mois de juillet 1431, nouvelle députation vers le
roi, « afin de lui-même exposer *les nécessités de la cour ;* qu'il y
a longtemps qu'elle a vacqué et vacque par faute de paiement des

gages ». Après deux mois d'instances itératives, les députés ne
rapportant que des promesses, la cour insiste, menace, dé-
montre au chancelier (11 janvier 1437) le mal qui arriverait
si la cour cessait le parlement faute de gages, et cette fois le
chancelier lui annonce qu'elle sera payée. Six mois s'écoulent
encore sans résultat. Cette situation pénible ne fit que s'aggraver
jusqu'en 1443, où le roi se vit contraint de traiter comme un
débiteur insolvable avec les gens du parlement et d'obtenir remise
d'une partie de sa dette, en garantissant le surplus sur le revenu
des greniers à sel.

Charles VII, après avoir reconquis ses États, s'était hâté d'y
rétablir l'ordre. Il s'occupa tout d'abord de la judicature, du
parlement, du Châtelet, des bailliages; et, au mois d'avril 1453,
il rédigea, de concert avec les princes, les prélats, le conseil d'État,
les gens de justice, les prud'hommes, une ordonnance générale,
en 125 articles, considérée comme la charte organique du parlement (fig. 19).

Aux termes de cette ordonnance, « les conseillers devront
siéger après dîner, pour expédier les petits procès; les prisonniers
être conduits aux prisons de la cour, interrogés sans délai ni commerce avec personne, sauf autorisation, et les causes diligemment
expédiées, dans l'ordre des présentations, car la cour est ordonnée
pour faire droit aussi tost au pouvre comme au riche, car le pouvre
a mieux besoin de briefz expéditions que le riche ». Les salaires
des procureurs seront taxés et diminués; ceux des avocats
devront être réduits à telle modération et honnêteté, qu'ils ne
causent aucune plainte; les jugements par commissaire sont
prohibés, parce qu'aucuns disaient que, par le rapport desdits
commissaires, lesdits procès étaient jugés et déterminés. Les
baillis et sénéchaux doivent faire leur résidence continuelle en leurs

sièges. Les conseillers doivent s'abstenir de toute communication

Fig. 19. — Cour souveraine, présidée par le roi, qui prononce un arrêt, enregistré par le greffier. Fac-similé d'une miniature de l'*Information des rois*, ms. du xve s.

privée avec les parties, « mesmement de tous dîners ». Le secret des délibérations doit être fidèlement gardé. Les procès à juger seront inscrits sur un registre, vu tous les deux mois par les présidents, qui blâmeront, s'il y a lieu, les rapporteurs négligents; le rapporteur fera ressortir les points et difficultés du procès. L'exécution des arrêts devra être confiée aux huissiers de la cour, etc.

En 1454, le roi, qui avait bien de la peine à payer des à-compte sur les gages ordinaires des magistrats, crée des *gages d'après dînée*, s'élevant à 5 *sols parisis* (plus de 10 fr. au cours de la monnaie actuelle) *par jour*, pour ceux des conseillers qui tiendront une seconde audience. Les choses n'en vont guère mieux; rien ne s'expédie; et le parlement, privé de ses gages, se voit obligé de contracter un emprunt (1485), afin d'intenter des poursuites contre le fisc, qui ne le payait pas. En 1493, les gages annuels du parlement s'élevaient à la somme de 40,630 livres (à peu près 1,100,000 fr.) : le premier président recevait par jour 4 livres 22 sols parisis (équivalant à 140 fr. au taux actuel); le conseiller clerc, 25 sols parisis (40 fr.), le conseiller laïque, 20 sols (32 fr.). C'était, sur les gages de l'année précédente, un accroissement d'un cinquième.

En améliorant ainsi la position des membres de la première cour du royaume, Charles VIII, dans son ordonnance, leur rappelait des devoirs méconnus depuis trop longtemps; il leur disait « qu'entre toutes les vertus cardinales la justice est la plus digne et la plus nécessaire », et il leur traçait la conduite qu'ils avaient à tenir : les conseillers devaient être présents tous les jours, dans leur chambre respective, depuis la Saint-Martin d'hiver jusques à Pâques, avant sept heures sonnées, et depuis Pâques jusques à la fin du parlement, aussitôt après six heures du matin, sans sortir, sous peine de peine de punition; un silence absolu leur était imposé pendant les délibérations; toute espèce d'occupation étrangère à la cause en litige leur était interdite. Parmi une foule d'autres prescriptions, on remarque les suivantes : obligation de garder le secret sur les affaires en délibération ; défense aux conseillers de prendre directement ou indirectement aucune chose des parties ; défense aux commissaires instructeurs, aux commissaires en mission, d'accepter aucun don corrompable et de se faire payer plus qu'un salaire pour un même voyage, etc.

La grande charte du parlement, promulguée au mois d'avril 1453, se trouve ainsi confirmée, amendée, complétée par cette ordonnance, avec un esprit de sagesse digne d'éloges.

La magistrature des cours souveraines avait été moins favorisée sous le règne précédent. Louis XI, ce réorganisateur cauteleux et sournois, releva la justice séculière et déclara immobiles ou inamovibles les offices royaux, mais il abattait sans pitié ce qui lui portait ombrage ; voilà pourquoi, comme il le dit lui-même, il rogna les ongles des parlements de Paris et de Toulouse, en établissant, à leur préjudice, plusieurs cours judiciaires et en s'appuyant sur le Châtelet, où il était toujours sûr de trouver des auxiliaires irréconciliables contre l'aristocratie. Le parlement ne fléchit pas de bonne grâce, ni sans d'énergiques résistances. Il dut céder néanmoins, enregistrer certains édits, qui lui répugnaient beaucoup ; mais, à la mort de Louis XI, il prit sa revanche et mit en cause les favoris et les principaux agents de ce terrible adversaire en leur intentant un procès criminel : ceux-ci, entre tous leurs méfaits, n'en avaient pas de plus grave que de s'être exposés au ressentiment de la cour souveraine.

Le Châtelet était placé, dans la hiérarchie judiciaire, bien au-dessous du parlement, et néanmoins, par son prévôt, qui représentait la bourgeoisie de Paris, il avait acquis vis-à-vis de la cour souveraine une importance considérable. En effet, depuis 1254 le prévôt jouissait du triple privilège d'administrer politiquement et financièrement la capitale, de commander les milices bourgeoises et d'être le chef de la justice urbaine. Dans la salle des séances s'élevait un dais, sous lequel il se plaçait, distinction dont ne jouissait aucun autre magistrat, et qui paraît lui avoir été attribuée exclusivement parce qu'il siégeait *en lieu de Monsieur saint Loys rendant justice aux bonnes gens de sa bonne ville de Paris.*

Quand on installait le prévôt, on le conduisait solennellement à la grand'chambre du parlement, le mortier sur la tête et accompagné de quatre conseillers. Après la cérémonie, il donnait son cheval au président qui avait procédé à sa réception. Il avait pour costume une robe courte avec manteau, col rabattu, épée, chapeau à plumes, bâton de commandement entouré d'étoffe d'argent. C'est vêtu de la sorte qu'il assistait aux audiences du parlement ainsi qu'aux séances royales, où il prenait rang sur les derniers degrés du trône, au-dessous du grand chambellan. Tous les jours, excepté au temps des vendanges, il devait se rendre en personne ou se faire représenter par l'un de ses lieutenants, au Châtelet, dès neuf heures du matin. Là, il se faisait remettre l'état des prisonniers arrêtés la veille, visitait les prisons, expédiait toutes sortes d'affaires, puis inspectait la ville. Son présidial se composait de plusieurs chambres, comprenant huit lieutenants ou juges (fig. 20), désignés par lui et que Louis XII créa officiers du Châtelet (1498). Ils étaient alors à la nomination du roi. Deux juges auditeurs, un procureur du roi, un secrétaire greffier et des sergents complétaient le siège du prévôt.

Les sergents au Chatelet se divisaient en cinq classes : *sergents d'armes du roi, sergents de la douzaine, sergents à la verge* ou *à pied, sergents fieffés* et *sergents à cheval.* Leur institution datait

des premières années du quatorzième siècle. Nommés d'abord
par le prévôt, ils le furent ensuite par le roi. Les sergents d'armes
du roi (fig. 21), chargés de la police autour de sa personne,

Fig. 20. — Le Juge ; d'après un dessin au trait des *Proverbes, adages, etc.*, ms. du xvᵉ s.

n'étaient pas justiciables du connétable, mais des juges ordinaires,
ce qui prouve qu'ils exerçaient un emploi civil; les sergents de
la douzaine n'étaient que douze, comme leur nom l'indique, tous
domestiques du prévôt de Paris; les sergents à pied, tous *lais*,

furent portés successivement jusqu'au chiffre de 220 dès le milieu du quinzième siècle. Ils *exploitaient* seulement à l'intérieur de la capitale et gardaient la ville, les faubourgs et la banlieue, tandis que les sergents à cheval devaient « tenir la campagne sûre et exploiter dans toute l'étendue de la prévôté et vicomté de Paris ». Les commissaires-priseurs n'ayant été institués que sous Louis XIV, la vente des meubles appartenait de droit aux sergents. Ils surveillaient, en outre, « le nettoyement, sûreté et liberté de la voye publique et des halles ».

Au milieu des vicissitudes du moyen âge, surtout depuis l'émancipation des communes, tous les rois « besoigneux de la justice », saint Louis, Philippe le Bel, Charles VII, avaient compris la nécessité d'une rédaction définitive des coutumes locales. On entend, en général, par coutume un droit non écrit dans son origine, et introduit seulement par l'usage, mais qui, avec le temps, a acquis force de loi. Ce n'est point ici le lieu de rechercher quelle a été l'origine des coutumes ; il suffira de dire qu'elles sont différentes du droit romain, que souvent elles lui sont opposées.

Lorsque, à la chute de la dynastie carolingienne, la féodalité fut établie sur des bases plus solides, les usages particuliers de chaque seigneurie en formèrent le droit civil ; la multiplication de ces usages devint telle, que, suivant Beaumanoir, il n'y avait pas au treizième siècle, dans tout le royaume, deux seigneuries qui fussent gouvernées par la même loi. « Ces coutumes, dit Montesquieu, étaient conservées dans la mémoire des vieillards, mais il se forma peu à peu des lois ou des coutumes écrites. » Tels furent d'abord les chartes, les établissements royaux, les jugements. Puis les travaux des légistes firent pénétrer les principes du droit romain dans la législation féodale. Pierre des Fontaines, Philippe de Beaumanoir et d'autres rédigèrent par écrit les coutumes de leurs bailliages, afin surtout d'aider à la pratique judiciaire. « Les coutumes devront être rédigées par écrit, pour être examinées par les gens du grand conseil et du parlement, » disait l'ordonnance de 1453.

Cependant, ce travail important ne s'exécutait point ou s'exécutait mal. A Louis XII revient l'honneur d'avoir fondé le droit

Fig. 21. — Sergents d'armes; fac-similé d'une pierre placée en 1376, à Sainte-Catherine du Val des Écoliers.

coutumier, en faisant aussi redresser le style de la procédure, singulièrement vieilli depuis l'ordonnance de 1302, qui en avait établi les bases. De 1505 à 1515, vingt coutumes furent recueillies, améliorées et imprimées, entre autres celles de Touraine, Melun, Beauvaisis, Auxerre, Poitou, Maine, Anjou, Troyes, Orléans, Auvergne et Paris. Cette publication ne fut terminée que sous le règne d'Henri III; il y avait alors en France 285 coutumes, dont une soixantaine de principales.

Nul monarque ne montra plus d'égards que Louis XII pour

le parlement de Paris; pendant son règne on ne voit pas que la magistrature ait eu à se plaindre de n'être pas payée exactement. Au contraire, dès l'avénement de François Ier, la cour se plaint de n'avoir pas reçu le premier quartier de ses gages. Depuis lors, les réclamations deviennent continuelles : toujours nouveaux retards ou nouveaux refus; toujours les magistrats demeurent dans la triste « attente de leurs services et sustentation de leurs familles et ménages ». On peut juger, par là, de ce que devait être la situation pénible des différents tribunaux, qui, moins puissants que ne l'étaient les cours souveraines, celle de Paris surtout, n'avaient pas les moyens de faire entendre en haut lieu leurs doléances. Ce déplorable état de choses continua et même empira jusqu'à la Ligue. Le chef des ligueurs, Mayenne, avait promis de doubler les gages pour *gratifier* la cour du parlement; sa promesse n'était pas réalisable.

Vers la fin du seizième siècle, la haute magistrature française était représentée par neuf cours souveraines, savoir : le parlement de Bordeaux, créé le 10 juin 1462; le parlement de Bretagne, qui remplaça les anciens Grands Jours, en mars 1553, siégeant alternativement à Nantes et à Rennes; le parlement de Dauphiné, érigé en 1451 à Grenoble, pour remplacer le Conseil delphinal; le parlement de Bourgogne, établi à Dijon (1477), qui succéda aux Grands Jours de Beaune; le parlement ambulatoire de Dombes, créé en 1528, et formant à la fois cour des aides et chambre des comptes; le parlement de Normandie, érigé par Louis XII, au mois d'avril 1504, destiné à remplacer l'Échiquier de Rouen et l'ancien Conseil ducal de la province; le parlement de Provence, fondé à Aix, au mois de juillet 1501; le parlement de Toulouse, qui date de 1301, et le parlement de Paris, qui primait tous les autres par son origine, son ancienneté, l'étendue de sa juridiction,

Fig. 22. — Le présidial au grand bailliage; adoption d'enfants. Fac-similé d'une gravure sur bois de l'ouvrage de J. Damhoudère : *Refuge et garand des pupilles, orphelins*. Anvers, 1567.

le nombre de ses prérogatives et l'importance de ses arrêts.

Henri II avait créé, de plus (1551), dans chaque grand bailliage, un présidial chargé de connaître, sur appel, des affaires
qui n'excédaient pas 250 livres de principal (fig. 22).

Il existait, en outre, une organisation de Grands Jours, siégeant
provisoirement à Bayeux, à Poitiers, et dans quelques autres
villes du centre, pour réprimer les excès nés des dissensions
religieuses et des guerres civiles.

Le parlement de Paris, ou *grand Parlement français,* ainsi
que l'appelaient Philippe V et Charles V (ordonnances du 17 novembre 1318 et du 8 octobre 1371), divisé en quatre chambres
principales, la grand'chambre, la chambre des enquêtes, la
chambre criminelle ou *Tournelle,* et la chambre des requêtes, se
composait alors de conseillers ordinaires, les uns clercs, les autres
laïques; de conseillers honoraires, ecclésiastiques ou grands seigneurs, de maîtres des requêtes, et d'un nombre considérable
d'officiers de tous rangs (fig. 23). On y vit à la fois 24 présidents, 182 conseillers, 4 chevaliers d'honneur, 4 maîtres des
requêtes; un parquet, formé des gens du roi, procureur général,
substituts, ensemble de quinze à vingt personnes, appelé *collège.*
Parmi les officiers subalternes ou *suppôts,* il faut citer 26 huissiers,
4 receveurs généraux des consignations, 3 commissaires-receveurs
aux saisies réelles, 1 trésorier payeur des gages, 3 contrôleurs,
1 médecin de la cour, 2 chirurgiens de la cour, 2 apothicaires,
1 *matrone,* maîtresse sage-femme; 1 receveur des amendes,
1 inspecteur des domaines, plusieurs *buvetiers* habitant l'enclos
du Palais. Autour de cette armée de *robins* fonctionnaient 60 ou
80 notaires, 4 à 500 avocats (fig. 24), 200 procureurs, des greffiers
et commis greffiers. Jusqu'au règne de Charles VI (1380-1422), les
places de conseiller étaient de simples commissions, procédant du

roi et renouvelées à chaque session. De Charles VI à François Ier elles devinrent des charges royales, mais dès lors la vénalité des offices les discrédita de plus en plus.

Louis XI avait accordé l'inamovibilité aux conseillers du parle-

Fig. 23. — Le jurisconsulte ; d'après la *Danse des morts* de Bâle, gravée par Mérian. xvie s.

ment de Paris ; François Ier avait conservé ce privilège. En 1580, pour s'asseoir d'une manière durable *sur les fleurs de lis* et obtenir l'hérédité facultative des charges, la magistrature souveraine versa 140 millions (qui en vaudraient aujourd'hui 15 ou 20 fois autant) dans les coffres de l'État. Cette transmission héréditaire de père en fils porta une atteinte irréparable à la

considération du corps parlementaire, déjà miné profondément
par de criants abus, par l'énormité des épices, par la longueur
des procès, par l'ignorance de certains conseillers et par les mœurs
dissolues d'un grand nombre.

Fig. 24. — L'avocat; d'après une gravure sur bois de la *Danse macabre*, édition de Guyot;
Paris, 1490.

Le Châtelet, au contraire, moins occupé d'intrigues, moins
entraîné vers la politique, livré chaque jour à la pratique usuelle
des affaires contentieuses, rendait d'innombrables services à la
chose publique, et voyait grandir l'estime dont il jouissait depuis

Labels within the illustration: Le gueffe · Le reeeueur · (scroll text)

Fig. 25. — Assemblée de la prévôté des marchands de Paris. Fac-similé d'une gravure sur bois des *Ordonnances royaux de la juridiction de la Prevosté des marchands et eschevinage de la ville de Paris*; Paris, Jacques Niverd, 1528.

son origine. Louis XII avait exigé (1498) que le prévôt eût le
titre de docteur en droit civil et en droit canon, et que ses officiers, qu'il rendit inamovibles, fussent choisis parmi les jurisconsultes reconnus capables. Cette excellente organisation porta
ses fruits.

Le premier magistrat municipal de Paris, appelé *prévôt des
marchands* (fig. 25), exerçait aussi une certaine autorité judiciaire. Il présidait le bureau de la ville, assisté des échevins; il
jugeait toutes les causes de commerce pour les marchandises expédiées par eau, les procès des marchands et des commis, et
fixait le prix des marchandises arrivées dans les ports.

Bien différent du Châtelet, qui ne prit un rôle politique dans
les troubles religieux du protestantisme et de la Ligue que pour
servir et défendre la cause du mouvement, le parlement, malgré ses
accès de mauvaise humeur et ses boutades de rébellion, resta presque invariablement attaché au parti du roi et de la cour. Il inclinait
toujours vers le maintien des choses du passé, parce qu'il y a
un immense péril d'ébranler les grandes institutions sociales. Il
était pour les mesures de rigueur, et néanmoins cédait tôt ou
tard aux injonctions et aux admonitions de la royauté, lors même
qu'il désapprouvait les actes dont on lui demandait la sanction.

PÉNALITÉ.

Quand les hommes du Nord firent invasion dans les Gaules, ils apportèrent avec eux leurs mœurs rudes et grossières. Chacun se rendait justice à soi-même : le fils tuait le meurtrier de son père, et, à défaut de fils, le plus proche parent de la victime était son vengeur. Il y avait guerre entre les familles jusqu'à ce que le sang de l'agresseur eût été répandu, coutume barbare qui s'est continuée en Corse jusqu'à nos jours sous le nom de *vendetta*.

La vengeance privée était donc alors le point de départ de la pénalité; mais la cupidité des barbares ne tarda pas à introduire une habitude nouvelle, celle du rachat de la vengeance, et bientôt cette habitude devint une règle. Les Francs Saliens et Ripuaires formulèrent par écrit leurs coutumes, et le tarif de la plus légère offense, comme du plus grand crime, fut fixé. Afin de contraindre le coupable à payer le prix du sang ou du dommage, l'autorité publique intervint : elle le força à donner la *composition* (wehrgeld) à l'offensé et enjoignit à celui-ci de la recevoir; mais, en même temps, elle exigea de l'offenseur une certaine somme pour prix de la paix (*fredum*, *fried*) qu'elle lui accordait. Deux crimes seulement étaient considérés comme irrémissibles : la trahison et la lâcheté; le traître était pendu et le lâche noyé.

Il arriva, cependant, un moment où l'on sentit qu'un crime privé portait atteinte à l'ordre social; alors apparut la peine véritable. D'abord elle fut cruelle et même horrible; le juge prenait fait et cause pour la victime et tirait vengeance du coupable. L'arbitraire le plus effrayant régna longtemps dans la pénalité, non seulement à cause de la grossièreté des mœurs et de l'ignorance générale, mais par suite des innombrables juridictions dont nous avons parlé au chapitre précédent.

Saint Louis, frappé du dénûment de législation pénale dans lequel se trouvait son royaume, attribua une peine déterminée à chaque espèce de crime ou de délit, et adoucit, en outre, certains supplices. Toutefois, si l'on consulte ses *Établissements,* on est surpris de la rigueur de la pénalité. Ainsi, d'après ce code, on pendait les faux-monnayeurs, les meurtriers, les ravisseurs, les traîtres, les voleurs de grand chemin; leurs cadavres étaient ensuite traînés par les rues, leurs biens confisqués, leur maison démolie et leurs terres ravagées. On arrachait les yeux à ceux qui volaient dans les églises; on brûlait vifs les hérétiques, les sorciers, les magiciens, les femmes criminelles ou coupables de vol. On coupait l'oreille pour un larcin de menus objets; on perçait au fer rouge la langue des blasphémateurs. Et pourtant la législation du saint roi était un progrès sur le passé.

En abordant le sanglant domaine de la pénalité au moyen âge, il faut d'abord parler de la *question,* qui pouvait être, selon les expressions consacrées, ou *préparatoire* ou *préalable :* préparatoire, quand elle avait pour but d'arracher à l'accusé l'aveu de son crime ou celui de ses complices; préalable, quand elle constituait une aggravation de peine, que le condamné devait subir préalablement à l'exécution capitale. On la qualifiait aussi *ordinaire* ou *extraordinaire*, suivant la durée ou la violence des tortures à infliger aux patients. Dans certains cas, la question durait cinq et six heures consécutives; d'autres fois, elle ne dépassait guère une heure.

Hippolyte de Marsilli, docte jurisconsulte de Bologne, qui vivait au commencement du quinzième siècle, mentionne quatorze manières de donner la *gehenne* ou question. La compression des membres par des instruments spéciaux ou seulement avec des cordes; l'injection d'eau, de vinaigre ou d'huile, dans le corps de l'accusé; l'application de la poix bouillante; la suppression totale des aliments et des boissons, tels étaient les procédés qu'on employait le plus fréquemment. D'autres moyens, plus ou moins usités, selon le caprice du magistrat et aussi celui du bourreau, se faisaient remarquer par leur atroce singularité : comme lorsqu'il s'agissait de placer sous les aisselles des œufs brûlants; d'introduire entre cuir et chair des dés à jouer; d'attacher des bougies allumées aux doigts, qui se consumaient en même temps que la cire; de faire tomber de l'eau, goutte à goutte, d'une grande hauteur sur le creux de l'estomac, ou encore, et c'était là une torture indicible, disent les vieux criminalistes, d'arroser les pieds d'eau salée pour les faire lécher par des chèvres.

Du reste, chaque pays avait des usages particuliers dans la manière de donner la question.

En France aussi, la question différait selon les provinces, ou plutôt selon les parlements. Par exemple, en Bretagne, on approchait graduellement d'un brasier ardent le patient lié sur une chaise de fer; en Normandie, on lui serrait un pouce dans un étau pour la question ordinaire, et les deux pouces pour l'extraordinaire. A Autun, après avoir fait chausser à l'accusé des espèces de hautes

bottines, de cuir spongieux, on le liait sur une table, qu'on approchait d'un grand feu, et l'on versait sur les bottines une quantité
d'eau bouillante qui pénétrait le cuir et décomposait, en les cal-
cinant, les chairs et même les os de la victime soumise à cette
effroyable opération.

A Orléans, pour la question ordinaire, l'accusé étant mis à
moitié nu, on lui liait avec force les deux mains derrière le dos,
après avoir assujetti entre elles une clef de fer; ensuite, au moyen
d'une corde fixée à cette clef, on suspendait à une certaine hauteur
le misérable, qui portait à son pied droit un poids de 180 livres.
Pour la question extraordinaire, qui prenait alors le nom d'*estrapade,* on élevait, avec un treuil, jusqu'au plafond de la salle,
le patient, dont les pieds étaient chargés d'un poids de 250 livres,
pour le laisser brusquement retomber plusieurs fois de suite
presque au niveau du sol, ce qui ne manquait jamais de lui dis-
loquer bras et jambes (fig. 26). A Avignon, la question ordinaire
consistait à suspendre l'accusé, par les poignets, avec de lourds
boulets de fer à chaque pied.

Dans la question extraordinaire, fort usitée en Italie, sous le
nom de *veille,* on étendait le corps de l'accusé à l'aide de cordes
attachées à chacun des quatre membres, lesquelles correspon-
daient à autant de panneaux scellés au mur, et on ne lui donnait
pour point d'appui que la pointe d'un poteau taillé en diamant,
sur laquelle portait à vif l'extrémité inférieure de l'échine (apo-
physe du coccyx). Un médecin et un chirurgien étaient toujours
là, tâtant le pouls aux artères temporales du patient, pour juger
du moment où il ne pourrait plus supporter la douleur. Ce moment venu, on le détachait, on le ranimait par des fomentations
chaudes, on lui administrait des fortifiants, et, dès qu'il avait
repris ses sens avec un peu de forces, il était remis à la question,

Fig. 26. — La question extraordinaire par l'estrapade. Fac-similé d'une gravure sur bois de l'ouvrage de J. Millæus, *Praxis criminis persequendi*; Paris, Sim. de Colines, 1541.

qui se prolongeait de la sorte pendant six heures consécutives.

A Paris, on donna longtemps la question par l'eau; c'était à la fois la plus intolérable et la moins dangereuse pour le patient. Celui qui devait la subir était, comme pour la question précédente, attaché et soutenu en l'air par les quatre membres, jusqu'à ce que son corps fût bien étendu. On lui passait alors un tréteau sous les reins et, à l'aide d'une corne formant entonnoir, pendant qu'on lui serrait le nez avec la main pour le contraindre d'avaler, on lui versait lentement dans la bouche quatre *coquemars* d'eau (environ 9 litres) pour la question ordinaire, et le double pour l'extraordinaire (fig. 27 et 28). L'exécution terminée, le patient était détaché « et mené chauffer dans la cuisine », dit un vieux texte.

Dans la suite, on employa de préférence les *brodequins*.

Pour ce genre de tourment, on plaçait l'accusé assis sur un banc massif, et, après lui avoir fixé de fortes planchettes en dehors et en dedans de chaque jambe, on lui liait les deux jambes ensemble avec de grosses cordes; puis on faisait entrer, à coups de maillet, entre les planchettes qui séparaient les deux jambes quatre coins en bois pour la question ordinaire, huit pour la question extraordinaire. Il n'était pas rare, dans ce dernier cas, que les os des jambes éclatassent et que la moelle en jaillît. Quant aux véritables brodequins, dont souvent on se contentait de faire usage dans la question ordinaire, c'étaient des espèces de bas en parchemin, dans lesquels la jambe entrait assez aisément lorsqu'on les avait mouillés, mais qui, une fois qu'on les approchait du feu, en se rétrécissant, causaient des douleurs insupportables au porteur de ces « chaussures d'angoisse ».

A la question préparatoire présidait le *tourmenteur juré*, qu'il ne faut pas confondre avec le bourreau. Il faisait la dépense et les préparatifs nécessaires pour l'exécution par le feu; il fournissait aussi le sac, les demi-lances ferrées sur lesquelles on exposait les têtes, les échelles du gibet, les chaînes de fer, etc.

Quel que fût, en somme, le mode employé pour donner la ques-

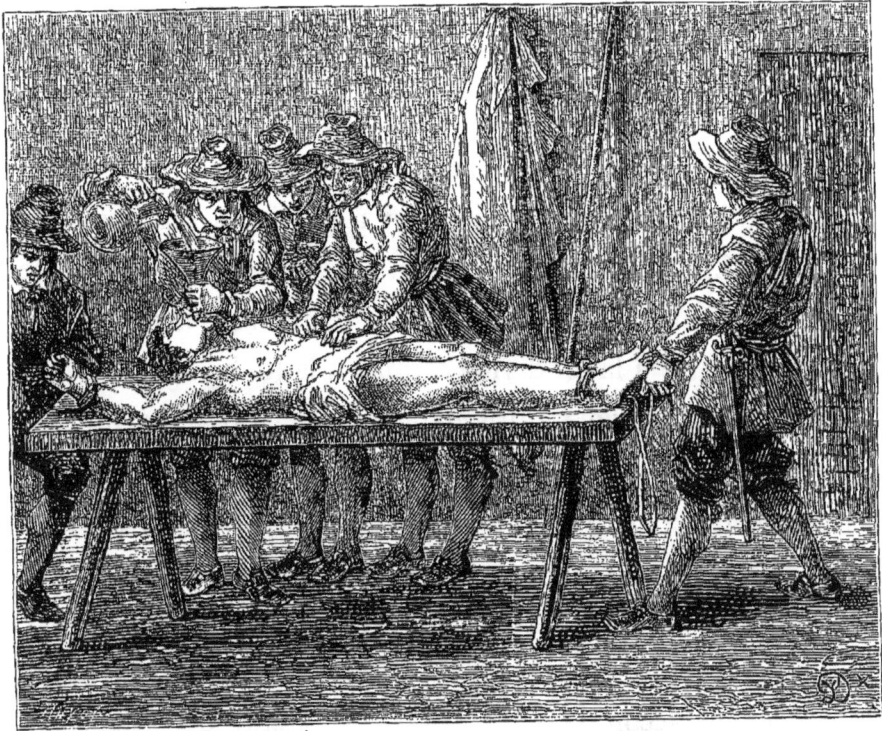

Fig. 27. — La question par l'eau. D'après une gravure de la Bibl. nationale.

tion, l'accusé, avant d'y être appliqué, devait être resté huit ou dix heures sans manger.

Damhoudère, dans son fameux livre technique, intitulé *Pratique et Enchiridion des causes criminelles*(1544), recommande, en outre, de raser entièrement tout le poil des accusés qui doivent être mis à la question, dans la crainte qu'ils ne portent sur eux quelque talisman propre à les rendre inaccessibles à la douleur corporelle. Le même auteur donne encore pour règle, lorsqu'il y a plusieurs personnes « à mettre sur le banc », pour un même fait, de commencer par celles dont on peut espérer de tirer plus facilement une révélation; ainsi, par exemple, quand un homme et une femme doivent subir la question l'un après l'autre, la femme sera tourmentée la première, comme étant plus faible et débile; s'il s'agit du père et du fils, on torturera le fils en présence du père, « qui craint naturellement plus pour son enfant que pour soymême ». On voit que les juges étaient experts dans l'art d'allier les tortures morales aux tourments physiques.

La coutume barbare de la torture fut à plusieurs reprises condamnée par l'Église. Dès l'an 866, on lit, dans la lettre du pape Nicolas 1er aux Bulgares, que leur usage de mettre à la torture les accusés est contraire à la loi divine comme à la loi humaine; « car, dit-il, l'aveu doit être volontaire et non forcé. Par la torture un innocent peut souffrir à l'excès sans faire aucun aveu, et en ce cas quel crime pour le juge! — ou bien, vaincu par la douleur, il s'avouera coupable quoiqu'il ne le soit pas, ce qui charge le juge d'une iniquité non moins grande. »

Après avoir enduré la question préalable, dont les diverses opérations étaient accomplies par des tourmenteurs ou exécuteurs spéciaux, le condamné à mort était enfin livré au *maistre des haultes œuvres,* c'est-à-dire au *bourreau,* à qui revenait exclusivement la mission de faire passer les coupables de vie à trépas.

Pendant le moyen âge, les fonctions de bourreau ne furent pas, dans tous les pays, considérées partout au même point de vue. Tandis qu'en France, en Italie, en Espagne, une idée d'infamie s'attachait à l'exercice de ce terrible ministère, en Allemagne, au contraire, la bonne exécution d'un certain nombre de sentences capitales valait au bourreau les titres et privilèges de la noblesse (fig. 29). A Reutlingen, en Souabe, le dernier des conseillers

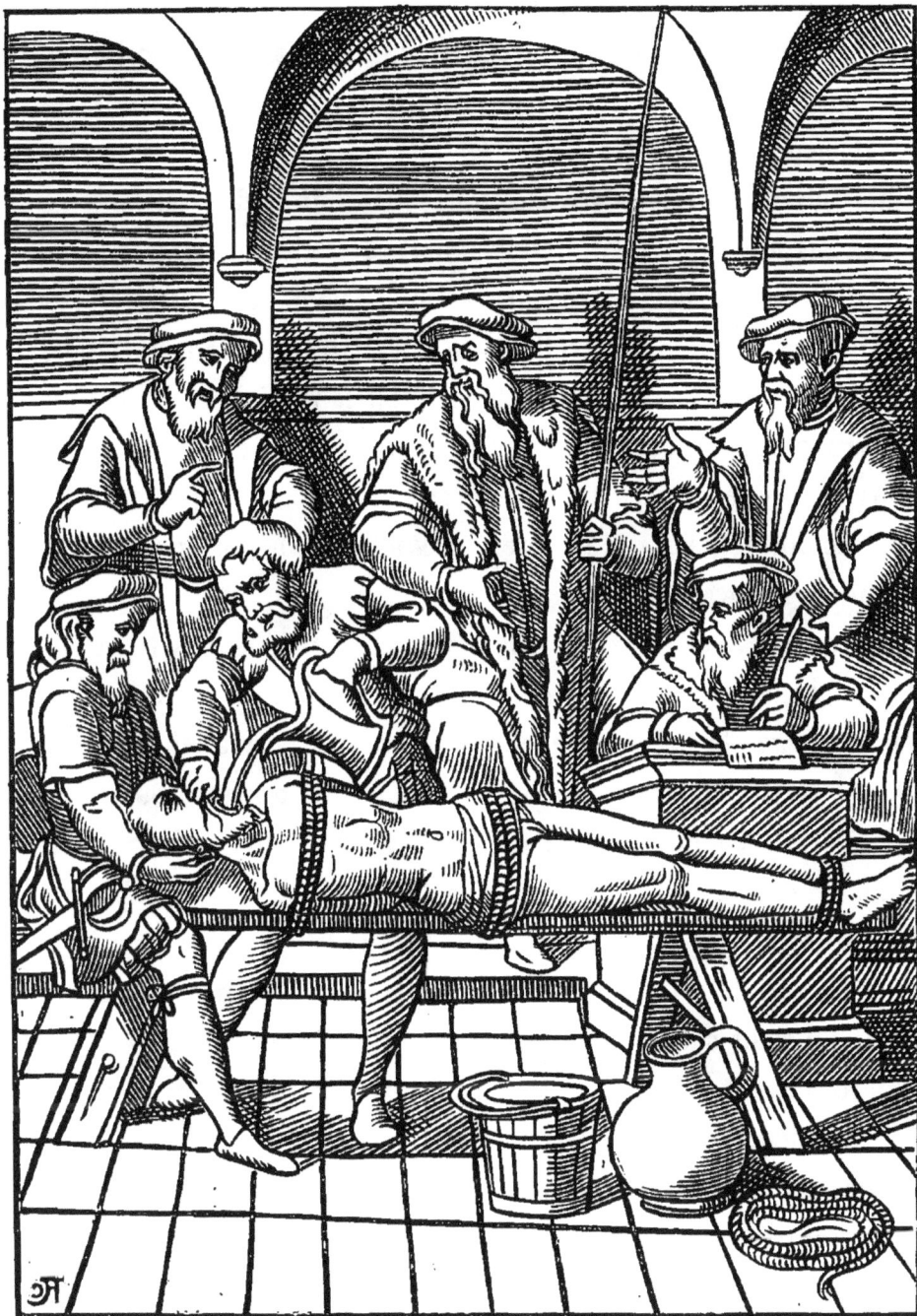

Fig. 28. — La question par l'eau. Fac-similé d'une gravure sur bois du *Praxis rerum criminalium* de J. Damhoudère; Anvers, 1556.

admis à siéger au tribunal devait exécuter, de sa propre main, les sentences; en Franconie, cette pénible charge incombait à celui des membres du corps de ville qui avait pris femme en dernier lieu.

Chez nous, le bourreau était le plus infime des officiers de justice. Ses lettres de commission, qu'il recevait pourtant du souverain, devaient être enregistrées au parlement; mais, après les avoir scellées, le chancelier les jetait, dit-on, sous la table, en signe de profond mépris. Défense était faite ordinairement au bourreau d'habiter dans l'enceinte des villes, à moins que ce ne fût sur les dépendances du pilori, et parfois, pour qu'il ne fût jamais confondu parmi le peuple, on l'obligeait à porter un habit particulier, rouge et jaune.

En revanche, ses fonctions lui assuraient certains privilèges. A Paris, il avait le droit de *havage*, qui consistait à prélever sur chaque charge de grain amenée au marché des Halles tout ce qu'il en pouvait prendre avec la main; et toutefois, pour préserver les marchandises de son contact infamant, c'était avec une cuiller de bois qu'il opérait ce prélèvement sur les céréales. Il jouissait encore de droits semblables sur la plupart des denrées, sans préjudice de plusieurs autres impôts ou redevances, dont le bénéfice lui était acquis, comme le péage du Petit-Pont, la taille des marchands forains, le droit à prélever sur les chasse-marées, sur les vendeurs de harengs, de cresson, etc., l'amende de cinq sous, dont il frappait les pourceaux vaguant dans Paris, excepté ceux de l'abbaye de Saint-Antoine, etc. Il venait lui-même percevoir la part à laquelle il pouvait prétendre, et ses valets, à mesure qu'un débiteur se libérait, lui faisaient sur le dos une marque avec de la craie, afin de le reconnaître. Cette taxe ne fut supprimée qu'en 1775.

Outre la dépouille des condamnés, le bourreau avait le revenu des boutiques et échoppes qui entouraient le pilori, et dans lesquelles se faisait le commerce du poisson en détail. Une exécu-

Fig. 29. — Grand prévôt suisse (xvᵉ s.). D'après les peintures de la *Danse des morts* de Bâle, gravées par Mérian.

tion faite sur le territoire d'un monastère lui valait certaines rétributions, parmi lesquelles on voit souvent figurer une tête de cochon. Les religieux de Saint-Martin lui payaient, pour ses services, une redevance annuelle de cinq pains et de cinq bouteilles de vin.

Il paraît même que la perception de ces divers droits constituant une source réelle de revenus assez considérables, le prestige de la richesse atténua par degrés les préventions défavorables traditionnellement attachées aux fonctions de bourreau. C'est là du moins ce qu'on est autorisé à supposer quand on voit, par exemple, en 1418, le bourreau de Paris, alors capitaine de la milice bourgeoise, venir en cette qualité toucher la main du duc de Bourgogne, à son entrée solennelle dans la capitale avec la reine Isabeau de Bavière. En outre, la croyance populaire attribuait ordinairement au bourreau une sorte de science pratique de la médecine, inhérente à sa profession même, et lui reconnaissait le privilège de certains moyens curatifs dans les maladies que le *mire* ne savait pas guérir; on allait, par exemple, en secret, lui acheter de la graisse de pendu, qu'il vendait fort cher et qui passait pour une merveilleuse panacée. Rappelons aussi que l'habileté de l'exécuteur des hautes œuvres pour le *reboutage* des membres luxés est encore proverbiale de nos jours en bien des pays.

Les divers avantages dont ils jouissaient eurent, en général, pour effet d'assurer la succession continue de ces terribles officiers de police judiciaire. Quelquefois pourtant les gens de justice se trouvèrent en grand embarras, parce que personne ne s'était présenté pour remplir de telles fonctions. Ce fut ce qui arriva en 1312 à Rouen : on éleva alors la prétention assez bizarre que la corporation des huissiers devait se charger de donner cette dernière sanction à l'arrêt criminel. Sur leur refus, la cour les condamna, non à exécuter eux-mêmes, mais à trouver un exécuteur, aux frais du roi.

D'une ordonnance rendue en 1264 par Louis IX, où il est dit que les personnes convaincues de blasphèmes seront battues de verges, « les hommes par homme et les femmes par seule femme,

sans présence d'homme », on a voulu conclure que la charge dont
nous parlons avait été tenue en titre d'office par des femmes. C'est

Fig. 3o. —. Amende honorable devant le tribunal. Fac-similé d'une gravure sur bois
du *Praxis rerum criminalium*, de J. Damhoudère; Anvers, 1556.

une erreur; les exécutions de cette espèce et d'autres semblables se
réduisaient, pour les femmes, à la peine du fouet.

Le savant criminaliste que nous citions plus haut et que nous

prendrons pour guide spécial dans l'énumération des divers supplices, Josse Damhoudère, spécifie treize manières dont le bourreau « fait son exécution », et les range dans l'ordre suivant :
« le feu, l'espée, la force, l'esquartelage, la roue, la fourche, le
gibet, traisner, poindre ou picquer, couper oreilles, desmembrer,
flageller ou fustiger, le *pellorin* (pilori) ou eschaffault ».

Avant d'aborder avec quelques détails cet effrayant sujet, nous
devons faire remarquer que, quelle que fût la peine infligée à
un coupable, il était rare que l'exécution n'eût pas été précé-
dée de l'*amende honorable,* qui dans certains cas constituait un
châtiment distinct, mais qui le plus souvent n'était que le prélude
du supplice lui-même.

L'amende honorable, dite *simple* ou *sèche,* avait lieu, sans
l'intervention du bourreau, dans la chambre du Conseil (fig. 30),
où le condamné, nu-tête et à genoux, devait dire que « fausse-
ment il avoit dit ou fait quelque chose contre l'autorité du roi ou
l'honneur de quelqu'un, et qu'il en demandoit pardon à Dieu, au
roi et à la justice ». Pour l'amende honorable *in figuris,* c'est-à-
dire en public, le condamné, en chemise, pieds nus, la corde au
cou, suivi du bourreau, tenait à la main une torche de cire, ayant
un poids que déterminait l'arrêt et qui était d'ordinaire de deux
ou quatre livres, et allait s'agenouiller à la porte d'une église où
il devait faire, à haute voix l'aveu de son méfait, en demandant
pardon à Dieu et aux hommes.

Lorsqu'un criminel avait été condamné à être *ars* ou brûlé, on
dressait, au lieu plus spécialement désigné pour l'exécution, un
poteau, à l'entour duquel on préparait un bûcher, composé de lits
alternatifs de bûches et de paille, s'élevant à peu près à la hauteur
de la tête d'un homme. On avait eu soin de ménager, près du
poteau, un espace libre, capable de contenir le patient debout,

et un passage pour l'y conduire. Le criminel, ayant été dépouillé de ses habits et revêtu d'une chemise soufrée, pénétrait au centre du bûcher, par cette étroite ouverture, et on le liait solidement au poteau, avec des cordes et des chaînes. Ensuite, on jetait des fagots et de la paille dans l'intervalle qui restait, jusqu'à ce que la victime en fût absolument couverte; puis on mettait le feu de tous les côtés à la fois (fig. 31).

Fig. 31. — Le supplice du feu. Fac-similé d'une gravure sur bois de la *Cosmographie universelle* de Munster; Bâle, 1552.

Quelquefois, la sentence portait que le coupable ne serait livré aux flammes qu'après avoir été préalablement étranglé; aussitôt le corps était déposé là où le patient eût été mis vivant, et le supplice perdait ainsi beaucoup de son horreur. D'ailleurs, il arrivait souvent que le bourreau, afin d'abréger les souffrances des condamnés, plaçait parmi les fagots, en construisant le bûcher, un grand croc de fer pointu, vis-à-vis du poteau, à hauteur de poitrine : et à peine le feu était-il allumé, qu'on poussait vivement ce croc, qui donnait le coup mortel au malheureux que la flamme allait dévorer lentement. Si, aux termes de la sentence, les cendres du supplicié devaient être jetées au vent, on enlevait avec une pelle, dès qu'on pouvait approcher du centre du bûcher à demi consumé, un peu de cendres chaudes, qu'on éparpillait en l'air.

On ne se contentait pas de brûler les vivants; on livrait encore au feu les restes des coupables qui mouraient avant leur exécution, dans la pensée que le feu purifie le criminel et fait disparaître les vestiges du crime. Il arrivait même, en certaines circonstances, à la suite des procès criminels intentés aux morts, qu'on exhumait leurs cadavres pour les porter sur le bûcher.

Le crime d'hérésie, étant considéré comme une atteinte à l'ordre social, avait pour châtiment le bûcher. A Paris, cinquante-quatre templiers furent brûlés en deux jours, les 11 et 12 mai 1310, pour crimes d'hérésie et de maléfice; et quatre ans après, le 18 mars 1314, Jacques de Molay, grand maître de l'ordre du Temple, et Gui, précepteur de Normandie, périrent aussi dans les flammes, à la pointe de l'île Notre-Dame, à l'endroit même où s'élève aujourd'hui la statue d'Henri IV.

Nul n'ignore que Jeanne d'Arc trouva des juges assez iniques pour la condamner au feu, comme *hérétique et relapse;* mais son exécution, qui eut lieu sur la place du Vieux-Marché, à Rouen, fut marquée par une circonstance peu connue, qui ne s'est reproduite dans aucun autre supplice. Quand on jugea que le feu, qui enveloppait de toutes parts l'héroïque jeune fille, l'avait atteinte et sans doute étouffée, sans la consumer encore, on fit retirer une partie du bois enflammé, « pour oster les doubstes du peuple »; et quand la foule l'eut assez vue au milieu du brasier « toute morte liée à l'*estache* (poteau), le bourrel remist le feu grand sus... » Il faut noter, à ce sujet, que Jeanne ayant été accusée de sortilège, le peuple devait être porté à croire que les flammes seraient sans action sur elle, et qu'on la verrait sortir saine et sauve de son bûcher (fig. 32).

Fig. 32. — Jeanne d'Arc sur le lieu du supplice. Le mode du supplice se trouve ici défiguré : on a substitué la chaudière au bûcher. Miniature du commencement du XVIe s.

La condamnation au supplice du feu n'impliquait pas absolument la mort sur un bûcher, car une variété de cette peine, particulièrement réservée pour les faux monnayeurs, consistait à précipiter les criminels dans une chaudière pleine d'eau ou d'huile bouillante.

Nous devons comprendre dans la catégorie des exécutions par le feu certaines peines, qui n'étaient, pour ainsi dire, que les préliminaires d'un supplice complexe, telles que le feu de soufre dans lequel on brûlait la main des parricides et des criminels de lèse-majesté. Il faut aussi rattacher au supplice du feu divers châtiments qui, s'ils n'entraînaient pas la mort après eux, n'en étaient pas moins cruels, comme, par exemple, le *bassin ardent* qu'on passait devant les yeux du condamné pour les lui brûler, et les diverses *marques* au fer rouge, qu'on imprimait sur la peau vive, stigmate indélébile, dont l'usage infamant s'est perpétué jusqu'à nos jours. Il y avait encore l'arrachement des différentes parties du corps avec des tenailles rougies au feu : ainsi périt en 1584, avec des raffinements de cruauté inouïe, le meurtrier de Guillaume, prince d'Orange, Balthasar Gérard, dont le supplice fut prolongé durant dix-huit jours.

Dans certains pays, la décapitation se faisait avec la hache, mais en France elle avait lieu ordinairement au moyen d'une épée à deux mains ou glaive de justice, fourni à l'exécuteur pour cette destination (fig. 33). En 1476, il fut payé 60 sous parisis au bourreau de Paris, « pour avoir acheté une grande espée à feuille » servant à décapiter les condamnés, et « pour avoir fait remettre à point et rabiller la vieille espée qui s'estoit esclatée et ébrechée, en faisant la justice de messire Louis de Luxembourg ».

Dans l'origine, la peine de la décapitation était infligée indistinctement à tous les condamnés à mort; plus tard, elle devint le privilège particulier de la noblesse, qui la subissait sans déroger. Le patient, à moins que le jugement n'eût expressément prescrit de lui mettre un bandeau sur les yeux comme une aggravation ignominieuse de la peine, était autorisé à choisir s'il voulait avoir

les yeux bandés ou non. Il se mettait donc à genoux sur l'échafaud, appuyait le cou sur un billot de bois, et se livrait à l'exé-
teur (fig. 34). Nos vieilles chroniques sont remplies de supplices
de cette espèce; en voici un exemple, tiré du *Journal d'un bourgeois de Paris :* « Le 1ᵉʳ juillet 1413, Pierre des Essarts, prévôt
de Paris, fut traîné sur une claie jusqu'à la Heaumerie, puis assis

Fig. 33. — La décapitation. Fac-similé d'une miniature sur bois de la *Cosmographie
universelle* de Munster; Bâle, 1552.

sur une charrette, une croix de bois en la main, vêtu d'une houp-
pelande noire, fourrée de martre, une chausse blanche et un es-
cafion noir en ses pieds. En ce point fut mené aux halles. Quand
il vit qu'il convenait qu'il mourust, il s'agenouilla devant le bourreau, lui pardonna sa mort doucement, et pria tous les seigneurs
que son fait ne fust point crié jusqu'à ce qu'il fût décollé. »

L'habileté des bourreaux était généralement telle, que presque
toujours, au premier coup, la tête était séparée du tronc. Cepen-

dant, l'adresse et l'habitude pouvaient leur faire défaut, et l'on cite des cas où il dut s'y reprendre à plusieurs fois. Comme il ne se trouva point d'exécuteur à Lyon pour mettre à mort Cinq-Mars et son ami de Thou (1642), un vieux portefaix se présenta, qui ne parvint qu'au douzième coup à faire tomber la tête de ce dernier. Il arrivait aussi que l'épée se rompait. Ce fut sans doute le désir de parer à cet inconvénient qui donna naissance à l'instrument mécanique, aujourd'hui connu sous le nom de *guillotine,* lequel n'est que le perfectionnement d'une machine moins compliquée et beaucoup plus ancienne qu'on ne le croit communément.

Dès le seizième siècle, en effet, notre moderne guillotine existait en Écosse sous les noms populaires de *Maiden* (la Vierge) et *Widow* (la Veuve), et les historiens racontent que le comte de Morton, régent d'Écosse pendant la minorité de Jacques VI, l'avait fait construire sur le modèle d'un appareil semblable, qui fonctionnait à Halifax, dans le comté d'York; ils ajoutent (et la tradition populaire avait chez nous imaginé une fable analogue) que Morton, propagateur de ce genre de supplice, en fit par lui-même, en 1581, la première épreuve. La guillotine est, d'ailleurs, exactement décrite dans les *Chroniques* de Jean d'Auton, à propos d'une exécution faite à Gênes en 1507. « Le bourreau, dit-il, prit une corde à laquelle était attachée un gros bloc, avec une doloire tranchante, venant d'amont entre deux poteaux, et tira la dite corde en manière que le bloc tranchant à ce Genois tomba entre la tête et les épaules. La tête s'en alla d'un côté et le corps tomba de l'autre. »

Deux gravures allemandes, exécutées vers 1550, par Pencz et Aldegrever, offrent aussi la représentation d'un instrument de mort presque identique avec la guillotine; enfin, la même machine se trouve figurée sur un bas-relief de la même époque,

lequel est encore placé dans une des salles du tribunal de Lune-
bourg, en Hanovre.

On peut croire que l'invention d'un pareil instrument avait
été inspirée par le désir d'épargner aux patients la prolongation

Fig. 34. — Jean Fisher (A) et le chancelier Thomas Morus (B) sont décapités, sur l'ordre
d'Henri VIII (1535); d'après une gravure sur cuivre du *Theatrum crudelitatum nostri tem-
poris;* Anvers, 1587.

des souffrances physiques. Il est d'ailleurs probable que le caractère des crimes de cette époque exigeait de rigoureuses répressions.
Pour concilier le respect des *convenances* avec les besoins de la
justice, on réservait le supplice de la *fosse* aux femmes, qui n'auraient pu sans indécence être accrochées aux fourches patibulaires.
En 1302, par sentence du bailli de Sainte-Geneviève, Amelotte

de Christeuil, convaincue d'avoir dérobé une cotte, deux anneaux
et deux ceintures, fut condamnée à être « enfouie toute vive devant le gibet ». Et l'arrêt fut rigoureusement exécuté. Jusqu'au
seizième siècle on en rencontre d'autres exemples.

L'*esquartelage* ou écartèlement pouvait à bon droit passer
pour une des peines les plus épouvantables qu'eût inventées la
pénalité judiciaire. Ce supplice remonte, du reste, à une antiquité très reculée, et pendant les siècles modernes il ne fut guère
appliqué qu'aux seuls régicides, lesquels étaient considérés comme
ayant commis le plus abominable des crimes. Presque toujours
le patient avait à subir préalablement diverses tortures accessoires :
tantôt on lui coupait la main droite et on lui brûlait le poignet sur
un brasier de soufre; tantôt on le tenaillait aux bras, aux cuisses,
aux mamelles, et l'on versait sur ses plaies vives de l'huile ou de
la poix bouillante, du plomb fondu, etc.   .

Après ces affreux préludes, on attachait à chaque membre du
condamné une corde, qui pour les jambes prenait des pieds
jusqu'aux genoux, et pour les bras du poignet jusqu'aux coudes;
chacune de ces cordes était fixée ensuite aux palonniers de quatre
vigoureux chevaux, harnachés comme pour la remorque des bateaux. On faisait d'abord tirer les chevaux par petites secousses
alternatives, et toujours modérant leur ardeur; puis, lorsque la
douleur avait arraché des cris déchirants au malheureux, qui
sentait ses membres se désarticuler, on excitait à grands coups
de fouet tous les chevaux à la fois, pour que les membres du patient fussent écartés en même temps (fig. 35). Cependant, comme les
tendons et ligaments des bras et des jambes résistaient encore, le
bourreau aidait à la séparation des membres, en pratiquant à
l'aide d'une hachette plusieurs entailles à chaque jointure. Lorsque enfin chaque cheval avait arraché un des membres, on réu-

nissait ces tristes débris au tronc informe, qui quelquefois respirait encore, pour les brûler ensemble sur le même bûcher, à moins que l'arrêt n'ordonnât que le corps serait accroché au gibet et que les membres seraient exposés aux portes de la ville, ou envoyés en quatre principales villes aux extrémités du royaume, « et à chacun desdicts membres étoit mise une épitaphe, pour

Fig. 35. — Exécution de Ravaillac, assassin d'Henri IV, le 27 mai 1610, à Paris.
D'après une estampe du temps.

faire sçavoir la cause pourquoy lesdicts membres estoient mis et exposés ».

Tel était le supplice des régicides; néanmoins il fut infligé en 1563 à Poltrot, l'assassin du duc François de Guise. Damien, en 1757, est le dernier criminel qui ait été écartelé.

La *roue,* dont l'origine se perd dans les anciens temps, mais dont le nom seul s'était conservé, en s'appliquant à un supplice tout autre que celui de l'antiquité, aurait pu s'appeler la croix, car elle ne servait plus, au moyen âge, qu'à recevoir, pour en faire une exposition publique, le corps du supplicié qui avait été rompu vif. Quant à ce supplice, qui fut importé d'Allemagne sous le règne de François Ier, époque où l'on multiplia les tortures, il était appliqué aux assassins et voleurs de grand chemin (fig. 36).

Deux solives, jointes en forme de sautoir et figurant ainsi une croix de Saint-André, recevaient le patient, étendu sur le dos et dont chaque membre était étalé et lié sur une des branches de cette croix. Deux entailles, distantes d'environ un pied l'une de l'autre, étaient disposées dans le bois, de manière à correspondre aux articulations des membres. Le bourreau, armé d'une barre de fer carrée, large d'un pouce et demi et arrondie à la poignée, donnait un coup violent sur chaque partie du membre que les entailles de la croix faisaient porter à faux, en sorte que les os étaient brisés en deux endroits pour chaque membre. Aux huit coups qu'exigeait la rupture des quatre membres, l'exécuteur en ajoutait deux ou trois autres sur la poitrine, qu'on appelait des *coups de grâce*, et qui mettaient fin à cette exécution. C'était seulement après que le patient avait cessé de vivre, qu'on le retirait de la croix, pour attacher en spirale son corps disloqué sur une roue mobile, dont on avait scié la partie saillante du moyeu et qui se trouvait dressée horizontalement sur pivot.

Quelquefois, par un motif d'indulgence, l'arrêt portait que le condamné serait étranglé avant d'être rompu, et dans ce cas c'était par la torsion instantanée d'une corde autour du cou que la strangulation avait lieu.

L'étranglement pratiqué ainsi prenait le nom de *garrotte*. C'est un supplice encore usité en Espagne. On faisait asseoir le patient sur un échafaud, la tête appuyée contre un poteau, et le cou pris dans un collier de fer, que le bourreau serre brusquement par derrière, au moyen d'un tourniquet à vis.

Pendant plusieurs siècles et jusqu'à l'époque de la Révolution, la pendaison, ou peine de la *hart*, fut le supplice le plus souvent appliqué en France (fig. 37); aussi, dans chaque ville, et presque dans chaque bourg, il y avait une potence permanente, qui, vu la

Fig. 36. — Supplice de la roue, exécuté par des diables; d'après une gravure sur bois du *Grand Kalendrier ou compost des Bergiers;* Troyes, Nicolas le Rouge, 1529.

coutume générale d'y laisser suspendus les suppliciés jusqu'à ce qu'ils tombassent en poussière, était bien rarement dépourvue de cadavres ou de squelettes. Ces sortes de gibet, nommés *four-ches patibulaires,* ou *justices,* parce qu'ils représentaient le droit de haute justice seigneuriale, se composaient ordinairement de piliers de pierre, réunis entre eux au sommet par des traverses de bois, auxquelles on attachait le corps des criminels avec des cordes ou des chaînes. Ces fourches patibulaires étaient toujours placées au bord des chemins fréquentés et sur une élévation de terrain, et le nombre des piliers variait en raison de la qualité du seigneur justicier : les simples gentilshommes en avaient deux, les châtelains trois, les barons quatre, les comtes six, les ducs huit; le roi seul pouvait avoir autant de piliers qu'il le jugeait convenable.

Conformément à la règle, les fourches patibulaires de Paris, qui jouèrent un si grand rôle dans l'histoire de cette cité, s'élevaient au nord de la ville, entre le faubourg Saint-Martin et la rue d'Allemagne, à peu près à l'endroit où est située la butte Chaumont. Du nom de Montfaucon, que portait originairement cette butte, on fit bientôt celui du gibet lui-même.

Ce célèbre gibet avait l'aspect d'une lourde masse de maçonnerie, composée de 10 ou 12 assises de gros quartiers de pierres brutes, et formant un carré long de 40 pieds sur 30 de large. Sa partie supérieure présentait une plate-forme, à laquelle conduisait un escalier de pierre, dont l'entrée était fermée par une porte massive. Sur cette plate-forme, et le long de trois de ses côtés seulement, reposaient 16 piliers carrés, hauts de 33 pieds, formés de blocs de pierre d'un pied d'épaisseur. Ces piliers étaient unis entre eux par de doubles pièces de bois, qui s'enclavaient dans leurs chaperons et supportaient des chaînes de fer, ayant 3 pieds et demi de longueur, destinées à suspendre les condamnés. Au-dessous, d'autres traverses reliaient également les piliers l'un à l'autre, à moitié de leur hauteur, et servaient au même usage que les traverses supérieures. De longues et solides échelles, qu'on assujettissait sur les piliers, donnaient au bourreau et à ses aides

la facilité de faire monter les condamnés ou de transporter les
cadavres qui devaient être accrochés au gibet. Enfin, le centre
du massif était occupé par une cave profonde, hideux charnier où
achevaient de pourrir les restes des suppliciés (fig. 38).

On se fera une idée de l'aspect étrange et lugubre de ce gibet

Fig. 37. — Cifron est pendu comme espion, par ordre du duc de Bourgogne.
Tiré du *Liber Nanceidos* de Pierre de Blaru, éd. de 1518.

monumental si l'on songe à la quantité de cadavres qui y étaient
constamment attachés (50 à 60 en temps ordinaire) et qui of-
fraient une pâture, sans cesse renaissante, à des milliers de corbeaux. En une seule fois, il fallut remplacer *cinquante-deux*
chaînes, hors de service, et les comptes de la ville de Paris attestent que la dépense des exécutions était encore plus coûteuse que

l'entretien du gibet; ce qu'on n'aura pas de peine à comprendre en se reportant à la rigueur des condamnations capitales au moyen âge. Ces fourches furent même souvent insuffisantes : en 1416, on éleva un autre gibet à peu de distance, derrière l'église de Saint-Laurent, et en 1457, un troisième, dit le gibet de Montigny.

Montfaucon avait aussi à remplir le double rôle d'instrument de supplice et de lieu d'exposition infamante; c'était là qu'on réunissait les cadavres de tous ceux qui avaient été exécutés sur divers points de la ville. On suspendait même aux fourches patibulaires la dépouille calcinée ou sanglante des criminels qui avaient été bouillis, écartelés ou décapités, et alors on enfermait ces débris humains dans des sacs de treillis ou de cuir. Ils pouvaient, d'ailleurs, y demeurer un temps considérable; ainsi, Pierre des Essarts, qui avait eu la tête tranchée en 1413, était accroché à Montfaucon depuis trois ans quand sa famille obtint de donner à ses os une sépulture chrétienne. On cite, entre autres condamnés célèbres pendus à Montfaucon : cinq surintendants des finances, Gérard de la Guette, Pierre Remy, Jean de Montaigu, Olivier le Dain, Jacques de la Beaune; un des ministres de Philippe le Bel, Enguerrand de Marigny. L'amiral de Coligny, assassiné dans la nuit de la Saint-Barthélemy, fut aussi pendu au même gibet, et la cour alla en procession contempler ses restes mutilés.

On cessa, paraît-il, de pendre à Montfaucon sous le règne de Louis XIII. Une partie de l'emplacement fut affecté à la sépulture des suppliciés, qu'un cortège, composé du bourreau et de ses valets, y amenait, la nuit, à la lueur des flambeaux. En 1761, ce qui subsistait de l'ancienne construction fut démoli.

Les exécutions criminelles avaient habituellement lieu le dimanche ou un jour de fête, avec grande solennité. Des moines ou des pénitents y assistaient en chantant le *Salve regina*. Le patient était assis ou debout, dans une charrette, le dos tourné

Fig. 38. — Le gibet de Montfaucon; d'après une estampe de la Topographie de Paris. (Bibl. nat.)

au cheval, ayant son confesseur à ses côtés et le bourreau derrière lui. Il portait au cou trois cordes lâches : deux, de la grosseur du petit doigt et nommées *tortouses*, avaient chacune un nœud coulant à leur extrémité; la troisième, dite le *jet*, ne servait qu'à tirer le patient hors de l'échelle, et, suivant l'expression, à le *lancer dans l'éternité* (fig. 39).

Lorsque la charrette était arrivée au pied de la potence, le bourreau montait le premier, à reculons, sur l'échelle, en attirant à soi, au moyen des cordes, le condamné, qu'il forçait à monter de même lentement après lui ; arrivé le premier en haut, il attachait rapidement les deux tortouses aux bras de la potence, et d'un coup de genou, en gardant le *jet* enroulé autour de son bras, il faisait quitter les échelons au patient, qui se trouvait tout à coup étouffé par le nœud coulant et balancé dans le vide. Le bourreau mettait alors ses pieds sur les mains liées du pendu ; et se cramponnant en même temps au bois de la potence, à force de secousses réitérées, il terminait le supplice, en s'assurant que la strangulation du condamné était complète.

Quand on remarque ces mots, dans une sentence de condamnation criminelle : « Sera pendu jusqu'à ce que mort s'ensuive, » qu'on ne s'imagine pas que ce fût là une vaine formule, car il arrivait, dans certains cas, que la pendaison ne devait pas être mortelle, et que le juge ne l'ordonnait que comme un simulacre de supplice et pour faire éprouver au coupable un état de gêne plus ou moins douloureux. Alors le patient était simplement suspendu par des cordes passées sous les aisselles, sorte d'exposition qui n'était pourtant pas exempte de danger lorsqu'elle se prolongeait trop longtemps, car l'étreinte des cordes autour de la poitrine s'augmentait par le poids du corps et pouvait arrêter la circulation du sang. Beaucoup de condamnés, suspendus ainsi pendant une heure, étaient retirés morts de la potence ou ne survivaient pas à cette pénible suspension.

Lorsqu'un condamné à mort passait à Paris devant le couvent des Filles-Dieu, les religieuses étaient tenues de lui apporter un verre de vin et trois morceaux de pain, ce qui s'appelait le *dernier morceau des patients*. Ceux-ci ne le refusaient presque jamais, et la foule était grande pour assister à cette triste collation. On se remettait en route, et, arrivé près du gibet, le malheureux faisait une nouvelle halte au pied d'une croix de pierre, qui se

Fig. 39. — La pendaison en musique (un menétrier, condamné au gibet, obtint qu'un de ses confrères accompagnât son exécution en jouant de son instrument favori sur l'échelle de la potence); d'après une gravure du *Doctrinal du temps présent*, de Michault. xvᵉ s.

trouvait là, pour recevoir les suprêmes exhortations de son confesseur : puis, l'exécution faite, le confesseur et les officiers de justice revenaient au Châtelet, où un repas, dont la ville faisait les frais, avait été préparé pour eux.

Parfois les criminels, en vertu d'une disposition particulière de la sentence, étaient menés à Montfaucon vivants, ou déjà morts, étendus sur une grosse échelle en charpente, attachée derrière une charrette. C'était une aggravation de peine, qu'on appelait *traîner sur la claie.*

La peine du fouet, prodiguée dans les lois des barbares, n'était administrée qu'aux vilains. Quand on la donnait *sous la custode,* c'est-à-dire dans l'intérieur de la prison, et par la main même du geôlier, ce n'était qu'un simple châtiment correctionnel. Elle devenait, au contraire, infamante en même temps qu'afflictive lorsqu'elle avait lieu publiquement ; dans lequel cas le criminel, nu jusqu'à la ceinture, était promené par la ville, et à chaque carrefour recevait, de la main du bourreau, sur les épaules, un certain nombre de coups de baguette ou de corde à nœuds.

Quand il s'agissait seulement de marquer d'infamie un coupable, on le mettait au *pilori.* Ce pilori était ordinairement une sorte d'échafaud, garni de chaînes et de carcans, et portant sur sa façade les armes du seigneur féodal. A Paris, on donnait ce nom à une tour octogone isolée, bâtie au centre des Halles ; cette tour, haute de 60 pieds environ, avec de grandes baies ouvertes dans l'épaisseur du mur, contenait une roue horizontale, tournant sur un pivot. Cette roue était percée de plusieurs trous, destinés à recevoir la tête et les mains du condamné : on l'y exposait par trois jours de marché consécutifs, deux heures chaque fois, et, de demi-heure en demi-heure, il passait et repassait devant les ouvertures de la tour sous les regards et les huées de la foule. Les piloris étaient toujours placés dans les lieux les plus fréquentés, tels que marchés, carrefours, etc.

Malgré la longue et sinistre énumération que nous venons de faire de la pénalité, nous sommes loin d'avoir épuisé le sujet, car nous n'avons rien dit de divers supplices plus ou moins atroces, qui furent en usage à différentes époques et dans différents pays ; notamment du supplice de la *croix,* employé de préférence contre

les juifs; de l'*arquebusade*, qui convenait surtout à la justice expéditive des hommes de guerre; du *chatouillement,* qui amenait
la mort à la suite de tortures inexprimables; de l'*empalement*

Fig. 40. — Le supplice du pal; d'après une gravure sur bois de la *Cosmographie
universelle* de Munster; Bâle, 1552.

(fig. 40), qui fut appliqué une fois par ordre de Frédégonde à l'une
de ses trop belles rivales; de l'*écorchement,* de la *lapidation;* de
la *noyade* enfin, genre de mort assez fréquemment employé en
France, puisqu'il avait donné lieu à cette expression vulgaire,
gens de sac et de corde, par allusion au sac dans lequel on enfer-

mait les individus condamnés à périr par submersion. A la fin du seizième siècle, Montaigne protestait contre l'atrocité des supplices, qui lui semblait dépasser le but que se proposait la justice. « Tout ce qui est au delà de la mort simple, » écrit-il, « me semble pure cruauté, et notamment à nous qui devrions avoir respect d'envoyer les âmes en bon état; ce qui ne se peut, les ayant agitées et désespérées par tourments insupportables. »

Détournons les yeux de ces terribles moyens de répression de la perversité humaine, et bornons-nous à parler des moyens de séquestration pénale ou des *prisons*.

Il va sans dire que le sentiment cruel et impitoyable qui portait le criminaliste à renchérir sur l'horreur des supplices dut aussi contribuer, en des siècles de barbarie, à l'aggravation du sort des prisonniers. Chaque seigneur justicier, religieux ou laïque, avait sa geôle particulière (*geôle* signifiait cage en vieux français), entièrement soumise à son bon plaisir (fig. 41). La loi ou la coutume n'admettait aucune règle fixe, pour le régime intérieur des prisons. En général, ces prisons ou *chartres seigneuriales* étaient aussi exiguës que malsaines, n'en dût-on juger que par celle que le prévôt des marchands et les échevins de Paris avaient, en 1383, dans la rue de la Tannerie, et qui ne mesurait pas plus de 11 pieds de long sur 7 de large, quoiqu'on y entassât à la fois dix ou vingt détenus.

Paris, d'ailleurs, renfermait à lui seul 25 à 30 prisons spéciales, sans compter les *in-pace* et oubliettes des nombreuses communautés religieuses. Il faut citer en première ligne les prisons du Grand-Châtelet, du Petit-Châtelet, de la Bastille, de la Conciergerie et du For-l'Évêque, ancien siège de la juridiction temporelle ecclésiastique de l'évêque de Paris. La plupart de ces lieux de détention contenaient des cachots souterrains, presque entièrement privés

Fig. 41. — La geôle ou la prison prévôtale. Fac-similé d'une gravure sur bois de l'ouvrage de J. Damhoudère, *Praxis rerum civilium*. XVIe s.

d'air et de lumière, comme, par exemple, ces *chartres basses* du Petit-Châtelet où, sous le règne de Charles VI, il fut constaté qu'on ne pouvait passer un jour sans être asphyxié, ou encore ces affreux cachots creusés à trente pieds sous terre, dans la geôle de l'abbaye Saint-Germain des Prés, et dont la voûte était si basse qu'un homme de moyenne taille ne pouvait s'y tenir debout, et que l'eau croupissante, suintant des murailles, soulevait la paille qui servait de lit au prisonnier.

Le Grand-Châtelet était une des plus anciennes prisons de Paris et selon toute apparence celle qui recevait le plus grand nombre de détenus.

Par suite d'une bizarre et tyrannique tradition, ceux-ci payaient à leur entrée et à leur sortie un droit de *geôlage*, suivant la condition des personnes, et qui avait été fixé par un règlement de 1425. Nous apprenons, par ce curieux document, les noms que portaient les divers lieux de réclusion qui composaient l'ensemble de cette vaste prison municipale. Les prisonniers qui étaient enfermés dans les endroits dits *Beauvoir*, ou *la Mate*, ou *la Salle*, avaient droit « à faire venir ung lit de leur maison », et ne payaient plus alors au geôlier que le *droit de place;* ceux qu'on avait déposés « en la *Boucherie*, ou en *Beaumont*, ou en la *Griesche*, qui sont prisons fermées, » devaient payer 4 deniers « pour place »; le détenu qu'on installait en Beauvais « gist sur nates ou sur une couche de *feurre* (paille) »; il pouvait être mis au *Puis* (puits), en la *gourdaine,* au *cercueil* ou en *oubliettes,* et il ne payait pas plus que s'il était en *la fosse.* C'était là sans doute la moindre redevance. Quelquefois pourtant le prisonnier était laissé « entre deux huis » (portes), et alors il payait beaucoup moins qu'il n'eût payé en *Barbarie* ou en *Gloriette.* Le sens exact de ces noms bizarres n'est plus intelligible pour nous, malgré la terreur qu'ils inspiraient autrefois, mais

Fig. 42. — La Bastille au xvᵉ siècle; d'après un dessin du temps, tiré de *Paris à travers les âges*.

leur étrangeté même nous donne à penser que le régime des prisons était alors soumis à d'odieux raffinements de cruauté vénale.

Nous savons, par d'autres témoignages contemporains, qu'il y avait aussi au Grand-Châtelet un lieu dit *Chausse d'hypocras,* où les prisonniers avaient perpétuellement les pieds dans l'eau et ne pouvaient se tenir *ni debout ni couchés,* et un cachot, nommé *Fin d'aise,* épouvantable réceptacle d'ordure, de vermine et de reptiles; quant à *la Fosse,* aucun escalier n'ayant été ménagé qui en facilitât l'accès, on se servait d'une poulie pour y descendre les prisonniers.

Le règlement de 1425 nous apprend, en outre, que le geôlier ne devait mettre que « deux ou trois » personnes au plus dans le même lit. Il était tenu de donner, à ses dépens, « pain et eaue » aux pauvres détenus, qui n'avaient pas de quoi vivre ; enfin, il lui était enjoint « de tenir pleine d'eau la grande *pierre* (bassin) qui est sur les carreaulx, afin que les prisonniers en puissent avoir sans danger ». Pour se couvrir de ces frais, il percevait sur ses pensionnaires les divers droits de présence et de coucher, et, en conséquence, il était autorisé à retenir « en chartre » quiconque n'aurait pas acquitté. Ces droits persistaient même après que la mise en liberté avait été ordonnée par les juges.

Les cachots souterrains de la Bastille (fig. 42) ne différaient guère de ceux du Châtelet. Il y en avait plusieurs, dont le fond, en forme de pain de sucre renversé, ne permettait pas à ceux qu'on y renfermait de se dresser sur leurs pieds ni de prendre une position tolérable, soit assis, soit couché. Ce fut là que le grand pourvoyeur de cachots, Louis XI, fit mettre les deux jeunes fils du duc de Nemours, décapité en 1477, en ordonnant, de plus, qu'ils fussent, deux fois par semaine, tirés de leur fosse et battus de verges. C'est encore le même prince qui, en 1476, fit construire dans une des tours de la Bastille la fameuse *cage de fer* où Guillaume de Haraucourt, évêque de Verdun, fut enfermé pendant quatorze années (fig. 43).

Le château de Loches avait aussi une cage de bois du même genre, à la quelle on donna le nom de *cage de la Balue,* parce que le cardinal la Balue y avait été emprisonné onze ans (fig. 44). Philippe de Commines, dans ses *Mémoires,* déclare qu'il en a *tasté* lui-même pendant huit mois. Avant l'invention des cages, Louis XI

Fig. 43. — La cage de fer mobile, d'après une gravure sur bois de la *Cosmographie universelle* de Munster; Bâle, 1552.

avait fait fabriquer des chaînes très pesantes, qu'on mettait aux pieds des prisonniers et qui se rattachaient à de grosses boules de fer, lesquelles, au dire de Commines, étaient nommées « les fillettes du roy ».

Nous ne ferons que mentionner les *plombs* de Venise, dont la triste célébrité dispense de donner la description. Nous signalerons encore les réclusions volontaires, auxquelles certaines personnes pieuses se condamnaient par suite d'une dévotion exagérée, mais ce sera pour faire observer qu'il n'est pas sans exemple que ce genre de séquestration locale ait été appliqué par autorité de jus-

tice. En 1485, Renée de Vermandois, veuve d'un écuyer, avait été
condamnée au bûcher pour adultère et pour meurtre de son mari ;
mais, sur des lettres de rémission du roi, le parlement commua
la peine prononcée par le prévôt de Paris, et ordonna qu'elle serait « recluse et emmurée au cimetière des Saints-Innocents, dans

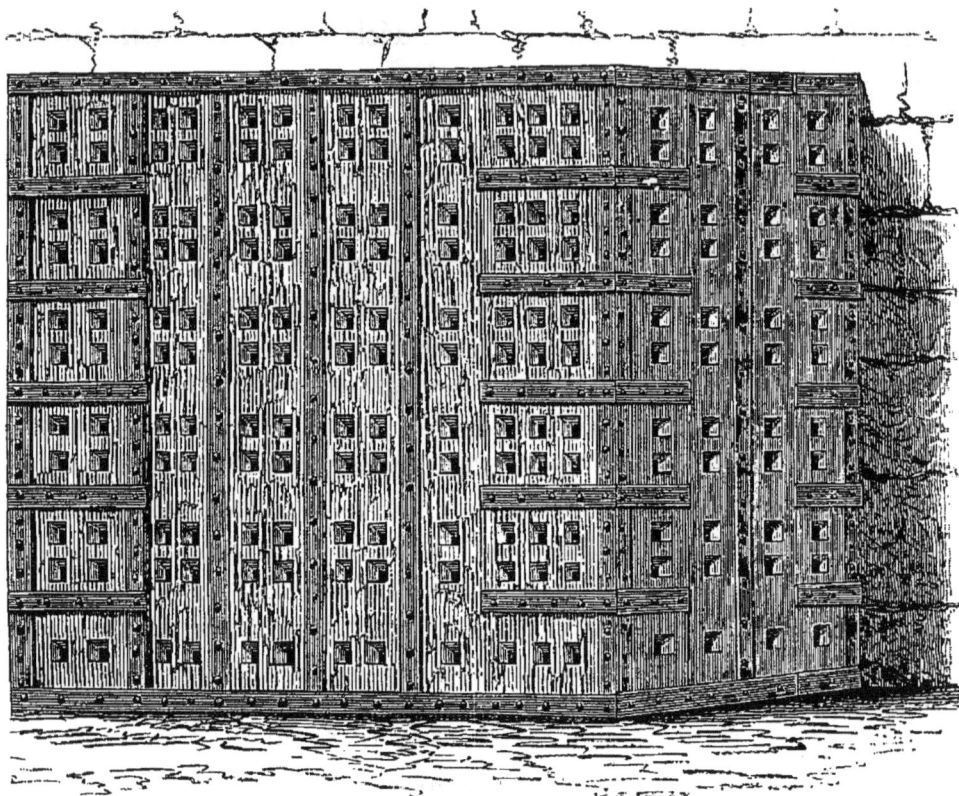

Fig. 44. — Cage de fer où fut enfermé le cardinal la Balue ; d'après une gravure
de la Bibliothèque nationale. xve s.

une petite maison, faite à ses dépens, pour en icelle faire pénitence
et finir ses jours ». Conformément à l'arrêt, la coupable ayant été
conduite en grand appareil dans la cellule qui lui était préparée,
la porte fut ensuite fermée au moyen de deux clés, dont l'une resta
entre les mains du marguillier de l'église des Innocents, et dont
l'autre fut déposée au greffe du parlement.

TRIBUNAUX SECRETS.

Le Vieux de la Montagne et la secte des Assassins en Syrie. — La Sainte Vehme, ou le tribunal des Francs-Juges en Allemagne. — Le Conseil des Dix à Venise. — L'Inquisition.

On professait dans certains lieux, à l'époque du moyen âge, assez peu de respect pour la vie humaine. Diverses institutions juridiques, sinon complètement secrètes, au moins entourées d'un certain appareil ténébreux, se firent remarquer comme fondées sur le droit exorbitant de prononcer à huis clos les peines les plus graves et de les appliquer, avec une inflexible rigueur, contre des individus qui n'avaient pas même été mis en demeure de se défendre.

Elles jugeaient dans l'ombre, et souvent elles portaient au grand jour des coups aussi inattendus, aussi terribles que ceux de la fatalité. Aussi les plus innocents, les plus intrépides frémissaient-ils au nom seul des *Francs-Juges de la Terre Rouge,* qui avaient la Westphalie pour région spéciale ou plutôt centrale de leur autorité ; du *Conseil des Dix,* qui exerçait son pouvoir monstrueux à Venise et dans les États de la république, et des *Assassins* de la Syrie, qui, du temps de saint Louis, firent plus d'une invasion dans l'Europe chrétienne. Mais, il faut bien le reconnaître, si redoutables que pussent être en réalité ces mystérieuses institutions,

la crédulité générale, l'ignorance grossière des masses et l'amour
du merveilleux ne laissèrent pas d'en rendre le caractère encore
plus fantastique et plus effrayant.

« Parlons du Vieux de la Montagne, » dit Marco Polo, le
célèbre voyageur vénitien du treizième siècle. « Ce prince se nommait Alaodin. Il avait fait faire, dans une belle vallée, entre deux
hautes montagnes, un beau jardin, rempli de toutes sortes d'arbres et de fruits, et, à l'entour de ces plantations, différents palais
et pavillons, décorés de travaux en or, de peintures et d'ameuble-
ments tout en soie. Là, dans de petits canaux, on voyait courir
des ruisseaux de vin, de lait, de miel, et d'une eau très limpide.
Il y avait logé de jeunes filles, parfaitement belles et pleines de
charmes, instruites à chanter, à jouer des instruments, à danser.
Le Vieux faisait croire à ses gens que c'était le paradis. Mahomet
ayant dit que ceux qui obéiraient à ses volontés iraient dans le
paradis, où ils trouveraient toute sorte de délices, celui-ci voulait
faire croire qu'il était prophète et compagnon de Mahomet, et
qu'il avait la puissance de faire entrer dans ce paradis ceux qu'il
désignait. Personne n'eût réussi à pénétrer dans le jardin, car
on avait élevé à l'entrée de la vallée un château inexpugnable :
on n'y entrait que par un chemin secret et couvert.

« Le Vieux avait à sa cour des jeunes gens de dix à vingt
ans, pris parmi ceux de la montagne qui lui paraissaient propres
au maniement des armes, hardis et courageux. Il faisait, de temps
à autre, donner à dix ou douze d'entre eux une certaine boisson
qui les endormait, et quand ils étaient comme à demi morts, il les
faisait transporter dans le jardin. Lorsqu'ils venaient à s'y réveil-
ler, ils voyaient toutes les choses que nous avons décrites;
enivrés de plaisirs, ils ne doutaient nullement qu'ils ne fussent
en paradis, et n'auraient jamais voulu en sortir (fig. 45).

« Au bout de quatre ou cinq jours, le Vieux les faisait endormir de nouveau et apporter dans son palais. A leur réveil, il leur demandait où ils avaient été : « Par votre grâce, Seigneur, répondaient-ils, nous avons été dans le paradis; » puis ils racontaient, en présence de tout le monde, ce qu'ils y avaient vu. Ce récit ex-

Fig. 45. — Le château d'Alamond et ses enchantements; d'après une miniature des *Voyages de Marc Pol,* ms. du xve s. (Bibl. de l'Arsenal.)

citait, chez tous ceux qui l'entendaient, l'admiration et le désir d'une semblable félicité. « Tel est, leur disait alors le Vieux, le commandement de notre prophète; il fait entrer dans le paradis quiconque combat pour défendre son seigneur; si donc tu m'obéis, tu jouiras de ce bonheur. » Par de semblables discours, il avait tellement disposé leurs esprits, que celui à qui il ordonnait de mourir pour son service s'estimait heureux. Tous les seigneurs ou autres ennemis du Vieux de la Montagne étaient mis à mort par ces assassins qui étaient à son service; car aucun d'eux ne craignait de mourir, pourvu qu'ils s'acquittassent des ordres de leur seigneur. Quelque puissant que fût un homme, s'il était ennemi du Vieux, il ne pouvait manquer d'être tué. »

Dans son récit, que nous traduisons de l'original écrit en ancien français, Marco Polo semble attribuer l'initiative de ce singulier système de domination à un prince qui ne faisait, en réalité, que continuer une tradition de sa race : car l'Alaodin dont il s'agit ici n'est autre qu'un successeur du fameux Hassan, fils d'Ali, lequel, vers le milieu du onzième siècle, profita des troubles qui désolaient l'Asie pour se créer, aux dépens des peuples et des souverains, un royaume comprenant les trois provinces de Tur kestan, de Djebel et de Syrie. Hassan avait embrassé la doctrine de la secte Ismaélienne, qui prétendait expliquer d'une manière allégorique tous les préceptes de la religion musulmane, et qui, en détruisant le culte public, donna naissance à une croyance toute philosophique. Il se fit le chef de cette doctrine, qui, par sa simplicité même, devait lui gagner beaucoup d'esprits simples et sincères. Le calife Sindjar se proposait d'anéantir sa puissance, quand il trouva, sous son oreiller, un poignard fraîchement ai-guisé; peu après, une lettre d'Hassan lui parvenait avec ces mots : « On pouvait te plonger dans le cœur ce qui a été placé près de ta tête. » Le calife fit la paix avec le chef des Ismaéliens, dont la dynastie régna pendant cent soixante-dix ans.

Le château d'Alamond, construit sur les frontières de la Perse, au sommet d'une montagne escarpée et environnée d'arbres, après avoir été la résidence ordinaire d'Hassan, fut aussi celle de ses successeurs. Or, comme dans la langue du pays le même mot signifie à la fois *prince* et *vieillard,* les croisés, qui avaient entendu prononcer ce mot, firent confusion et donnèrent au prince ismaélien, habitant alors le château d'Alamond, le nom de *Vieux de la Montagne,* nom resté fameux dans notre histoire depuis les *Mémoires* du sire de Joinville.

Les auteurs anciens nomment, d'autre part, les sujets d'Hassan : *Haschichini, Heississini, Assissini, Assassini ;* formes diverses de la même expression, laquelle a, d'ailleurs, passé dans notre langue, avec une acception qui rappelle les sanglants exploits attribués aux Ismaéliens. Si l'on recherche l'étymologie de ce nom, on doit supposer qu'il est la transformation du mot arabe *hachischin,* qui servait à désigner les sectaires dont nous parlons, parce qu'on leur procurait des extases, où ils se croyaient transportés en paradis, au moyen du *haschisch.* Cette préparation enivrante, extraite des feuilles du chanvre indien, produit réellement, comme on sait, chez ceux qui l'absorbent, les hallucinations les plus étranges. Tous les voyageurs qui ont parcouru l'Orient s'accordent à dire que ses effets sont bien supérieurs à ceux de l'opium. Il faut évidemment attribuer à quelque vision extatique ces jardins enchanteurs et ce lieu de délices que décrivait Marco Polo, d'après les récits populaires, et qui n'ont peut-être existé que dans l'imagination des jeunes gens enivrés par le haschisch, et bercés depuis longtemps de l'image du bonheur céleste qui les attendait sous la tutelle d'Hassan.

Les *Hachischini,* que certains historiens contemporains nous représentent comme fanatisés par l'espérance d'une félicité future sans bornes, ne doivent donc leur lugubre célébrité qu'à l'obéissance aveugle avec laquelle ils exécutaient les ordres de leur chef et au sang-froid avec lequel ils épiaient l'instant favorable à l'accomplissement de leur sanglante mission (fig. 46). Le Vieux de la Montagne (*le Maître des poignards,* comme l'appelle aussi le chroniqueur Jacques de Vitry) était en guerre presque continuelle avec les princes musulmans qui régnaient des rives du Nil aux bords de la mer Caspienne : il leur opposait sans cesse le fer de ses fanatiques émissaires; parfois aussi, faisant du meurtre métier et marchandise, il traitait à prix d'argent avec un sultan ou un émir désireux de se défaire d'un ennemi.

Les Ismaéliens tuèrent de la sorte une foule de princes et de grands seigneurs mahométans; mais, à l'époque des croisades, le zèle religieux les armant contre les chrétiens, ils allèrent chercher plus d'une victime notable dans les rangs des croisés. Conrad, marquis de Montferrat, avait eu des démêlés avec leur chef. Deux *fidèles* se firent baptiser et restèrent six mois près de lui, en feignant de ne songer qu'à prier Dieu; mais à peine l'occasion leur parut-elle favorable, qu'ils le frappèrent. L'un d'eux s'enfuit dans une église, où l'on apporta le prince demi-mort; l'Ismaélien se fraye alors passage jusqu'à lui et le perce de nouveaux coups, sous lesquels il rend le dernier soupir. Les deux meurtriers subirent les supplices les plus atroces sans proférer une plainte.

Saladin lui-même faillit tomber sous leurs coups; Richard Cœur de Lion et Philippe-Auguste avaient été désignés aux meurtriers par le Vieux de la Montagne, qui, plus tard, à la nouvelle des immenses préparatifs que faisait Louis IX pour la guerre sainte, osa envoyer en France, à Paris, deux de ses sectaires, chargés de tuer le roi, au milieu de sa cour. Celui-ci, après avoir encore échappé, durant son séjour en Palestine, aux tentatives homicides des farouches messagers du prince d'Alamond, sut, par son courage, sa fermeté, ses vertus, inspirer un profond respect à ces fanatiques; leur chef, le regardant comme un protégé du ciel, lui fit demander son amitié et lui offrit des présents, entre autres un éléphant, une girafe, des pommes, des jeux de tables et d'échecs, le tout en cristal de roche, enrichi d'ambre et d'or, et, de son côté, le roi envoya au Vieux une grande foison de joyaux, draps d'écarlate et coupes d'or.

En 1256, les successeurs d'Hassan, attaqués simultanément par les Mongols, sous la conduite d'Houlagou, et par les Égyptiens,

Fig. 46. — Le Vieux de la Montagne donnant des ordres à ses sectaires; d'après une miniature des *Voyages de Marc-Pol*, ms. du xvᵉ s. (Bibl. de l'Arsenal.)

que commandait le soudan Bibars, furent vaincus et dépossédés de leurs États; quarante des forteresses qu'ils occupaient en Syrie furent détruites, et dans celle d'Alamond on brûla tous les livres de la secte. L'année suivante, leur dernier chef Rokn-eddin fut assassiné avec ses Ismaéliens, qu'on avait répartis dans les différents corps mongols. Toutefois, longtemps encore, ces fanatiques mirent leurs poignards au service de quelque vengeance étrangère. Enfin la secte s'éteignit, ou tout ou moins rentra dans l'obscurité, en renonçant aux assassinats qui l'avaient faite redoutable.

Quittons l'Orient, où nous venons de voir une légion de fanatiques se faire l'aveugle et sinistre instrument de l'ambition ou de la haine d'un chef religieux et politique, et nous trouverons, presque à la même époque, une institution locale, bien différente de la cour sanguinaire du Vieux de la Montagne. Quoiqu'elle affectât un caractère non moins terrible et mystérieux, elle ne saurait cependant être considérée au même point de vue ; car, fondée pour venir en aide à l'établissement et à la défense d'un ordre social régulier, approuvée, sanctionnée par les souverains, elle rendit quelquefois de grands services à la justice et à l'humanité, durant les siècles où l'abus de la force multipliait les excès, les crimes des malfaiteurs audacieux, des tyranneaux retranchés dans leurs châteaux inexpugnables.

Le tribunal secret de la Westphalie, qui jugeait et condamnait dans l'ombre, qui exécutait ses arrêts à l'improviste, dont les règles, les lois et les œuvres étaient enveloppées d'un profond mystère, peut incontestablement passer pour une des institutions les plus curieuses du moyen âge.

On ne saurait déterminer avec exactitude l'époque précise à laquelle s'établit cette formidable institution. Quelques écrivains, entre autres Sébastien Munster, veulent la faire remonter à l'initiative de Charlemagne lui-même : ils racontent que ce monarque, ayant soumis les Saxons et les ayant fait baptiser de vive force, créa un tribunal secret qui avait mission de les surveiller, pour qu'ils ne retournassent pas aux erreurs du paganisme. Or, les Saxons étaient incorrigibles à cet égard, et, quoique chrétiens, ils pratiquaient toujours le culte de leurs idoles (fig. 47 et 48).

De là les lois du tribunal fondé par Charlemagne en Westphalie. Il est plus probable que cette institution était un débris des tribunaux qui avaient existé chez les Germains, et que, sous l'empire de certaines circonstances, elle se maintint en Allemagne quand ce pays se divisa en une foule d'États indépendants.

Fig. 47 et 48. — Hermensul ou Irmensul et Crodon, idoles des anciens Saxons; d'après une gravure sur bois des *Annales circuli Westphaliæ*. 1656.

L'idole Irmensul semble avoir présidé à la justice exécutive, dont elle tient en main les attributs.

Ce qu'il y a de sûr, c'est que, du neuvième au treizième siècle, toute la partie de l'Allemagne comprise entre le Rhin et le Weser était livrée à l'anarchie la plus désolante; les crimes se multipliant et restant impunis, des hommes énergiques parvinrent à créer une juridiction vigoureuse, qui comprima dans une certaine mesure ces désordres barbares, et donna quelque garantie aux relations sociales : mais le sombre mystère qui faisait la force de l'institution même s'est opposé à ce qu'on connût son origine. Au quinzième siècle on commence à la trouver mentionnée, assez vaguement, dans les documents historiques. Cette juridiction reçut le nom de *Femgericht* ou *Vehmgericht,* ce qui signifie tribunal vehmique. L'origine du mot *Fem, Vehm,* ou *Fam,* qui a donné lieu à de nombreuses et savantes discussions, est restée incertaine ; l'opinion la plus généralement admise la fait dériver d'une expression elliptique de la basse latinité : *vemi (væ mihi),* malheur à moi !

Le tribunal vehmique avait pour domaine spécial de son omnipotence toute la Westphalie ; il désignait, sous le nom de *Terre Rouge,* le pays soumis à ses lois. Hors des limites de cette Terre Rouge, limites qu'il serait d'ailleurs impossible de tracer exactement, il n'y avait point de réunion du tribunal ; mais les *francs-juges,* ayant la prétention de réprimer certains crimes commis hors de leur territoire, assignèrent plus d'une fois à comparaître devant eux des personnes qui étaient domiciliées dans les diverses parties de l'Allemagne et même fort loin de la Westphalie proprement dite.

On ne connaît pas toutes les localités où siégeaient les tribunaux vehmiques ; mais le plus célèbre de ces tribunaux, celui qui servait de modèle à tous les autres, tenait ses séances sous un tilleul, devant la porte du château de Dortmund (fig. 49). Là se réunissaient d'ordinaire les chapitres généraux de l'association ; on y vit parfois rassemblés plusieurs milliers de francs-juges. Chaque tribunal était composé d'un nombre illimité de membres, sous la présidence d'un *franc-comte,* qui était chargé de l'administration supérieure de la justice vehmique. Un franc-comté comprenait habituellement plusieurs tribunaux libres, ou *Freistühle*. Le franc-comte, choisi par le prince souverain du territoire où siégeait le tribunal, avait deux juridictions, l'une publique, l'autre secrète. Ses assises publiques, qui avaient lieu au moins trois fois par an, étaient annoncées quatorze jours d'avance, et tout habitant du

Fig. 49. — Vue de la ville de Dortmund, au xvie siècle; d'après une estampe sur cuivre du *Theatrum geographicum* de P. Bertius.

comté assigné devant le franc-comte était tenu d'y comparaître et de répondre aux questions qui lui étaient adressées.

Les francs-juges, ordinairement qualifiés de *femnoten*, c'est-à-dire *sages,* et que les écrivains du temps caractérisent, en outre, par les épithètes les plus honorables, « hommes graves, très saints, hommes de mœurs très pures, amants de l'équité », devaient être nés en légitime mariage sur la terre allemande, n'appartenir à aucun ordre religieux, n'avoir jamais été cités devant le tribunal

vehmique; ils étaient nommés par les francs-comtes, mais avec
l'approbation de leurs suzerains; ils n'avaient droit de siéger et
de juger qu'après avoir été initiés aux secrets du tribunal.

La réception d'un franc-juge était accompagnée de formalités
singulières. Le candidat se présentait la tête nue; il se mettait à
genoux, il étendait deux doigts de la main droite sur son épée nue
et sur une corde, et il prêtait serment de se conformer aux lois
et usages de la sainte juridiction, d'y consacrer ses cinq sens, de
ne se laisser séduire ni par or, ni par argent, ni par des pierres
précieuses; de préférer les intérêts du tribunal « à tout ce que le
soleil illumine, à tout ce que la pluie atteint », et de les défendre
« contre tout ce qui est entre le ciel et la terre ». On communiquait au candidat qui venait d'être reçu le signe secret dont les
membres de l'association faisaient usage pour se reconnaître entre
eux. Ce signe est resté inconnu; rien même dans les actes des
archives vehmiques ne tend à le faire deviner. Tout ce qu'on a pu
supposer à ce sujet doit être regardé comme incertain ou erroné.
Un des statuts fondamentaux de la Terre Rouge condamnait au
plus cruel supplice le membre de l'association qui aurait trahi les
secrets de l'ordre; toutefois, on croit pouvoir affirmer non seulement que cette peine ne fut jamais appliquée, mais encore qu'il
n'y eut jamais lieu à la prononcer contre un franc-juge. Un seul,
au quatorzième siècle, fut accusé; mais il se justifia.

On aurait considéré comme trahison irrémissible le moindre
indice donné à un parent, à un ami, pour lui faire comprendre
qu'il était poursuivi ou condamné par la Sainte Vehme, et pour
l'inviter à chercher son salut dans la fuite. Aussi une méfiance
universelle était-elle devenue le résultat inévitable de cet état de
choses : « Le frère, dit un écrivain allemand, craignant son frère,
l'hospitalité n'existait plus. »

Les fonctions de franc-juge consistaient à parcourir le pays, à rechercher les crimes, à les dénoncer, à infliger une peine immédiate à tout malfaiteur surpris en flagrant délit (fig. 50 et 51). Les francs-juges se réunissaient également, au nombre de sept au moins, pour constituer un tribunal; on en voyait parfois jusqu'à trois cents assister à une réunion.

C'est à tort qu'on a prétendu que les séances des tribunaux

Fig. 50 et 51. — Les francs-juges; d'après deux gravures sur bois de la *Cosmographie universelle* de Munster. 1552.

vehmiques se tenaient la nuit au milieu des forêts, ou dans des souterrains; car toute affaire criminelle était d'abord instruite publiquement et ne pouvait être soumise à un jugement secret que quand l'accusé ne s'était pas justifié en public, ou n'avait pas comparu en personne.

Lorsque trois francs-juges surprenaient un malfaiteur en flagrant délit, ils pouvaient le saisir, le juger sans désemparer et lui faire subir sur l'heure son châtiment.

Dans les autres cas, lorsqu'un tribunal pensait devoir poursuivre un individu accusé de quelque crime, il le citait à comparaître devant lui. Les citations devaient être écrites, sans ratures,
sur une large feuille de vélin, non trouée et accompagnée au moins
de sept sceaux : celui du franc-comte et ceux de six francs-juges;
lesquels sceaux représentaient ordinairement soit un homme
armé de toutes pièces, tenant une épée, soit un simple glaive ou
autres emblèmes analogues (fig. 52 à 54). Deux francs-juges
transmettaient directement la citation, lorsqu'il s'agissait de mettre
en cause un membre de l'association; mais, si cette citation était
adressée à un individu qui ne faisait pas partie de l'ordre vehmique, un messager assermenté la portait et la remettait en mains
propres à la personne même, ou la glissait dans la maison. Le
délai coutumier pour la comparution était, à l'origine, de six
semaines et trois jours au moins; plus tard, ce délai fut successivement abrégé. On répétait jusqu'à trois fois l'assignation, qui
présentait seulement, au second et au troisième envoi, un plus
grand nombre de sceaux de francs-juges, pour corroborer l'instrument légal. Innocent ou coupable, l'accusé qui, sans pouvoir
alléguer d'empêchements majeurs, n'avait pas obéi à la première
injonction du tribunal était passible d'une amende. La troisième
fois, s'il persistait à ne pas comparaître, il était condamné définitivement *en corps et en honneur*.

On n'a que des renseignements incomplets sur les formalités
suivies dans les tribunaux vehmiques; mais on sait que la tenue
des séances s'entourait d'un certain appareil. Une épée nue, emblème de la justice et rappelant, d'ailleurs, par la forme de sa
poignée, la croix du Sauveur, une corde, emblème du châtiment
que méritait le coupable, étaient déposées sur la table devant
le président. Les juges siégeaient la tête découverte, les mains

nues, un manteau sur l'épaule, et ne portaient aucune arme.

L'accusateur et l'accusé étaient admis, l'un et l'autre, à produire jusqu'à trente témoins. L'accusé pouvait présenter lui-même sa défense ou la confier à un avocat, qu'il amenait avec lui. En principe, tout franc-juge mis en cause comme accusé jouissait du droit de se justifier par un serment; mais l'abus de cette faveur ayant été reconnu, l'accusé, quel qu'il fût, de-

Fig. 52. — Sceau d'Hermann Loscekin, franc-comte de Medelbach, en 1410.

Fig. 53. — Sceau du franc-comte Hans Vollmar von Twern, à Freyenhagen, de 1476 à 1499.

Fig. 54. — Sceau de Johann Croppe, franc-comte de Kogelnberg, en 1413.

vait subir le débat contradictoire. Les témoins que l'accusé ou l'accusateur avaient assignés déposaient, selon la vérité, sans haine ni fureur, et sans contrainte. Si l'accusé ne réunissait pas les témoignages suffisants à sa justification pleine et entière, l'accusateur requérait du franc-comte présidant le tribunal une sentence équitable, et le franc-comte désignait un des francs-juges pour la prononcer. Quand celui-ci ne se sentait pas suffisamment convaincu de la culpabilité, il pouvait, en prêtant serment, se décharger de sa mission de juge, laquelle revenait alors à un second, puis à un troisième, et enfin à un quatrième.

Si quatre francs-juges s'étaient ainsi récusés de suite, l'affaire était renvoyée à une autre séance ; car le jugement devait être, séance tenante, prononcé par le franc-juge désigné, et ce jugement était rendu à la majorité des voix.

Les peines applicables à tel ou tel délit étaient laissées à l'appréciation du tribunal. Les règlements sont muets à cet égard et se bornent à dire que les coupables seront punis « selon le droit du ban secret ». La peine *royale* (capitale) était rigoureusement appliquée à tous les délits graves, et le genre de mort le plus en usage était la pendaison (fig. 55 et 56).

L'accusé qui faisait défaut après la troisième assignation était mis hors la loi, par une sentence terrible, qui le déclarait déchu de tous droits, privé de la paix commune, retranché de la société de tous chrétiens ; aux termes de cette sentence, sa femme était regardée comme veuve, ses enfants tenus pour orphelins ; son cou était abandonné aux corbeaux, son corps à toutes les bêtes de l'air et des eaux, mais « son âme recommandée à Dieu ». Au bout d'un an et un jour, si le contumace n'avait pas reparu ou ne s'était pas fait réhabiliter, tous ses biens étaient confisqués au profit de l'empereur ou du roi. Quand la condamnation portait sur un prince, sur une ville, sur une corporation (car souvent les accusations du tribunal mirent en cause des groupes d'individus), elle entraînait la perte de tous honneurs, de toute autorité, de tout privilège.

Le franc-comte, en prononçant l'arrêt, jetait par terre la corde placée devant lui ; les francs-juges crachaient dessus, et le nom du condamné était inscrit sur le *livre du sang*. La sentence restait secrète ; l'accusateur seul en recevait une expédition, accompagnée de sept sceaux. Si le condamné était présent au jugement, l'exécution avait lieu sur-le-champ et, suivant l'usage du moyen âge, elle était confiée au plus jeune des francs-juges. Les membres de l'association jouissaient, en cas de condamnation, du privilège d'être pendus à sept pieds plus haut que les étrangers.

Les jugements vehmiques étaient, d'ailleurs, susceptibles d'appel : l'accusé pouvait, séance tenante, en référer; soit à la chambre dite impériale, chapitre général de l'association, qui se réu-

Fig. 55 et 56. — Exécution des jugements du tribunal secret; d'après les gravures sur bois de la *Cosmographie universelle* de Munster; Bâle, 1552.

nissait à Dortmund, soit (et cet appel était le plus fréquent) à l'empereur, ou bien au souverain particulier du pays (roi, prince, duc ou évêque), lequel, cependant, devait être initié à l'association (fig. 57), et ne pouvait confier la révision du procès qu'à des membres du tribunal, qui, à leur tour, ne pouvaient agir que sur la terre de Westphalie. Le condamné en appelait encore au lieutenant général de l'empereur, au grand maître de la Sainte Vehme, titre qui, de temps immémorial, était l'apanage de l'archevêque de Cologne. Il y a même des exemples d'appels interjetés auprès des conciles et des papes, quoique l'association vehmique n'ait jamais eu ni relations ni attaches avec la cour de Rome. N'oublions pas une ressource suprême, et assez bizarre, laissée au condamné : il pouvait s'adresser à l'empereur et solliciter de lui une ordonnance qui enjoignît de n'exécuter le jugement rendu que dans un délai de *cent ans, six semaines et un jour.*

Le chapitre général de l'association, convoqué par l'empereur ou son lieutenant, se réunissait ordinairement une fois chaque année, soit à Dortmund, soit à Arensberg, pour la présentation du compte rendu des affaires jugées par les divers tribunaux vehmiques, pour la notification des changements survenus dans le personnel de l'ordre, pour les réceptions des francs-juges, pour la discussion des appels, enfin pour les réformes à introduire dans les règlements : réformes qui étaient le plus souvent provoquées par les empereurs, jaloux du pouvoir croissant de l'association, et qui presque toujours aussi avaient trait aux rapports de la puissance impériale avec les membres de la juridiction secrète.

D'après ce que nous venons d'exposer, sur la foi de documents authentiques, on peut apprécier combien grande est l'erreur de la tradition ou plutôt de la légende populaire, qui nous montre dans le tribunal secret une réunion de juges sanguinaires, procédant ténébreusement, sans autre loi que l'arbitraire, à des œuvres de pure cruauté. On doit reconnaître que c'était, au contraire, un établissement régulier, soumis, il est vrai, à une organisation mystérieuse et compliquée, mais n'agissant qu'en vertu de prescriptions légales rigoureusement fixées, par une sorte de code qui faisait honneur à la sagesse de ceux qui l'avaient créé.

A la fin du quatorzième siècle et au commencement du quin-

zième, la juridiction vehmique atteignit son plus haut degré de puissance ; on ne prononçait son nom qu'à voix basse et en tremblant ;
ses ordres étaient reçus avec une soumission empressée, ses châ-

Klingeſoz vo vngerlant.

Fig. 57. — Le landgrave de Thuringe et sa femme ; d'après une miniature du recueil
des Minnesinger, ms. du XIVᵉ s.

timents frappaient toujours les coupables et les rebelles. On ne
saurait douter, d'ailleurs, que le tribunal westphalien n'ait prévenu
de grands crimes et de grands malheurs, en imposant un frein
salutaire à des seigneurs qui étaient toujours prêts à se mettre
au-dessus de toute autorité humaine, et en châtiant avec une

impitoyable énergie l'audace des bandits que l'espoir de l'impunité aurait encouragés à tout oser.

· Mais la Sainte Vehme, aveuglée par la terreur qu'elle inspirait,
ne tarda pas à manifester des prétentions exagérées et à s'écarter
de la juste mesure dans laquelle devait être bornée son action.
Elle assigna devant ses tribunaux des princes qui déclinèrent hautement sa compétence, des cités qui ne daignèrent pas répondre
à ses sommations. Au reste, dès le quinzième siècle, les francs-
juges n'étaient déjà plus des hommes d'une intégrité austère;
maints personnages d'une moralité équivoque avaient été élevés
à cette dignité par la brigue et l'argent. On se plaignait de la
partialité, de l'esprit de vengeance, qui dictaient parfois leurs
arrêts; on les accusait d'être accessibles à la corruption; et
cette accusation semblerait reposer sur des faits avérés : car, selon
un usage féodal établi dans la coutume vehmique, tout nouveau
franc-juge était tenu de faire un présent au franc-comte qui l'avait
admis dans l'ordre; les francs-comtes n'avaient pas répugné à se
créer par là une branche importante de revenu, en admettant
comme *juges* bien des gens qui, au dire d'un historien, auraient
mérité d'être *jugés*.

Les excès de pouvoir les plus injustes et les· plus insolents
ébranlèrent de plus en plus la vieille autorité de l'institution.
En 1470, par exemple, en réponse à une assignation lancée par
un tribunal impérial contre des francs-juges, le tribunal de la
Terre Rouge s'avise d'assigner devant lui l'empereur Frédéric III
pour avoir à répondre de cette irrévérence (fig. 58). Une autre
fois, certain franc-comte, jaloux d'un de ses familiers, le pend
de ses propres mains pendant une partie de chasse, alléguant
que sa qualité l'autorisait à se faire justice lui-même. Il n'y
eut qu'un cri d'indignation et d'horreur contre une institution

juridique qui comprenait ainsi les devoirs de son ministère.
Dès ce moment, les pouvoirs politiques avisèrent sérieusement

Fig. 58. — L'empereur Frédéric III; d'après une statue du tombeau de Maximilien,
à Inspruck. xvᵉ s.

à supprimer les tribunaux secrets. La proposition en fut faite,
par les électeurs de l'empire, à la diète de Trèves, en 1512.
L'archevêque de Cologne réussit toutefois à détourner le coup, en

convoquant le chapitre général de l'ordre (fig. 59), pour un
édit de réforme. Outre qu'elle était viciée dans son essence,
la Sainte-Vehme avait fait son temps : elle perdait peu à peu
son utilité originelle, à mesure qu'un état social et politique
mieux défini et mieux organisé succédait, sous l'empereur Maximilien, à l'anarchie confuse du moyen âge, à mesure que les
princes et les villes libres contractaient l'habitude d'exercer la
haute justice, soit en personne, soit par des tribunaux réguliers.
Sa procédure, de plus en plus sommaire et rigoureuse, soulevait
de jour en jour une répulsion plus vive : « Ils vous pendent
d'abord, disait-on dans toute l'Allemagne, et ils examinent ensuite si vous êtes innocent ! »

La résistance s'établit donc de toutes parts contre la juridiction
des francs-juges. Princes, évêques, cités et citoyens s'entendirent,
plutôt d'instinct que de fait, pour réagir contre cette institution
surannée et dégénérée (fig. 60 et 61). La lutte fut longue et labo-
rieuse. Il y eut dans les dernières convulsions de la Sainte Vehme
expirante plus d'un épisode sanglant, tant du côté des francs-juges
eux-mêmes que du côté de leurs adversaires. De temps en temps,
le tribunal secret marquait son réveil, affirmait son existence
par quelque exécution terrible, et parfois aussi les membres de
l'association payaient cher leur persévérance et leur ténacité :
comme, par exemple, les quatorze francs-juges, que le comte
d'Œttingen Gaspard Schwitz fit saisir, en 1570, et qui étaient
déjà enfermés dans des sacs pour être noyés lorsque le peuple,
apitoyé sur leur sort, demanda et obtint leur grâce.

La juridiction vehmique se porta elle-même le dernier coup
en condamnant et en faisant exécuter, sans procédure régulière,
comme sans délai, un habitant de Munster qui scandalisait la
ville par ses débordements. Il fut arrêté la nuit, conduit dans

un petit bois, où il trouva les francs-juges, qui le condamnèrent

Fig. 59. — Vue de Cologne au XVIᵉ siècle; d'après une estampe sur cuivre du *Theatrum geographicum* de P. Bertius. Les trois grosses étoiles représentent, à ce que l'on croit, les personnes de la Trinité, les sept petites, les électeurs de l'Empire.

à mort, sans lui accorder un défenseur : on le fit confesser par un moine, et le bourreau lui abattit la tête.

A dater de ce tragique événement, qui souleva la réprobation générale, l'autorité des francs-juges déclina rapidement, et enfin l'institution s'éteignit ou s'annihila, en se bornant à prononcer çà et là sur de simples matières civiles.

Encore plus célèbre à certains égards que le tribunal vehmique, exerçant une puissance non moins mystérieuse, inspirant non moins d'effroi, mais dans des contrées différentes, le *Conseil des Dix* de Venise ne saurait être oublié, toutes les fois qu'il s'agit d'exécutions arbitraires et de justice aussi tyrannique qu'implacable.

Ce tribunal secret fut créé, à la suite d'une révolte qui éclata dans la république de Venise, le 10 juillet 1310. Sa durée ne devait être, en principe, que de deux mois, mais, après diverses prorogations successives, il fut, le 31 janvier 1311, confirmé pour cinq ans; en 1316, il le fut pour cinq années encore; le 2 mai 1327, pour dix ans de plus; puis enfin établi à perpétuité. Au quinzième siècle, l'autorité du Conseil des Dix se trouve concentrée et rendue plus énergique par la création des inquisiteurs d'État.

Ils étaient au nombre de trois, élus par le Conseil des Dix lui-même, et le citoyen sur qui se portaient les suffrages ne pouvait refuser les fonctions qui lui étaient ainsi attribuées spontanément et à son insu. L'autorité des inquisiteurs d'État était déclarée « sans limites ».

Le meilleur moyen de faire connaître les attributions et les formes de ce redoutable tribunal n'est-il pas d'emprunter quelques extraits au règlement qu'il se donna en juin 1454?

« Les inquisiteurs, » dit ce document, dont les bibliothèques publiques de Paris possèdent plusieurs copies manuscrites, « pourront procéder contre quelque personne que ce soit, aucune dignité ne donnant le droit de décliner leur juridiction; ils pourront prononcer toute peine quelconque, même la mort; seulement,

Fig. 60 et 61. — Le duc de Saxe et le marquis de Brandebourg; tirés du *Theatrum orbis terrarum sive tabula veteris geographiæ*. XVIe s.

leurs sentences définitives ne devront être rendues qu'à l'unani-
mité. Ils disposeront des prisons, dites les *puits* et les *plombs*

(fig. 62); ils pourront tirer à vue sur la caisse du Conseil des Dix, sans avoir à rendre aucun compte de l'usage des fonds mis entre leurs mains.

« La procédure du tribunal sera constamment secrète; ses membres ne porteront aucun signe distinctif. On ne fera jamais, pour les arrestations, aucun acte extérieur. Le chef des sbires évitera de procéder à une arrestation à domicile, mais il tâchera de saisir le coupable à l'improviste, hors de chez lui, pour le conduire sous les plombs du palais des Doges (fig. 63 et 64). Quand le tribunal aura jugé nécessaire la mort de quelqu'un, l'exécution ne sera jamais publique; on noiera le condamné, la nuit, dans le canal Orfano.

« Le tribunal autorisera les généraux commandant en Chypre ou en Candie, au cas où il importerait à l'intérêt de la république de faire disparaître, dans ces possessions vénitiennes, quelque patricien, ou autre personnage influent, à lui faire ôter la vie secrètement, si dans leur conscience cette mesure est indispensable, sauf à en répondre devant Dieu.

« Si quelque ouvrier transporte en pays étranger un art ou métier au détriment de la république, il lui sera envoyé ordre de revenir dans sa patrie; s'il n'obéit pas, on mettra en prison les personnes qui lui appartiennent de plus près, afin que l'affection que l'absent peut avoir pour elles le détermine à l'obéissance. S'il persiste dans son absence, on prendra des mesures secrètes pour le faire tuer partout où il se trouverait.

« Si un noble vénitien révèle au tribunal des propositions qui lui auraient été faites de la part de quelque ambassadeur étranger, l'agent intermédiaire sera aussitôt enlevé et noyé, pourvu que ce ne soit point l'ambassadeur lui-même, mais toute autre personne que l'on puisse feindre de ne pas reconnaître.

Fig. 62. — Cour intérieure du palais des Doges à Venise : bâtiments où se trouvent les *puits* et les *plombs;* d'après Cesare Vecellio. XVIe s.

« Si pour quelque délit un patricien se réfugiait chez un ambassadeur étranger, on le ferait tuer sans retard.

« Si quelque noble en plein sénat se permet de discuter sur l'autorité du Conseil des Dix et s'efforce de vouloir lui porter atteinte, on le laissera parler sans l'interrompre; ensuite, il sera immédiatement arrêté; puis on instruira son procès pour qu'il soit jugé par les tribunaux ordinaires, et si l'on ne peut y parvenir, on le fera mettre à mort secrètement (fig. 65 et 66).

« En cas de plainte contre un des chefs du Conseil des Dix, l'instruction sera faite secrètement. En cas de condamnation à mort, on emploiera de préférence le poison.

« Si quelque noble mécontent parle du gouvernement, on lui fera d'abord défense de paraître pendant deux ans dans les conseils et les lieux publics. S'il n'obéit pas, ou si après deux ans il retombe dans sa faute, on le fera noyer comme incorrigible. »

On comprend que, pour l'exécution de ce règlement organique, des mesures minutieuses avaient été prises, à l'effet d'organiser un système d'espionnage. Les nobles étaient soumis à une surveillance rigoureuse; le secret des lettres n'était pas respecté; on ne perdait jamais de vue les ambassadeurs étrangers : leurs moindres démarches étaient observées. Quiconque se serait permis d'insulter ou de gêner les *observateurs* employés par le Conseil des Dix devait être mis à la torture et « recevoir ensuite le châtiment que les inquisiteurs d'État jugeraient convenable ». Des pages entières des statuts secrets attestent que le mensonge et la fourberie faisaient la base de toutes les relations diplomatiques du gouvernement vénitien. Cependant, le Conseil des Dix, institué uniquement dans le but de veiller à la sûreté de la république, ne pouvait s'immiscer dans les causes civiles, et il était interdit à ses membres d'avoir des communications d'aucune espèce avec les étrangers.

La nomenclature des nobles vénitiens et des personnages distingués que frappa la soupçonneuse tyrannie du Conseil des Dix et des inquisiteurs d'État serait longue et d'un faible intérêt. Pour rappeler seulement quelques noms, nous trouvons en 1385 Pierre

Fig. 63 et 64. — Chefs de sbires au service secret du Conseil des Dix.
D'après Cesare Vecellio. XVIᵉ s.

Giustiniani, et en 1388 Étienne Monalesco, pour intelligences avec le seigneur de Padoue; en 1412, Jean Nogarola, pour avoir voulu livrer Vérone; en 1471, Borrommeo Memo, pour avoir tenu

des propos outrageants contre le podestat de Padoue. Non seulement ce Memo, mais trois témoins du délit qui lui était imputé,

Fig. 65. — Membre de la confrérie de la mort à Venise, chargé d'accompagner
les condamnés. D'après Cesare Vecellio. xvie s.

furent condamnés à un emprisonnement d'un an et à un bannissement de trois, pour n'avoir pas dénoncé le fait « du soir au

matin ». En 1457, on avait vu le Conseil des Dix s'attaquer au doge lui-même, en exigeant l'abdication de François Foscari. Un siècle auparavant, il avait fait exécuter (1355), sur l'escalier même du palais ducal, où se prêtait ordinairement le serment de fidélité à la république, le doge Marino Faliero, convaincu d'avoir pris

Fig. 66. — Procession des *Battuti,* confrérie qui s'imposait l'obligation d'assister les condamnés; d'après une gravure du xvᵉ s.

part à un complot dans le but d'anéantir l'influence de la noblesse (fig. 68).

Comme la Sainte Vehme, le Conseil des Dix compromit son autorité par des excès de pouvoir. En 1540, il conclut, à l'insu du sénat et en dépit de ses intentions bien connues, un traité avec le sultan Soliman II. Le sénat dissimula d'abord la rancune que lui causait cet abus de pouvoir, mais en 1582 il prit diverses mesures pour restreindre considérablement les attributions du Conseil des Dix, qui, depuis, n'exista plus que de nom.

L'*Inquisition* (au sens littéral, le mot signifie recherche des croyances religieuses) eut, comme institution fixe, son origine dans le moyen âge; l'enquête, le nom des dénonciateurs et des témoins, la procédure, tout y fut secret, et à ces titres elle doit figurer parmi les tribunaux d'exception.

Après la conversion de Constantin, quand la religion du Christ fut reconnue comme religion de l'État, le bras séculier se mit avec empressement au service de l'Église pour maintenir l'unité de la foi; mais le pouvoir civil, au lieu de se borner à seconder l'autorité ecclésiastique, pour la répression des délits contre le dogme fixé par les conciles, voulut avoir une action souveraine dans tous les procès qui se rattachaient à des causes religieuses : de là naquirent souvent des abus déplorables.

L'inquisition italienne, sous la direction immédiate des papes, apparaît dès le cinquième siècle : le pape saint Léon, après avoir ordonné une enquête juridique contre les manichéens qui s'étaient réfugiés à Rome, dit en propres termes : « Ce qui a été fait ne suffit pas; il faut que l'inquisition continue, afin que non seulement les bons persévèrent, mais que ceux qui ont été séduits soient ramenés de l'erreur. » Le but primitif et véritable fut donc de découvrir les erreurs dans la doctrine, d'en interdire la propagation et de chercher à éclairer et à ramener ceux qui s'étaient laissé surprendre.

Au douzième siècle, le pape Luce III, pour arrêter les progrès des manichéens, qui reparaissaient sous les noms de *cathares,* de *patarins,* de *pauvres de Lyon,* etc., ordonne « par le conseil des évêques, sur la remontrance de l'empereur (d'Allemagne) et des seigneurs de sa cour, que chaque évêque visite, une ou deux fois

l'année, les lieux de son diocèse suspects de renfermer des hérétiques ». Tout le monde doit les dénoncer, pour que l'évêque puisse

Fig. 67. — Doge de Venise; d'après Cesare Vecellio. xvie siècle.

les appeler devant lui, les faire renoncer à leurs hérésies ou leur
infliger les peines canoniques. On voit que l'erreur religieuse est,
dès lors, considérée comme contraire à la paix publique, et que
les princes regardent les hérétiques comme des rebelles ou des

conspirateurs : cela était conforme aux idées du moyen âge, où tout le système social reposait sur la foi catholique. Pour être équitable, nous devons reconnaître que si l'inquisition de Rome est la première en date et la seule qui ait survécu au moyen âge, elle fut aussi la plus modérée; car elle seule, entre toutes, n'ordonnait jamais l'exécution de peines capitales.

L'inquisition fut introduite en France, à l'occasion d'une hérésie d'origine orientale, qui prétendait associer les idées païennes du manichéisme d'Arménie aux cérémonies chrétiennes. Concentrés d'abord à Toulouse et à Albi (d'où leur vint le nom d'*albigeois*), les nouveaux hérétiques gagnèrent successivement, de 1000 à 1050, le Périgord et les contrées voisines. Vers 1160, une autre secte, celle des *vaudois,* fondée par Pierre de Valdo ou de Vaux, prit naissance à Lyon et rendit plus vives les inquiétudes de la papauté. Les albigeois avaient des mœurs moins pures que les vaudois, et professaient aussi des opinions plus dangereuses. Disciples directs du Perse Manès, ils avaient adopté sa doctrine sur la double nature de l'homme, sur la fatalité, sur le principe du bien et du mal, etc., doctrine monstrueuse, dont la conséquence immédiate était une vie de désordre.

Malgré les sévérités du roi Robert (1022), en dépit de la sentence de condamnation prononcée au concile de Toulouse, en 1118, l'hérésie manichéenne des albigeois continuait à se propager dans les provinces du midi de la France et recueillait chaque jour de nombreuses adhésions, même parmi le clergé et la noblesse. Innocent III, élu souverain pontife en 1198, s'émut du danger que courait la religion de Jésus-Christ et résolut de faire rentrer dans le devoir ces audacieux sectaires, protégés alors ouvertement par les comtes de Toulouse, de Foix, de Béarn, et par le vicomte de Béziers.

Deux moines, Gui et Régnier, de l'ordre de Cîteaux, furent
envoyés dans les provinces méridionales de la France avec injonction aux évêques et aux seigneurs temporels de leur prêter toute
l'assistance possible : ce furent là les premiers de ces commissaires

Fig. 68. — Saint Dominique remet à un envoyé des albigeois un livre de profession de foi
des vérités chrétiennes; à droite, ce livre, jeté au feu, s'élance intact des flammes, tandis
que le livre des hérétiques se consume. Predella du *Couronnement de la Vierge*, de fra
Angelico. Musée du Louvre. xve s.

du saint-siège, à qui devait définitivement rester le nom d'*inquisiteurs*.

Le mauvais succès de leur mission décida Innocent III à
remettre ses pleins pouvoirs à Pierre de Castelnau, archidiacre
de Maguelonne, et à un autre moine de Cîteaux, nommé Raoul

(1203). Ces deux légats, accompagnés de l'abbé Amalric, prêchè-
rent contre l'hérésie des albigeois, à Toulouse, à Narbonne, à
Vi viers, à Carcassonne et à Montpellier; mais les hérétiques se
montrèrent plus indomptables encore.

Bientôt Pierre de Castelnau et frère Raoul, découragés, s'ad-
joignirent douze moines de leur ordre et deux prélats espagnols,
Diego de Azèles, évêque d'Osma, et le sous-prieur de sa cathédrale,
Do minique de Guzman, qui, ayant vu de près en Languedoc les
p rogrès de l'hérésie, s'était rendu en Italie, afin d'obtenir du saint-
père la permission de prêcher contre les hérétiques. Dominique
s'était fait connaître par une douceur, un zèle, une piété, dignes
des anciens apôtres; on pouvait compter sur l'autorité que donnerait
à ses prédications la renommée de sa vie exemplaire (fig. 68).
Il ne fut pas plus heureux que les précédents commissaires
pontificaux. Alors Pierre de Castelnau s'adressa au comte de
Toulouse, Raymond VI, et le mit en demeure de prêter son
appui aux légats du pape, sinon de se prononcer hautement
pour les hérétiques. Après une entrevue, où des mots acerbes
furent échangés entre eux, deux gentilshommes du comte crurent
réaliser le secret désir de leur maître en assassinant le légat sur
les bords du Rhône (1208).

A la nouvelle de ce meurtre, Innocent III n'hésite plus et
appelle la chrétienté à une nouvelle croisade contre les albigeois.
Il désigne Milon pour remplacer Pierre de Castelnau, et déclare
qu'il prend sous sa protection immédiate tous les fidèles qui s'ar-
meront pour la défense de l'Église. Le comte de Toulouse se
soumit à la pénitence publique; son neveu Raymond, vicomte de
Béziers, fut livré aux légats du pape. La ville de Béziers, prise
d'assaut (22 juillet 1209), avait subi le sort le plus cruel : la fureur des croisés n'avait fait quartier à personne; des milliers d'ha-

bitants furent égorgés, sans distinction d'âge ni de sexe, ou brûlés dans l'église où ils s'étaient réfugiés.

Simon de Montfort, chef de la croisade, accepte les dépouilles

Fig. 69. — Entrée de Louis VIII, roi de France, et du cardinal de Saint-Ange, légat du pape, le 12 septembre 1226, dans la ville d'Avignon, qui venait de capituler après un siège de trois mois. Miniature des *Chroniques du Hainaut*, ms. du xvᵉ s.

du vicomte de Béziers, et poursuit la guerre contre les hérétiques. En 1213, il bat devant Muret le roi d'Aragon, Pierre II, allié des albigeois, qui assiégeait cette ville; ensuite, il enlève au comte de

Toulouse ses États, dont il reçoit l'investiture. Simon fut appuyé par Louis VIII, qui vint se joindre à l'armée catholique, dès 1215 (fig. 69). Trois ans plus tard, Toulouse se souleva, et Simon périt, frappé d'un coup de pierre, pendant le siège (fig. 70).

La paix faite et le comte Raymond réintégré dans ses États, le cardinal de Saint-Ange, légat du pape, célébra à Toulouse, en novembre 1229, un concile où assistèrent un grand nombre d'évêques et de barons du pays. Ce fut de là que sortit l'établissement de l'inquisition. On ordonna que les évêques députeraient dans chaque paroisse un prêtre et deux ou trois laïques, pour rechercher les hérétiques et leurs fauteurs, visiter les maisons et souterrains, et dénoncer les coupables afin qu'ils fussent punis sévèrement. Chaque hérétique repentant était astreint à porter deux croix de couleur, cousues sur la poitrine, et faute de le faire, ses biens seraient confisqués. Il fut enjoint aux hommes et aux femmes, depuis l'âge de quatorze et de douze ans, de s'engager par serment à dénoncer et poursuivre tout hérétique. On déclara suspects d'hérésie tous ceux qui ne se confesseraient pas et ne communieraient pas trois fois par an. Enfin, il fut sévèrement interdit aux laïques de garder chez eux aucun livre de l'Ancien et du Nouveau Testament traduit en langue vulgaire.

En 1233, le pape Grégoire IX organisa véritablement l'inquisition en ôtant l'instruction des procès aux évêques pour la réserver à l'ordre des frères Prêcheurs, qui venait d'être fondé par saint Dominique. Le pouvoir de l'inquisition s'étendit sur tous les laïques, y compris les gouvernants; le haut clergé seul échappait à sa juridiction. Une fois détenu, personne ne communiquait plus avec l'hérétique dénoncé; on procédait à la visite de son domicile, et le séquestre était mis sur ses biens. S'il niait le crime qu'on lui imputait, il était considéré comme obstiné. Dans les pièces qui lui

étaient communiquées, on taisait le nom du délateur et des témoins. A la demande de saint Louis, le pape Alexandre III remit, en 1255, au provincial de l'ordre de Saint-Dominique et au gardien des frères Mineurs de Paris l'office d'inquisiteurs suprêmes du royaume.

Les effets de cette juridiction redoutable se firent bien moins sentir, en France, dans le nord que dans le midi. Confiée à des hommes plus fervents qu'éclairés, elle sévit impitoyablement contre une foule d'accusés et donna lieu à de terribles soulèvements à Narbonne et à Toulouse. Pendant que les albigeois fugitifs allaient répandre de tous côtés l'hérésie et qu'en Poméranie, près de Stettin, 6,000 d'entre eux étaient tués en combattant, une vingtaine de moines inquisiteurs étaient massacrées aux environs d'Avignon.

Il advint même bientôt que l'Inquisition eut à lutter contre les résistances des magistrats et des officiers royaux. En 1287, Philippe le Bel défendit au sénéchal de Carcassonne de faire arrêter les hérétiques dénoncés par l'inquisiteur, et en 1302 il manda à tous ses officiers de contenir l'Inquisition dans les limites de ses droits et d'arrêter ses envahissements dans la juridiction civile. Malgré l'opposition du parlement, la recherche des hérétiques continua par-devant le même tribunal, qui procéda à des exécutions sanglantes jusqu'à la fin du quatorzième siècle. Dans le seizième, la faction des Guises s'efforça de faire rétablir cette institution pour combattre plus efficacement le calvinisme; mais la sagesse du chancelier de l'Hospital déjoua ces menées (fig. 71).

En Espagne, l'Inquisition fut plus royale que papale.

Pour comprendre le rôle de ce tribunal extraordinaire, il faut se rappeler que l'Espagne employa sept siècles à conquérir son indépendance, dont les ennemis étaient les Maures et les juifs;

ces derniers se convertissaient facilement en apparence, mais ils retournaient aussi promptement à leur antipathie pour la religion du Christ.

Aussi, dès que le roi Ferdinand et la reine Isabelle virent toute l'Espagne réunie sous leur domination, ils jugèrent nécessaire d'établir l'unité religieuse pour le maintien de l'unité nationale : les Maures finirent par se trouver réduits, comme les juifs, à quitter le pays ou à abjurer leurs croyances (fig. 72 et 73). Les deux souverains, qui envisageaient la question au point de vue politique,

Fig. 71. — Le chancelier de l'Hospital, par Léonard Gaultier. xvıᵉ s.

avaient organisé dans leurs États une inquisition spéciale placée sous leur dépendance. Les papes protestèrent, dès le début, contre la prétention des rois Catholiques, qui voulaient diriger eux-mêmes l'inquisition : au moment où le tribunal fut constitué, le pape Sixte IV rappela son légat à la cour d'Espagne, qui retira également de Rome son ambassadeur. La réconciliation se fit cependant; une bulle fut accordée (1ᵉʳ novembre 1478), qui rendait l'Inquisition d'Espagne indépendante et nommait pour ce pays un inquisiteur général, avec le pouvoir de choisir les inquisiteurs particuliers.

De leur côté, les rois d'Espagne s'opposaient, autant qu'ils le pouvaient, aux appels que les condamnés interjetaient en cour de Rome. Les papes se virent réduits à user de ruse pour soustraire les hérétiques pénitents aux sévérités impitoyables de l'Inquisition. Llorente, l'historien de ce tribunal, nous apprend que plusieurs fois un très grand nombre d'hérétiques furent absous en secret, sur un ordre pontifical; il est vrai que le même auteur dit aussi que ces amnisties papales n'étaient pas toujours approuvées par le gouvernement espagnol. Léon X alla jusqu'à prononcer l'excommunication contre les inquisiteurs de Tolède, et Charles-Quint, devenu empereur, feignit d'incliner vers la réforme de Luther pour décider Léon X à ne plus entraver l'Inquisition espagnole.

Cette Inquisition était secondée par trois corporations : la *Sainte-Hermandad,* la *Cruciata* et la *Milice du Christ.*

La Sainte-Hermandad (corruption du mot latin *germanitas,* confrérie) fut d'abord une association d'officiers de police, employés à veiller à la sûreté des routes. Établie au début dans trois résidences principales, Tolède, Ciudad-Real et Talavera, elle finit par devenir une milice, ayant pour mission principale de faire exécuter les ordres de l'Inquisition. La Cruciata, société composée d'archevêques, d'évêques et de personnages considérables, était chargée, en différentes circonstances, d'assurer le respect et l'accomplissement des lois de l'Église chez les catholiques. La Famille de l'Inquisition, ou Milice du Christ, créée sous le pontificat d'Honorius III, à l'instar de l'ordre des Templiers, mettait ses armes au service des inquisiteurs, et elle mérita par son zèle les éloges du pape Grégoire IX.

Comme nous l'avons dit, ce fut en 1481, sous le règne de Ferdinand et d'Isabelle (fig. 74 et 75), que l'Inquisition, soumise à de nouveaux règlements, acquit une puissance formidable. Desti-

Fig. 72. — La grande synagogue de Tolède, fondée vers le III° siècle, restaurée et modifiée à diverses époques, et consacrée au culte catholique en 1405, sous le vocable de Sainte-Marie la Blanche, après l'expulsion des juifs. D'après un dessin moderne.

née surtout à poursuivre les juifs et les Maures relaps, elle reçut alors le nom de *Saint-Office,* et fut dirigée par un grand inquisiteur général, auquel on adjoignit un conseil, connu sous le nom de *la Suprême,* et 45 inquisiteurs généraux.

Lorsque le Saint-Office faisait appréhender un hérétique ou soupçonné comme tel, ses agents enlevaient au prévenu tout ce qu'il avait sur lui et faisaient toutefois un inventaire minutieux de ses vêtements et de ses meubles, afin que l'on pût les lui restituer intégralement, si son innocence était reconnue; l'or et l'argent, saisis de la sorte, appartenaient de droit au tribunal et servaient au payement des frais de la procédure. Ces formalités accomplies, le prévenu était conduit en prison.

L'Inquisition avait plusieurs sortes de prison : 1° la *prison commune,* où étaient enfermées les personnes accusées seulement de délits ordinaires, et pouvant, par conséquent, communiquer avec leurs parents et amis; 2° la *prison de miséricorde* ou *de pénitence,* qui recevait les personnes condamnées à une détention temporaire; 3° la *prison intermédiaire,* réservée aux prévenus qui étaient tombés sous la juridiction du Saint-Office en se rendant coupables de délits communs; 4° la *prison secrète,* où nul ne pouvait voir ceux qui étaient enfermés. Quant aux cachots de l'Inquisition, ils étaient horribles et ressemblaient, d'ailleurs, à tous ceux du moyen âge.

Après une incarcération plus ou moins longue, le prisonnier était conduit, quand le jour du jugement arrivait, à la grand'salle du tribunal, toute tendue de noir et ornée d'un Christ d'ivoire sur une croix d'ébène. Au fond, devant une table circulaire, l'inquisiteur général occupait un fauteuil de velours noir, surmonté d'un dais de même étoffe. A droite et à gauche de l'inquisiteur général, des sièges, moins élevés que le sien, étaient réservés aux

Fig. 73. — Intérieur de l'ancienne mosquée de Cordoue, aujourd'hui cathédrale, construite au VIIIᵉ siècle, par Abdérame Iᵉʳ, et convertie au culte catholique après l'expulsion des Maures.

inquisiteurs, qui formaient le tribunal avec l'assistance du secrétaire; deux greffiers écrivaient les questions du président et les

Fig. 74. — Ferdinand V le Catholique, roi de Castille et d'Aragon. xviᵉ s.

réponses du prévenu. Derrière eux, se tenaient debout des fami-

Fig. 75. — Isabelle 1re la Catholique, reine de Castille et d'Aragon. xvie s.

liers de l'Inquisition, et quatre hommes couverts d'une longue robe noire, la tête cachée sous un capuchon percé de trous à la hauteur de la bouche, du nez et des yeux.

Le prévenu s'asseyait sur une espèce de chevalet, placé en face de l'inquisiteur. Lorsqu'après un long interrogatoire on n'avait pu lui arracher l'aveu de ses fautes, on le menait à la *chambre du tourment,* où l'avaient précédé le grand inquisiteur et les quatre hommes inconnus vêtus de noir, qui avaient assisté à l'audience. On le pressait encore une fois d'abjurer; si ces nouvelles instances étaient impuissantes, on le livrait au tourmenteur, chargé de lui faire subir la question, par un des quatre moyens usités en justice : la corde, le fouet, l'eau ou le feu.

La question, dans les tribunaux de l'Inquisition, ne différait pas de ce qu'elle était alors dans les tribunaux civils, qui l'appliquaient avec la même rigueur et qui n'en obtenaient pas de meilleur résultat, car le patient se raidissait contre la souffrance et refusait généralement de répondre à cet interrogatoire accompagné de tortures atroces. La lecture solennelle des jugements de l'Inquisition et l'exécution des peines prononcées étaient précédées d'une cérémonie particulière, désignée, en Espagne et dans les colonies qui en dépendaient sous le nom d'*auto-da-fé* ou *acte de foi*. Dans les auto-da-fé généraux, la lugubre procession commençait par une double file des frères de l'ordre des dominicains, devant lesquels était portée la bannière du Saint-Office (fig. 76), où on lisait cette devise : *Justitia et misericordia* (Justice et miséricorde); puis venaient les condamnés, les familiers de l'Inquisition et le bourreau.

Il y avait plusieurs sortes de *san-benito*, affectés aux différentes classes de pénitents. Le premier, destiné aux hérétiques qui se réconciliaient avant le jugement, se composait d'un scapulaire jaune et d'une croix en sautoir, entière, de couleur rousse, et

d'un bonnet rond pyramidal, appelé *coroça,* de la même toile
que le *san-benito,* et garni de croix semblables, mais sans que les
flammes y fussent représentées, l'accusé ayant échappé par son
repentir à la peine du feu (fig. 77). Le second, réservé à ceux
qui devaient être brûlés et qui s'étaient repentis après le jugement, était formé d'un *san-benito* et d'une *coroça* de même étoffe.
Au bas du scapulaire, on voyait un buste d'homme sur un brasier, et le reste ne représentait que des flammes, dont la pointe
était renversée, pour faire comprendre que le feu ne brûlerait pas
le coupable vivant, puisqu'il devait être étranglé avant d'être sur
le bûcher (fig. 78).

Le troisième, que revêtaient ceux qui mouraient dans l'impéni-
tence finale, portait, à sa partie inférieure, un buste, dessiné au
milieu d'un brasier et enveloppé par les flammes. Les autres parties du vêtement étaient garnies de flammes dans leur direction
naturelle, pour expliquer que l'hérétique serait réellement brûlé.
On y représentait aussi des figures de diables grotesques; le *coroça*
était orné des mêmes figures (fig. 79).

A l'église, où se rendait le cortège en psalmodiant des prières,
dix cierges blancs brûlaient dans des chandeliers d'argent, sur le
grand autel tendu de noir; à droite, une sorte d'estrade, destinée
à l'inquisiteur et à ses conseillers; à gauche, une autre estrade
semblable pour le roi et sa cour. En face du grand autel, était
élevé un échafaud couvert de drap noir, où les *réconciliés* venaient
abjurer, sur des missels ouverts et disposés à l'avance.

Après la réconciliation de ces derniers, on livrait au bras séculier les hérétiques obstinés, ainsi que les coupables de délits
civils ordinaires : à ce moment, l'auto-da-fé était terminé et les
inquisiteurs se retiraient. Un historien, dans le récit d'un procès
d'inquisition qu'il raconte tout au long, nous apprend que le châ-

timent civil ne fut infligé que le lendemain de l'auto-da-fé. Souvent même, il n'y avait point de supplice, comme le reconnaît Llorente, qui cite l'auto-da-fé du 12 février 1486, à Tolède, où l'on ne vit pas moins de 750 hérétiques, mais sans exécution sanglante; les punitions furent des pénitences imposées par l'É-

Fig. 77. — *San-benito*. Habit de celui qui a évité le feu en confessant avant que d'être jugé.

Fig. 78. — *Fuego revolto*. Habit de celui qui a évité le feu en confessant après sa condamnation.

Fig. 79. — *Samarra*. Habit de celui qui, n'ayant rien confessé, doit être livré au feu.

Fac-similé de gravures sur cuivre de l'ouvrage de Ph. de Limborch, *Historia Inquisitionis*, Amsterdam, 1592.

glise, et faites en public. Un autre grand auto-da-fé eut lieu le 2 avril de la même année, encore à Tolède : on y vit 900 pénitents ou condamnés, mais pas un ne fut puni de mort. Un troisième auto-da-fé, du 1er mai, comprenait 750 personnes; dans un quatrième, au 10 décembre, on en comptait jusqu'à 950, mais sans aucune condamnation capitale.

Le premier inquisiteur général fut Thomas de Torquemada (1483), qui poussa jusqu'à l'extrême les rigueurs du Saint-Office; c'est lui qui rédigea en trente articles le code de cette institution. De toutes parts éclatèrent les plaintes et les accusations. Les villes d'Aragon opposèrent une vive résistance à l'établissement du Saint-Office, et ce ne fut qu'après plusieurs années de lutte, que le roi Ferdinand put le leur faire subir. « Dès ce moment, » dit Cantù dans son *Histoire universelle,* « la tyrannie, toujours croissante, prit en Espagne le voile de la religion. Les papes s'opposèrent à cette politique hypocrite, et Nicolas V défendit toute différence entre les anciens et les nouveaux chrétiens; Sixte IV, Innocent VIII, Léon X reçurent des appels contre les sentences des inquisiteurs; Paul III. encouragea les Napolitains à résister à Charles-Quint quand il voulut introduire chez eux ce tribunal de sang. »

On sait qu'il fut aboli seulement en 1808, au moment de la domination française en Espagne.

LA POLICE ET LA JUSTICE.

I.

Pour maintenir la sûreté et le bon ordre autour d'eux, c'est-à-dire la paix publique, les rois des deux premières races se bornèrent à maintenir la forte organisation établie en Gaule par les Romains. En devenant maîtres à leur tour, les seigneurs féodaux se déchargèrent de ce soin sur des officiers subalternes (sénéchaux et baillis), qui s'en occupèrent seulement alors qu'ils avaient intérêt à le faire. L'émancipation des communes rendit aux officiers municipaux une partie de leurs attributions.

A dater de Philippe-Auguste, la royauté, se sentant plus forte, fit des règlements pour la police générale de France. Chaque seigneur fut obligé de veiller à la sûreté des chemins depuis le lever jusqu'au coucher du soleil, sous peine d'être rendu responsable des désordres commis sur ses terres. On réserva au bailli la surveillance des campagnes, au prévôt celle des villes.

Dès le milieu du seizième siècle, la police fut ordonnée avec beaucoup de prévoyance, non seulement à Paris, mais encore dans les provinces, où l'on trouvait partout des prévôts généraux et particuliers, des vice-baillis, des vice-sénéchaux, des lieutenants de robe longue et de robe courte. Dans chaque bailliage, il y eut des corps de troupes chargés de poursuivre les vagabonds ; on les appela *maréchaussée,* parce qu'elles dépendaient des maréchaux de France, et *exempts,* parce que ceux qui composaient ces cours étaient exempts de l'arrière-ban. L'installation des *commissaires* datait d'Henri III, qui les distingua des juges, tout en leur laissant le droit de porter la robe pour marquer leur dépendance des tribunaux.

Cependant, la police de France était essentiellement locale et ne formait pas un corps unique, dépendant d'un seul chef et recevant d'une autorité supérieure la même impulsion pour les divers centres provinciaux. Chaque ville avait sa police municipale, souvent très compliquée et très nombreuse, mais dont la juridiction ne s'étendait pas au delà des murailles de la cité.

« Après beaucoup d'essais, » dit M. Cheruel, « on en vint, à la fin du seizième siècle, à marquer nettement les limites des divers pouvoirs auxquels était confiée la police. On ne chargea plus les mêmes fonctionnaires de faire les règlements, de les appliquer et de juger les contraventions. Les règlements généraux de police durent être faits par le roi ou par les parlements ; les bailliages avaient le même droit pour les pays de leur ressort, et les juges établis dans les villes pour ces villes elles-mêmes, » en tant que les dispositions prises par les juges et baillis ne seraient point contraires à celles du roi ou des parlements.

Il convient également de faire mention de deux autres polices, d'une importance considérable, et qui concernaient le travail et l'armée.

La police des métiers fut pratiquée, depuis l'origine jusqu'à

la suppression des communautés d'artisans, sous l'autorité
royale, par des officiers (mayeurs, maîtres, gardes, prud'hommes, bailes, jurés, etc.), tantôt élus, tantôt délégués par l'autorité supérieure. Sous la promesse confirmée par serment de
remplir loyalement leurs fonctions, ils veillaient à la bonne confection des produits et à la stricte exécution des statuts, prononçaient dans les différends qui s'élevaient entre ouvriers et
patrons, infligeaient des amendes et distribuaient des secours.
La police militaire fut attribuée d'abord aux chefs de corps,
puis aux maréchaux de France, et ceux-ci l'exercèrent par l'intermédiaire d'un grand prévôt, qui avait sous ses ordres des
lieutenants en aussi grand nombre qu'il le fallait, et partout où
il était besoin.

Arrivons maintenant à la police de Paris.

De tous temps, une garde particulière avait été chargée d'y
maintenir le bon ordre sur la voie publique. Clotaire II décida, en
595, qu'en cas de vol nocturne, les gardes du quartier seraient
responsables s'ils n'arrêtaient le voleur. Charlemagne confirma
cette décision. On appelait *guet* la garde qui veillait pendant la
nuit à la sûreté de Paris. Chaque métier, à tour de rôle, devait
ce service; mais les motifs d'exemption devinrent si nombreux,
qu'il fallut, en 1363, établir un corps soldé, « aux gages et
dépens » du trésor, et composé de 46 sergents, dont 20 à cheval, sous les ordres d'un *chevalier du guet* (fig. 80). Soit désordre, soit impuissance, le guet royal ne fut d'aucune utilité, et
l'on cite un de ses chefs, nommé Gauthier Tallart, qui avait
adopté, dans ses rondes, la coutume singulière de faire marcher
devant lui quatre ou cinq ménétriers « jouant de haults instruments ». Un édit de 1559 supprima les compagnies bourgeoises,
et le guet royal, fixé d'abord à 150 hommes, s'accrut à mesure

que la capitale s'étendit. Au dix-huitième siècle, il était de 160 cavaliers et de 470 gens de pied.

La police de Paris n'avait donc cessé de s'améliorer depuis le moyen âge, et l'on peut dire que, sous le règne d'Henri III, elle était arrivée à un point de régularité et d'ordre qu'on ne devait point attendre d'une époque si tourmentée par les troubles politiques. Le prévôt de Paris, qui s'intitulait *premier bailli de France*, avait la haute administration de cette police, que le lieutenant civil et le lieutenant criminel dirigeaient, d'intelligence avec le concours des officiers du Châtelet et de l'hôtel de ville. Cet état de choses changea tout à coup, quand la Ligue se fut emparée de la capitale. La police n'exista plus dans la ville, du moins avec un fonctionnement normal, quoique le prévôt de Paris et le prévôt des marchands conservassent en apparence les attributions de leur magistrature urbaine, et là où le peuple était maître absolu, ses désordres, ses caprices et ses fureurs ne connaissaient plus ni frein ni règle.

Quand Henri IV fut rentré en possession de sa capitale, au mois de mars 1594, il ne négligea pas d'y appeler la surveillance d'une police nouvelle, et le lieutenant criminel, Pierre Lugoli, dont le roi connaissait bien l'énergie, était l'homme qu'il fallait pour tenir la main au rétablissement de l'ordre public. La situation de Paris fut longtemps déplorable. Durant l'hiver de 1596, « processions de pauvres se voyoient dans les rues en telle abondance », raconte Pierre de l'Estoile, « qu'on n'y pouvoit passer; lesquels crioient à la faim, pendant que les maisons des riches regorgeoient de banquets et de superfluités ». Deux ans plus tard, au mois de décembre 1598, la police se reconnaissait impuissante à empêcher les *excès* et les *ravages* que le comte d'Auvergne et ses gens commettaient dans le quartier Saint-Paul.

Les rues de Paris n'avaient jamais été sûres pendant la. nuit,
d'autant plus qu'elles n'étaient pas éclairées par des lanternes,

Fig. 80. — Hôtel du Chevalier du guet, ayant servi de mairie au IVe arrondissement
jusqu'en 1860; démoli vers 1864. Tiré de *Paris à travers les âges.*

et que les habitants n'observaient plus les ordonnances de police
qui leur enjoignaient de poser des chandelles ou des veilleuses
sur leurs fenêtres. Depuis la fin de la Ligue, la garde bour-

geoise, qu'on avait momentanément rétablie, ne faisait point de service nocturne, et le chevalier du guet, avec ses archers, osait à peine faire acte de présence dans quelques quartiers, où il évitait d'entrer en lutte ouverte contre les malfaiteurs.

Les voleurs ou *tireurs de laine* et les assassins, d'ailleurs, ne prenaient pas la nuit pour complice de leurs méfaits, car les rues étaient absolument désertes dès le crépuscule, et les bourgeois se renfermaient dans leurs maisons : c'était en plein jour qu'on volait, qu'on tuait les gens (fig. 81). La plupart de ces crimes restaient impunis. Si, de temps à autre, le lieutenant criminel envoyait à la potence quelque larron qui s'était laissé prendre, le châtiment d'un seul n'avait aucune influence sur sept ou huit mille bandits qui ne vivaient que du produit de leurs larcins et de leurs assassinats. « Ce jour (en janvier 1604), dit l'Estoile, un de ces tireurs de laine de Paris, dont la ville estoit remplie, fut pendu au bout du pont Saint-Michel. » Ces bandits appartenaient tous à des associations différentes, qui avaient chacune leur nom, leur capitaine, leur costume et leur spécialité de vol. C'est encore l'Estoile qui nous offre le tableau des crimes commis à Paris pendant 1606, en terminant son journal de cette année par ces mots : « Empoisonnemens, voleries, meurtres, assassinats et duels si fréquents à Paris, à la cour et partout, qu'on n'oit parler d'autre chose, mesme au palais, où l'injustice qui y règne rend effacés la beauté et le lustre de cet ancien sénat. »

Le lieutenant criminel était souvent bien embarrassé de sévir contre les perturbateurs du repos public ; car les grands seigneurs et les princes eux-mêmes donnaient à leurs pages et à leurs laquais les plus mauvais exemples. Pendant la foire de Saint-Germain, en février 1597, « le duc de Nemours et le comte d'Auvergne furent à la foire, où ils commirent dix mille insolences, » dit l'Estoile. Ce fut bien pis à celle de 1605, dit encore le même auteur : « Se commirent, à Paris, des meurtres et des excès infinis, procédans des débauches de la foire, dans laquelle

Fig. 81. — Le tire-laine ; d'après Lagniet. xviie s.

les écoliers, les laquais et des gardes firent des insolences non accoutumées, se battant, dedans et dehors, comme en petites batailles rangées, sans qu'on y pust ou voulust donner autrement ordre. »

Les détails ne nous manquent pas, au sujet des bandes qui,

infestaient Paris sous le règne d'Henri IV : l'*Inventaire général de l'histoire des larrons* nous apprend combien la tâche de la police était alors difficile. Le chef le plus connu de ces brigands était le Petit Jacques, qui fut la terreur de la capitale et des environs, et qui sut toujours se soustraire aux poursuites du chevalier du guet. Il y eut plusieurs bandes, dont les membres prenaient l'air et le costume de gentilshommes avec l'épée au côté. Aussi ne se défiait-on pas d'eux, quand ils demandaient à voir en particulier le maître du logis ; une fois qu'ils se trouvaient seuls avec lui, ils le prenaient à la gorge et lui mettaient dans la bouche un instrument de fer en forme de boule, connu sous le nom de *poire d'angoisse* (fig. 82 et 83). Cette boule s'ouvrait au moyen d'un ressort et remplissait alors la bouche du patient qui, ne pouvant plus crier ni parler, était à la merci des gens qui le forçaient à payer rançon.

On ne se figure pas combien les larrons de ce temps avaient perfectionné l'art et les procédés du vol. Les uns se déguisaient en ermites ou en religieux quêteurs, pour se couvrir la tête d'un capuchon ; les autres, qui avaient été *essorillés* en récompense de leurs exploits, se fabriquaient de superbes oreilles postiches, capables d'inspirer de la confiance au plus défiant ; ceux-ci avaient des mains artificielles à ressort, avec lesquelles ils coupaient les bourses qui pendaient à la ceinture des hommes et des femmes (fig. 84) ; ceux-là, portant des instruments de musique, allaient donner des sérénades auprès des maisons, que leurs camarades dévalisaient à la faveur de la nuit.

Le Pont-Neuf, qui fut, pendant les trois quarts du dix-septième siècle, le lieu de rendez-vous des Parisiens et des étrangers, offrait, du matin au soir, aux filous et aux coupeurs de bourse, un champ de foire fertile en gains illicites et en beaux coups de fortune; la nuit venue, les tireurs de laine et les as-

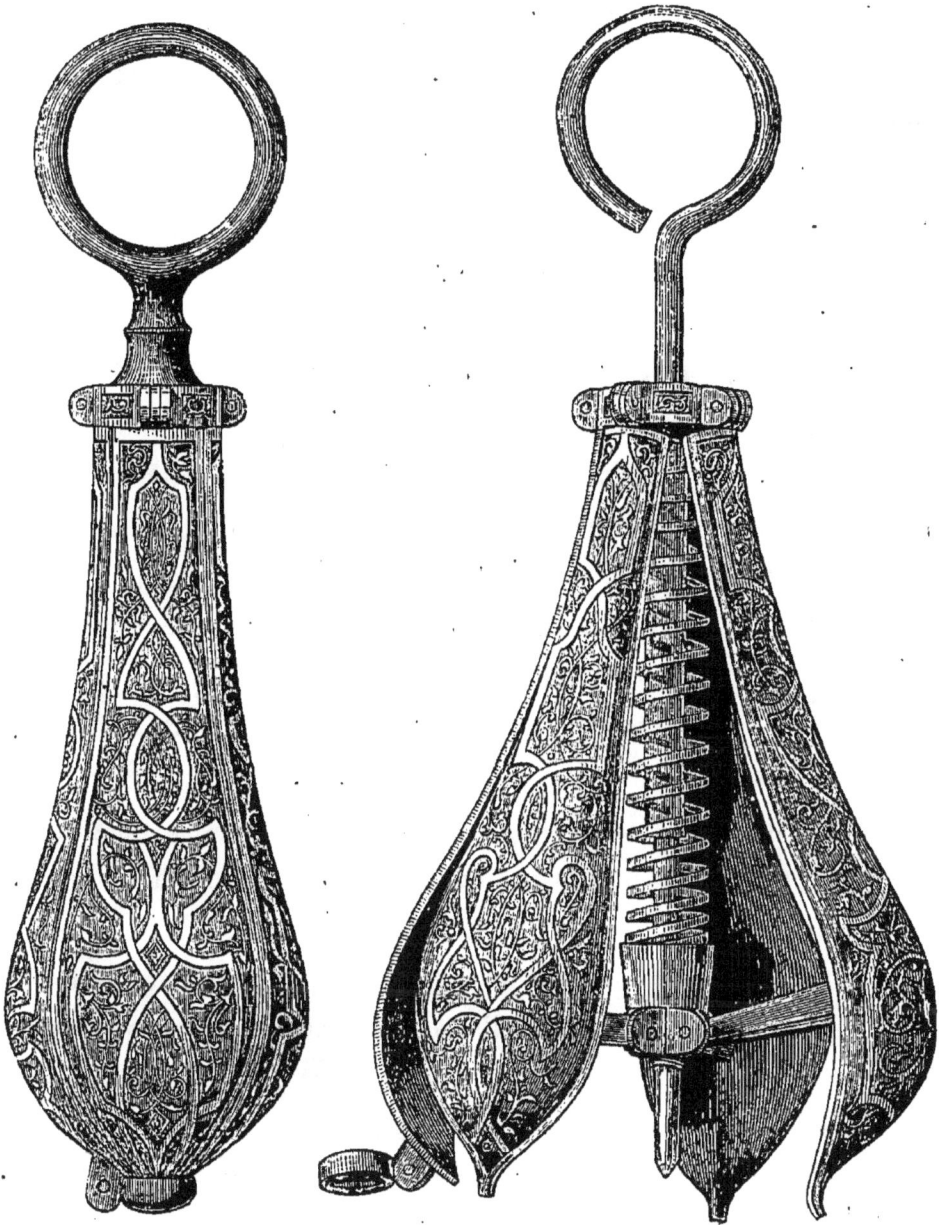

Fig. 82 et 83. — Poire d'angoisse, ouverte et fermée. XVIᵉ s.

sassins s'embusquaient à chaque extrémité du pont, pour attendre les passants, les dépouiller, et les tuer, s'ils s'avisaient de

crier à l'aide ou de se défendre. Heureux celui qui n'y perdait que son manteau! Ces malfaiteurs diurnes et nocturnes se qualifiaient eux-mêmes d'*officiers du Pont-Neuf;* ils étaient en si grand nombre, si hardis et si déterminés, que les archers du guet évitaient de les rencontrer : ce qui faisait dire aux mauvaises langues que ces archers avaient leur part réservée dans le produit des vols.

Au reste, les jeunes seigneurs de la cour, au sortir d'une orgie, trouvaient plaisant d'aller, à moitié ivres, voler des manteaux sur le Pont-Neuf, et ce fut là une sorte de divertissement qui était encore à la mode sous Louis XIV. La noblesse ne donnait donc pas l'exemple de l'obéissance aux lois. On vit souvent des gentilshommes de bonne maison prendre plaisir à battre le guet, et délivrer des criminels qu'on avait arrêtés en flagrant délit. Au mois de juin 1616, un baron de Beauveau, accusé d'avoir fabriqué de la fausse monnaie, fut conduit dans les prisons du Châtelet. Ses amis, entre lesquels figuraient le sire de Vitry, capitaine des gardes du roi, et l'exempt Malleville, formèrent le projet de le tirer de là avant qu'on lui fît son procès. Ils s'assemblèrent en grand nombre, une nuit, bien armés et munis de pétards, pour venir assiéger le Châtelet : ils en brisent les portes, maltraitent et dispersent les archers et mettent en liberté le prisonnier, avec lequel ils se rendent au logis du lieutenant de robe courte, qui l'avait fait incarcérer : là, ils insultent ce magistrat et le menacent de mort. Un semblable attentat devait rester impuni, et le parlement, qui voulait en rechercher les auteurs, fut invité par le garde des sceaux à ne pas donner suite aux procédures.

Le nombre des offices du Châtelet avait triplé, et la police n'en était pas mieux faite, car ces charges étant achetées fort cher, ceux qui les avaient acquises ne cherchaient qu'à se rembourser de leur mise. Une des dames qui prennent part aux *Caquets de l'accouchée* (1622) raconte qu'un de ses enfants « fut, l'autre jour, tué, en revenant de souper de la ville, pour vou-

Fig. 84. — Le coupe-bourse; d'après Lagniet. XVIIᵉ s.

loir sauver un manteau ». On lui demande avec intérêt : « Quelle raison avez-vous eue de ceste mort? — Mon mary, dit-elle, a poursuivi et fait prendre plusieurs voleurs, mais, parce qu'il ne s'est pas voulu rendre partie, on les a eslargis! Il est bien besoin que Dieu fasse la vengeance des meurtres, car les prévosts criminels ne la font que pour de l'argent. — M'amye, reprend avec ironie une des personnes présentes, c'est qu'il faut qu'ils se remboursent de la vente de leurs offices, lesquels anciennement on donnait : spécialement le chevalier du guet, le prévôt des maréchaux, le prévôt de l'Ile-de-France, le prévost de la connétablie et autres de la justice criminelle; et tandis que l'on leur vendra, jamais ne feront rien qui vaille. »

Sous Louis XIII, en effet, la police a l'air de ne pas s'occuper de ce qui lui eût donné de la peine sans profit. Le parlement a beau rendre des arrêts contre les vagabonds, les gens sans aveu et les voleurs de nuit, en invitant le prévôt de Paris à leur faire vider la ville et les faubourgs dans les vingt-quatre heures : le prévôt fait la sourde oreille, et les individus désignés dans l'arrêt du 8 janvier 1615 et dans d'autres arrêts analogues ne sont pas même inquiétés.

Huit ans plus tard, le mal n'a fait qu'empirer, et un conseiller du parlement, Cyprien Perrot, crut devoir se plaindre à la cour des assassinats et des voleries qui se multiplient, tant le jour que la nuit, dans la ville. Un nouvel arrêt prescrit de nouvelles mesures de sévérité et de précaution, sans plus de résultat. Deux ans après, le 24 janvier 1625, le procureur général se plaint encore de la continuation des voleries et des assassinats : le parlement requiert des peines rigoureuses contre les auteurs de ces crimes. Le 28 septembre 1627, les conseillers de la chambre des enquêtes renouvellent les mêmes plaintes, à la suite du meurtre d'un conseiller de la cour, Jean-Robert de Saveuse. Le 18 juin 1631, c'est le procureur général du roi qui vient dénoncer au parlement les assemblées illicites, les voies de fait, violences, meurtres et assassinats, qui se commettent aux portes de la capitale. Le parlement mande les officiers du Châtelet et leur ordonne de chasser les vagabonds et d'empêcher de pareils désordres dans la ville, « où il n'y avoit sûreté le soir ni le matin ».

Fig. 85. — Gueux et mendiants; d'après Lagniet. xviie s.

Courtauts de boutanche sont compagnons de métier. — *Drilles* sont soldats qui demandent avec l'épée. *Narquois* est la même chose.

Ces désordres s'aggravent les années suivantes, malgré les plaintes réitérées du parlement, et la négligence des officiers du Châtelet ne fait que s'accroître avec le mal. Le 23 avril 1633, le procureur du roi se plaint encore, avec plus d'énergie, « des meurtres, assassinats, violences et voleries, qui se commettoient journellement, sur les grands chemins, par plusieurs personnes armées, et autres malveillans qui empêchent la sûreté publique, forçant les maisons des particuliers, par la faute et négligence des officiers, qui ne font ce à quoi ils sont obligés en leur charge. » Cette fois, c'étaient les prévôts des maréchaux et leurs archers, qui ne faisaient plus leur devoir. On parvint cependant à diminuer le nombre des crimes et des excès dans Paris, en renfermant les pauvres et les vagabonds dans diverses maisons de refuge, et en faisant la chasse aux malfaiteurs et aux gens sans aveu.

La police avait reconnu son impuissance contre l'énorme population de gueux et de mendiants que renfermait la capitale, et qui se comptaient par milliers (fig. 85). Les archers du chevalier du guet et les sergents du Châtelet n'étaient point en assez grand nombre pour garantir l'ordre public. De plus, ces sergents et ces archers étaient trop mal payés pour pouvoir vivre de leurs gages. Le lieutenant civil et criminel, mandé devant la cour du parlement, afin de fournir des explications sur la persistance des méfaits commis dans les rues de Paris, déclara qu'il n'était pas possible d'empêcher ces crimes et délits, à cause de l'insuffisance des gages attribués à la milice du Châtelet, les archers et les sergents ne touchant que *trois sous et demi par jour*, « comme du temps du roi Jean ». Le parlement décida « que le roi seroit supplié de donner un fonds suffisant pour le paiement de ces officiers ».

Depuis la Fronde, la masse des pauvres s'était augmentée dans une effrayante proportion : leur nombre s'élevait, dit-on, à 40,000, en y comprenant sans doute les gueux de profession qui remplissaient les *cours des miracles*. Ces repaires de mendicité, de fainéantise et de scélératesse subsistaient, depuis le treizième siècle, sur différents points de la ville, notamment rue de la Truanderie, rue des Francs-Bourgeois et rue Montorgueil.

Cette dernière cour des miracles était la plus importante et la plus célèbre de toutes. Chacune avait un chef particulier, qui n'était qu'un des lieutenants du grand chef suprême, nommé le *grand*

Fig. 86. — Gueux et mendiants; d'après Lagniet. xvii⁰ s.

Le *grand Coësre* est le maître des gueux. — Il est assis sur le dos d'un *mion de boulle*, qui est un coupeur de bourse. — *Cagous* sont ceux qui font porter honneur au *grand Coësre*. — *Marquise* est le nom des femmes de gueux. — *Archisuppôts* sont des écoliers débauchés.

Coesre, qui régnait souverainement sur le *royaume argotique*. Ses officiers et ses sujets se nommaient *archisuppôts de l'argot*, *cagous*, *francs-mitous*, *hubins*, *capons*, *rifodés*, *polissons*, *marcandiers*, *millards*, *coquillards*, *convertis*, *sabouleux*, etc.; ils

représentaient toutes les catégories de la grande famille des gueux
(fig. 86 et 87). Les commissaires et les sergents n'osaient pas
pénétrer dans les cours des miracles, où leur vie eût été en péril.
C'était de là que sortaient, jour et nuit, les voleurs et les assassins qui infestaient Paris : « On s'y nourrissoit de brigandages, dit
Sauval dans son *Histoire des antiquitez de la ville de Paris,* on
s'y engraissoit dans l'oisiveté, dans la gourmandise et dans toutes
sortes de vices et de crimes. »

La destruction de ces repaires n'était pas chose facile, et la
police n'osa l'entreprendre qu'après l'établissement de l'hôpital
général, qui fut créé en 1656 pour la séquestration de tous les
mendiants valides ou invalides, qu'on devait y occuper, chacun
selon ses forces et son savoir-faire. Cet hôpital, dont la création
était l'œuvre de Pomponne de Bellièvre, premier président du
parlement, se trouva bientôt construit et approprié à sa destination
sur les terrains de l'ancienne Salpêtrière, et l'on fit publier, au
mois de mai 1657, que tous les pauvres y seraient reçus, logés et
nourris, sous la condition de participer au travail commun des
ateliers. En même temps, défense était faite de mendier dans les
rues, sous peine de prison. Il n'en fallut pas davantage pour faire
sortir de Paris une foule de gueux, qui vivaient d'aumônes et de
filouteries.

La tâche de la police devint dès lors beaucoup plus aisée, et la
sécurité des honnêtes gens se trouva presque assurée. On vit néanmoins reparaître, en 1662, les vagabonds et les filous, dont on se
croyait délivré par la fondation de l'hôpital général (fig. 88). Dans
un réquisitoire du 9 décembre 1662, le procureur du roi signalait
encore « les désordres, assassinats et voleries, qui se commettent,
tant de jour que de nuit, en cette ville et faubourgs »; et, d'après
ce réquisitoire, le parlement ordonna « que tous soldats qui ne

sont sous charge de capitaine, tous vagabonds portant épée, tous mendiants non natifs de cette ville, se retireront aux lieux de leur naissance, à peine, contre les valides, des galères; contre les estro-

Fig. 87. — Gueux et mendiants; d'après Lagniet. xviiᵉ s.

Hubins sont ceux qui disent avoir été mordus par des chiens enragés et disent aller à Saint-Hubert.
Polissons sont ceux qui vont quasi tout nus. — *Francs-mitous* (sans définition)

piés, du fouet et de la fleur de lis (fig. 89), et contre les femmes, du fouet et d'être rasées publiquement, etc. On lit, en effet, dans un manuscrit du temps : « Le plus grand désordre de la ville se rencontre dans la saison de l'hiver, pendant lequel, les jours étant courts, les habitants et étrangers sont obligés de se servir des premières heures de la nuit pour vaquer à leurs affaires, et lors se commettent plusieurs meurtres et vols, et d'autant que les soldats du régiment des gardes, les cavaliers venant de leur garnison, les pages et les laquais en sont les principaux auteurs. »

La fin de la guerre avait mis sur le pavé quantité de soldats licenciés, qui continuaient à porter l'épée et qui s'en servaient pour attaquer et menacer les passants. Ces misérables enlevaient des hommes, des femmes et des enfants, et les mettaient en chartre privée, pour les vendre et les envoyer, disait-on, en Amérique, ou bien ils s'emparaient des jeunes gens qu'ils jugeaient capables de servir dans les armées du roi, et après les avoir détenus dans des maisons qu'on appelait des *fours,* ils les livraient, moyennant une somme d'argent, à des officiers recruteurs, qui les enrôlaient de vive force.

Ces faits monstrueux prouvent que la police avait encore besoin de beaucoup de réformes.

Aussi Colbert modifia-t-il entièrement le service de la police, lorsqu'il persuada au roi de créer, en 1667, une charge de lieutenant général de police à Paris, en supprimant l'office de lieutenant civil du prévôt de Paris, lequel avait à la fois dans ses attributions la justice et la police. La charge supprimée fut remplacée par deux offices distincts, l'un de *lieutenant civil du prévôt de Paris,* et l'autre de *lieutenant du prévôt de Paris pour la police.* Cette dernière charge était confiée au maître des requêtes la Reynie, dont la prévoyance, l'activité et l'énergie avaient eu déjà l'occasion de se montrer dans la magistrature. Il commença par faire éclairer Paris, pendant la nuit, avec des lanternes, et il finit par faire enlever les boues et les immondices dont les rues étaient infectées (fig. 90).

Voici comment Dulaure a mis en prose les vers que le poète

d'Assoucy avait faits en l'honneur de la Reynie : « Grâce à ses talents, à sa fermeté, tout le monde est maintenant en sûreté à Paris. Le gagne-denier, ainsi que le fabricant de drap, ne craignent plus les filous, ni le fameux brigand Bras d'Acier; les ar-

GUEUX DE L'HOSTIERE.

ARCHER DES PAUVRES
Il est bien rude à pauvres gens.

LE GRAND HOSPITAL.

VAS OU TU PEUX MEURS OU TU DOIS

Les enfants c'est la richesse des pauvres

Fig. 88. — Le chemin de l'hôpital, d'après Lagniet, qui a emprunté, en les groupant, des figures de Callot. XVIIe s.

chers ne leur font plus de quartier. On n'entend plus crier : *Au voleur!* Le laquais, autrefois si insolent, ne porte plus l'épée, n'insulte plus, ne frappe plus personne. Le nombre des assassins, des empoisonneurs, des femmes de mauvaise vie et des blasphémateurs diminue; les rues sont moins boueuses. » On attribue à la Reynie le perfectionnement d'un ingénieux système d'espionnage, qui rendait de grands services à la police.

Ce fut la Reynie qui purifia et qui ferma les cours des miracles. Il avait pour assesseur le terrible Defita, qui était l'effroi des vagabonds et surtout des femmes perdues : il les entassait dans les cabanons du grand Châtelet, et quand ces prisons se trouvaient remplies, on transportait les prisonniers dans des bateaux, qui descendaient la Seine jusqu'au Havre, où de gros navires attendaient ces malheureux, qu'on envoyait peupler les îles de l'Amérique.

Ces expulsions arbitraires, cette espèce de trafic de bétail humain, eurent lieu, pendant plus de vingt ans, sans provoquer la moindre réclamation de la part du parlement. Enfin, des plaintes arrivèrent jusqu'aux oreilles de Louis XIV, qui fit écrire, par son ministre le marquis de Seignelay, au lieutenant civil le Camus (6 mars 1684) : « Le roy a esté informé que vous avez rendu quelques sentences pour envoyer, aux isles de l'Amérique, par forme de punition, des gens qui estoient tombez dans le désordre. Et comme cette punition n'est point connue en France, Sa Majesté m'a commandé de vous écrire qu'elle ne veut plus que vous en envoyiez de pareilles. »

Les prisons du Châtelet, à cette époque, étaient, comme toutes les prisons de Paris, aussi horribles qu'au seizième siècle, lorsque Clément Marot y composait son *Enfer* : elles n'avaient pas changé d'aspect, bien que le roi, dans sa fameuse ordonnance de 1670, eût dit expressément : « Nous voulons que les prisons soient saines et disposées de manière que la santé des prisonniers n'en soit point incommodée. »

C'étaient des antres humides et ténébreux, où les détenus, entassés les uns sur les autres, s'apportaient et se communiquaient des maladies de toute espèce. Les détenus pour dettes, les prisonniers civils et les criminels se trouvaient réunis dans une affligeante promiscuité. Le préau étroit et sombre, entouré de hautes

Fig. 89. — « On ne sort pas du cabaret comme d'une église. » — D'après Lagniet. xviie s.

N. B. — Cette petite scène, dont le sujet est indiqué, sur l'estampe même, par cette seconde légende : « C'est un aveugle retourné, la fleur de lys sur l'épaule, » est, en outre, accompagnée du quatrain suivant :

Ces deux narquois pensaient s'en aller sans payer.	Aveugles, retournez, il faut, sans délayer,
Mais le suisse leur dit : Point d'argent, point de suisse	Payer l'escot comptant ou je ferai justice.

murailles noires et nues, suffisait à peine à contenir un amas d'existences déclassées et insociables. Ce préau, long de 50 à 60 pieds sur 30 de large, renfermait quelquefois 500 prisonniers, qui n'y trouvaient pas même l'air respirable, car les bâtiments du

Châtelet, n'ayant pas de fenêtres ni d'ouvertures extérieures, ne recevaient d'air que par en haut. Le concierge de la prison se faisait un revenu de 20 à 25,000 livres sur les prisonniers, qui payaient un droit à leur entrée et à leur sortie, sans compter une quantité de petites redevances pour le loyer de meubles ou la

Fig. 90. — « La seureté et netteté de Paris. » Tiré des *Médailles sur les principaux événements du règne de Louis le Grand.* Paris, 1702.

N. B. — Par sa date (1669), cette médaille s'applique à l'administration de police de la Reynie.

nourriture (fig. 91). Le lieutenant de police, aussi bien que le lieutenant civil, ne devait compte à personne des arrestations qu'il faisait exécuter.

La Reynie commit divers excès de pouvoir, qui lui valurent des remontrances de la part du parlement; il s'était aussi relâché de sa sévérité et il ne tenait plus la main, comme il l'avait fait d'abord, à la bonne direction de ses agents. Les désordres recommencèrent dans les rues de Paris, et Dangeau écrivait, dans son *Journal,* à la date du 11 août 1696 : « On commence à voler beaucoup dans Paris; on a esté obligé de doubler le guet à pied et à cheval. »

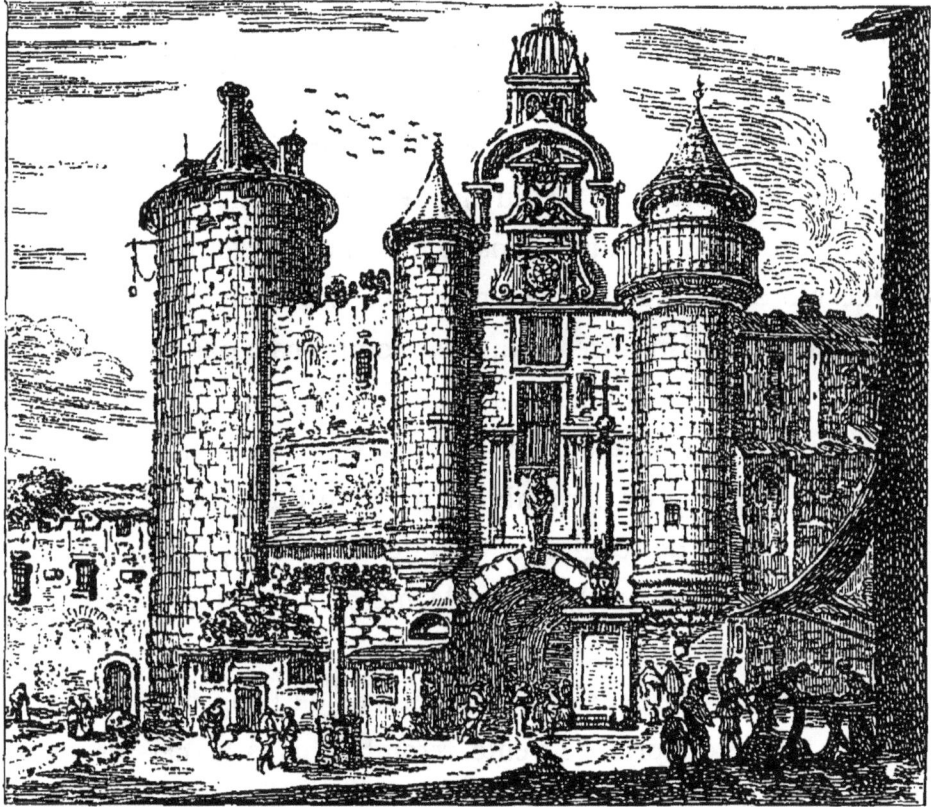

Fig. 91. — Vue du grand Châtelet; d'après une eau-forte d'Israël Sylvestre (1650).

Enfin, la Reynie fut remercié, et le Voyer d'Argenson fut nommé à sa place lieutenant de police, en 1697. Ce personnage, d'un caractère dur et inflexible, convenait parfaitement à la nature des fonctions qu'il était chargé de remplir. Son affreuse figure inspirait l'épouvante, et le peuple, qui apprit bientôt à le redouter, lui donnait les noms de *damné,* de *perruque noire,* de *juge des*

enfers. Ses nouvelles fonctions lui permirent de déployer sa capacité, et la capitale dut à sa prodigieuse énergie un ordre et une
sécurité jusque-là sans exemple. Si les Parisiens furent délivrés
d'une armée de pages, de laquais, de filous et de vagabonds, ils
furent envahis par une nuée d'agents secrets, dont les explorations
n'eurent pas toujours pour but la tranquillité publique. La police
devint alors un instrument de despotisme : le secret des lettres
fut violé, et l'on multiplia les lettres de cachet.

La police, dont l'administration s'était améliorée d'une manière si remarquable à la fin du dix-septième siècle, avait sans
doute une part considérable dans la machine du gouvernement,
mais elle n'occupait qu'une bien petite place dans l'immense or-
ganisme de la magistrature, lequel ne comprenait pas moins de
3 ou 400,000 officiers publics. La magistrature, comme toutes les
institutions, reposait sur d'anciennes bases, qu'on pouvait regarder
alors comme à peu près immuables. A la fin du seizième siècle,
malgré les guerres de religion et les guerres civiles, il n'y avait
pas eu de changement notable dans la hiérarchie des corps multiples de la justice.

Tous les offices se vendaient, sous réserve de l'approbation du
roi, et une partie du prix de vente retombait dans les caisses de
l'État. Les offices de conseiller et de président au présidial valaient
2 ou 3,000 livres, et 10,000; l'office de conseiller au parlement
ne valait pas moins de 40,000 livres, et celui de président au parlement, trois ou quatre fois davantage. Ces prix diminuaient ou
augmentaient selon la situation des affaires publiques; sous
Louis XIV, l'office de procureur du roi au présidial de Lyon fut
vendu 50,000 livres, et celui de procureur général au parlement de
Paris, 1,200,000. Les compagnies judiciaires, en dépit des varia-
tions de la politique, même sous la Ligue et sous la Fronde, gar-

dèrent leur esprit de corps et restèrent fidèles à leurs antécédents professionnels, quels que fussent les éléments nouveaux que la vente des offices amenait dans la constitution des parlements, des présidiaux, des sénéchaussées, des prévôtés, etc.

Quant aux différences qu'on pouvait remarquer dans les habitudes et les usages de ces tribunaux, institués uniformément par l'autorité royale, on ne devait les attribuer qu'aux mœurs et aux

Fig. 92. — Magistrats faisant partie d'un cortège ; d'après une estampe du xvii⁰ siècle.

besoins différents des provinces. Ainsi, la pénalité n'était pas partout semblable, et l'on peut même dire que les ordonnances, qui étaient la règle des décisions dans toutes les cours, se trouvaient plus ou moins modifiées par les coutumes préexistantes, avec lesquelles on cherchait à les faire concorder.

Ce fut là l'origine des efforts que fit Colbert, dans le but de « réduire en un seul corps d'ordonnances », comme il le dit dans un mémoire présenté au roi en 1665, « tout ce qui est nécessaire pour rendre la jurisprudence fixe et certaine ». Louis XIV adopta pleinement les idées réformatrices de son ministre, et nomma le conseil de justice, qui fut chargé de préparer deux grandes ordonnances, l'une sur la procédure civile et l'autre sur la procédure criminelle. Colbert aurait voulu exclure de ce conseil les parlementaires, dont il redoutait les préjugés de robe et surtout la personnalité dominante; mais le premier président de Lamoignon alla voir le roi, et lui proposa de remettre au parlement le soin de réformer la justice civile et criminelle. Colbert fut donc obligé d'adjoindre aux commissaires qu'il avait choisis, et qu'il comptait diriger souverainement, le premier président, les avocats généraux Talon et Bignon, et plusieurs autres magistrats qui passaient pour être les lumières du parlement (fig. 92 et 93).

L'ordonnance civile, connue sous le nom de *Code Louis,* fut promulguée en 1667. L'objet principal de cette ordonnance, véritable code de procédure en 25 articles, était d'abréger les procès, de mettre des bornes à la chicane des procureurs et de rendre, comme le dit Henri Martin, « l'expédition des affaires plus prompte, plus facile et plus sûre, par le retranchement de plusieurs actes inutiles et par l'établissement d'un style uniforme dans toutes les cours et sièges du royaume ». La suppression des remontrances et des abus les plus commodes à la cupidité des magistrats ranima le vieil esprit parlementaire : le roi, « qui voulait être obéi, » exila trois conseillers récalcitrants, ce qui imposa silence à la compagnie.

L'ordonnance criminelle ne fut publiée qu'en 1670. Ce code de procédure offre les mêmes mérites d'ordre, de clarté, d'unité et de simplification que le précédent : il corrigea beaucoup d'absurdes détails, mais il laissa subsister les rigueurs excessives de l'ancienne pénalité, nonobstant les protestations sages et humaines de Lamoignon. En somme, cette ordonnance fut considérée comme la plus timide et la moins généreuse des réformes législatives de Colbert. Ainsi, la peine de mort n'était plus applicable aux blasphémateurs, mais ils devaient avoir, en cas de récidive, la lèvre et même la langue coupée; le crime de magie et de sorcellerie avait été rayé, comme nul et illusoire, mais la peine de mort était maintenue dans le seul cas de sacrilège.

Fig. 93. — Procession de magistrats à cheval, par Fr. Chauveau. XVIIᵉ s.

Au moment même où l'ordonnance criminelle allait paraître, le parlement de Rouen avait fait arrêter trente-quatre sorciers et prononçait un arrêt de mort contre quatre de ces malheureux. Le conseil du roi commua la peine en celle du bannissement, et plus tard, en 1682, une déclaration royale ordonna le bannissement des devins, et menaça de punitions exemplaires quiconque, faisant acte d'escroquerie, « surprendroit des personnes ignorantes et crédules, par des opérations de prétendue magie ». Par là, les procès de magie et de sorcellerie, si fréquents et si terribles au commen-

cement du siècle, comme le témoignent les supplices d'Urbain
Grandier et de Léonora Galigaï (1617 et 1634), changèrent de
caractère, sans être complètement abandonnés.

Quant à la chambre ardente de l'Arsenal, établie par ordonnance du 11 janvier 1680, pour rechercher à la fois les empoisonneurs et les sorciers, elle avait prouvé que les opérations magiques
s'associaient d'une manière étrange et monstrueuse aux crimes les
plus horribles, aussi bien qu'aux plus innocentes folies : on n'en
brûla pas moins deux ou trois malheureux, qui croyaient avoir eu
des intelligences avec le démon. On donnait dans l'origine ce nom
de *chambre ardente* au lieu où l'on jugeait les criminels d'État appartenant à d'illustres familles, parce que ce lieu, entièrement tendu
de noir, était éclairé par un grand nombre de flambeaux. Plus
tard, on appela ainsi tout tribunal d'exception; ses arrêts étaient
souverains et exécutés sans délai.

La plupart des procès criminels donnaient lieu à l'emploi de la
question ordinaire ou extraordinaire, soit préventivement, pour obtenir des aveux de l'accusé, soit après condamnation, pour découvrir les complices du coupable. La question préparatoire était une
odieuse iniquité, puisqu'on la faisait subir à l'accusé avant qu'il
fût convaincu du crime qu'on lui imputait : la cour du Châtelet
s'abstenait de l'ordonner depuis longtemps, lorsqu'un édit du roi
la supprima en 1680. La question ordinaire se donnait, dans le
ressort de Paris, par l'eau, par l'extension des membres ou par les
brodequins.

Dans différents ressorts des parlements de France, elle était plus
cruelle : ici, on pratiquait l'estrapade et le tour, autre genre d'extension; là, on allumait des mèches soufrées entre les doigts du
patient. Le premier président de Harlay, en revenant des eaux de
Vichy, apprit les atroces tortures usitées dans le Nivernais, et

appela l'attention du parlement de Paris sur ces horreurs juridiques : le parlement enjoignit aux bailliages de cette province de revenir aux usages de Paris. A Metz, pour la question ordinaire, on serrait avec des grésillons en fer les pouces des mains et des pieds; à Nancy, l'on se servait aussi des grésillons pour la question ordinaire, et l'on donnait la question extraordinaire à l'aide d'une échelle; en Bretagne, on se servait des escarpins, et quelquefois on employait les chaussons soufrés ou graissés, devant un feu clair; à Aix, les brodequins; à Toulouse, l'eau froide et l'eau chaude.

La question ne devait être subie qu'à jeun; mais on obtenait, à prix d'or, des geôliers qu'ils donnassent au patient un peu d'eau-de-vie ou d'autre cordial. Ce fut, sans doute, sous l'influence d'une liqueur stupéfiante, que Mme Tiquet, veuve d'un conseiller du Châtelet, condamnée à avoir la tête tranchée en place de Grève, comme coupable de l'assassinat de son mari en 1699, put supporter, faible et épuisée, la question ordinaire et extraordinaire, en conservant son insensibilité; elle nia jusqu'au huitième pot d'eau, après lequel on la délia et on la coucha sur un matelas devant le feu, pour lui faire reprendre ses sens et la mettre en état de satisfaire à sa peine, qu'elle subit avec une complète indifférence.

Les supplices n'étaient pas plus horribles que la question, au dix-septième siècle, et ils duraient moins longtemps. De tous ces supplices encore en usage, celui de la roue pouvait se prolonger pendant une demi-journée, lorsque le patient n'avait pas reçu le dernier coup sur la poitrine. On n'écartelait plus que les régicides, et quant aux criminels qui devaient être brûlés vifs, on les étranglait au poteau d'exécution, avant de mettre le feu au bûcher. Les nobles seuls, par une distinction spéciale, qu'on leur accordait comme un droit, obtenaient la faveur d'être décapités (fig. 94).

La pendaison était donc le supplice le plus ordinaire et le plus expéditif. On appliquait la peine de mort à une quantité des crimes, qui ne furent passibles que de la prison ou des galères dans le siècle suivant. Sous le règne d'Henri IV, le gibet de Montfaucon n'était plus le lieu privilégié de ce genre d'exécution, mais la potence, dressée sur la place de Grève, y restait à demeure, parce qu'on y pendait, deux ou trois fois par semaine, les assassins et les voleurs qui passaient en jugement au Châtelet ou à la Tournelle. Ces exécutions journalières tenaient en éveil la curiosité du peuple, qui y courait à l'envi. Le spectacle attirait plus de monde encore, lorsque l'on avait à voir pendre plusieurs coquins l'un après l'autre. Il arrivait souvent que le spectateur de la veille devenait à son tour l'acteur patibulaire du lendemain, car voleurs et vagabonds se trouvaient mêlés à toutes les foules, et, il faut bien l'avouer, le peuple n'avait pas le cœur tendre en ce temps-là.

Les vieux habitués de la place de Grève se souvenaient d'avoir ouï dire que la grâce du condamné lui arrivait sur l'échafaud, mais ils ne l'avaient jamais vue venir, et ils espéraient toujours être témoins de cette espèce de miracle. Une fois, néanmoins, le 12 juin 1698, le public des exécutions crut avoir la bonne fortune d'assister à un de ces rares épisodes de la vie des criminels. Un nommé Cordier, coupable d'une tentative de meurtre sur la personne de sa femme, allait être pendu, en présence du lieutenant criminel Defita, et le bourreau ne s'était pas encore assis sur les épaules du patient; soudain, les capucins, qui, selon l'usage, venaient chercher le corps avec une charrette pour le conduire au cimetière des suppliciés, voulurent se frayer un passage dans la foule en criant à tue-tête : *Gare! gare!* On crut entendre : *Grâce!* et le peuple répéta tout d'une voix : *Grâce!* Le pendu, qui avait

la corde au cou, se prit aussi à crier : *Grâce!* comme les autres ; l'exécuteur se prêta de bonne volonté à la circonstance et redescendit de l'échelle avec son homme. Mais l'erreur fut bientôt reconnue, et tandis que les assistants se précipitaient sur l'échafaud, en s'efforçant de délivrer le condamné, le lieutenant criminel donna ordre d'achever l'exécution, pendant laquelle il y eut des gens tués, blessés ou étouffés, au milieu des cris de : *Grâce!* qui retentissaient de toutes parts.

Les exécutions capitales n'avaient lieu à Paris que sur deux points principaux : à la place de Grève et à la place de la Croix du Trahoir, dans la rue de l'Arbre-Sec ; les exécutions secondaires « qui n'entraînaient pas la mort » se faisaient toujours aux halles, devant le pilori. C'était là qu'on essorillait et qu'on mutilait, en cas de récidive, les voleurs et les filous ; c'était là qu'on les marquait, au fer rouge, d'une fleur de lis, sur les épaules ou sur le front ; c'était là qu'on les battait de verges. Le pilori servait, comme de tous temps, à l'exposition publique des malfaiteurs. Le départ de la chaîne des forçats pour les galères était aussi un des spectacles favoris de la population (fig. 95).

Il y eut, en province, dans le cours du dix-septième siècle, quelques exécutions mémorables, dans lesquelles un grand nombre de criminels reçurent tous à la fois le châtiment de leurs nombreux forfaits.

La plus fameuse est celle de Guillery et de sa bande, à la Rochelle, en 1608. Ce Guillery, qui était d'une grande maison de Bretagne et qui avait servi sous le duc de Mercœur pendant la Ligue, se fit chef de brigands et devint la terreur de la province. Il avait sous ses ordres 400 bandits intrépides, avec lesquels il rançonnait les villages, assiégeait les châteaux et pillait les maisons isolées ; il avait mis, sur les chemins, des écriteaux portant ces mots : « Paix aux gentilshommes, la mort aux prévôts et archers, la bourse aux marchands! » Il avait établi une forteresse, dans le bois des Essars, où il menait joyeuse vie avec ses complices. Le gouverneur de Niort rassembla 4,000 hommes, que lui amenèrent

Fig. 95. — Galériens, d'après une eau-forte du XVIIᵉ siècle.

tous les prévôts du pays, et vint l'attaquer dans son fort. Il fut pris avec 62 de ses compagnons et roué vif comme eux.

Un autre chef de bande, qui s'intitulait *le Bohémien,* et que le peuple nommait le *capitaine Carfour, général des voleurs de France,* avait choisi le Nivernais et l'Auxerrois pour théâtre de ses brigandages. Il prenait d'ailleurs tous les déguisements et changeait de tactique, selon le genre de vol qu'il avait l'intention de faire. A Paris, par exemple, il était le chef de la bande des *Man-*

teaux rouges, qui commirent une foule d'assassinats dans l'intérieur des maisons. Il fut enfin traqué par tous les prévôts de France,
et se retira en Savoie pour leur échapper. C'est là qu'il fut fait
prisonnier, avec quelques-uns de ses *bandolliers :* on les ramena
tous à Dijon, où ils furent rompus vifs.

Ordinairement, les voleurs de grand chemin étaient des soldats
déserteurs ou licenciés, qui se réunissaient en troupes et qui
choisissaient pour chef le plus brave et le plus féroce de leur
association : ils se mettaient alors en embuscade, sur les routes
aboutissant à une ville riche et commerçante, pour arrêter au
passage voitures, chevaux et piétons; ils livraient bataille à la
maréchaussée et tuaient sans pitié tous leurs prisonniers, après
les avoir dépouillés. Il fallait envoyer contre eux quelquefois des
forces imposantes pour les détruire comme des loups enragés :
ceux qui n'avaient pas péri les armes à la main venaient expirer
sur la roue, dans les villes que leurs audacieuses expéditions
avaient épouvantées, et toute une province respirait, en apprenant
qu'elle était délivrée de ses tyrans. Mais le souvenir des
Guillery, des Carfour et des Bras d'Acier, devenu légendaire,
survivait longtemps à leur châtiment.

Depuis Henri IV, on avait vu disparaître ces formidables bandes de brigands, qui infestaient la France et qui ne pouvaient
être détruites que par l'action simultanée de la force armée et de
la justice. Du temps de Louis XIII, les vols de grand chemin
étaient encore commis par des soldats déserteurs ou licenciés,
dont la maréchaussée avait bientôt raison. Sous Louis XIV, les
routes furent plus sûres, grâce à la surveillance prévôtale, qui ne
laissait pas aux malfaiteurs le temps de s'associer pour attaquer
les voyageurs.

La justice n'était pas irréprochable au dix-septième siècle, mais les reproches qu'on pouvait lui faire avec raison, et qu'on ne lui épargnait pas, ne s'adressaient point à toutes les juridictions et à tous les magistrats. Les abus dont on se plaignait furent successivement réformés; les juges n'en sont pas moins vivement

LES QVATRE VERITEZ DV SIECLE DAPRESENT

PRIE DIEV POVR VOVS . 3 | IE VOVS GARDE TOVS . 3 | IE VOVS NOVRIS TOVS . 3 | IE VOVS MANGE TOVS . 3

Fig. 96. — Les gens de loi; d'après une estampe satirique du xviiᵉ s.

critiqués dans une foule de livres sérieux ou facétieux (fig. 96).

La critique se faisait entendre jusque sur le théâtre : les comédiens de l'hôtel de Bourgogne représentèrent, du temps d'Henri IV, une farce qui fit courir tout Paris, et que le roi, la reine et la cour allèrent applaudir. « Chacun disoit, » rapporte Pierre de l'Estoile, qui nous donne l'analyse de cette pièce, « que depuis longtemps on n'avoit vu farce plus plaisante, mieux jouée, ni d'une

plus gentille invention. » C'était une attaque très vive contre les
gens de justice. Un Parisien et sa femme sont en querelle : leur
dispute est interrompue par l'arrivée d'un conseiller de la cour
des aides, d'un commissaire et d'un sergent, qui viennent
saisir les meubles du ménage pour cause de non-payement de la
taille au roi. « Qui êtes-vous? demande le mari à ces représentants de la loi. — Nous sommes gens de justice, répondent-ils.
— Gens de justice! » s'écrie le mari furieux, qui prend texte de
là pour exposer avec indignation ce que devait être la justice et
ce qu'elle n'était pas alors; il terminait sa protestation en disant :
« Non, vous n'êtes point la justice! » Et les spectateurs applau-
dissaient à tout rompre. Les exécuteurs judiciaires ne poursuivent
pas moins leur saisie, et le commissaire veut s'emparer d'un
coffre contenant les nippes de la femme : le coffre ouvert, il en
sort trois grands diables, qui emportent conseiller, commissaire
et sergent.

Vingt-cinq ans plus tard, les juges n'étaient pas mieux traités
dans *la Pourmenade au Pré aux Clercs* : « Vous les verrez quelquefois condamner quelqu'un, soit à la mort, soit à quelques
autres peines, mais pour de l'argent; si vous trouvez quelque
voleur indigne ou meurtrier dans votre maison et que vous le
fassiez conduire en prison, il vous en coûtera de l'argent. Si vous
demandez justice, on vous demandera si vous vous portez partie.
Si vous dites *non,* on délivrera le coupable; si vous dites *oui,* on
s'informera si vous avez de quoi payer les frais de la procédure
(fig. 97), et l'on condamnera le pauvre misérable à estre flagellé
devant votre porte ou aux galères. »

Les erreurs de la justice ont été, de tous temps, un des effets
inévitables de la fatalité qui préside aux choses humaines; elles
étaient moins fréquentes au dix-septième siècle qu'à toute époque

antérieure. « Un coupable puni, » dit la Bruyère, « est un exemple pour la canaille; un innocent condamné est l'affaire de tous les honnêtes gens. » La Bruyère faisait allusion à la déplorable affaire des époux Langlade, accusés de vol par leurs amis Montgommery et sa femme, et condamnés, par arrêt du parlement du 13 février

Fig. 97. — L'étude du procureur; d'après Abraham Bosse. XVIIe siècle.

1688, puis réhabilités, par suite de la découverte des véritables voleurs, après que Langlade était mort aux galères.

A Paris, la cour du parlement renfermait un grand nombre de magistrats intègres, éclairés, irréprochables, mais, par suite de la vente des offices de judicature, bien des sièges de juges étaient occupés par de jeunes conseillers qui manquaient de savoir et d'expérience, ce qui fait dire à la Bruyère : « L'essai et l'apprentissage d'un jeune adolescent qui passe de la férule à la pourpre et dont la consignation (prix d'une charge) a fait un juge, est de décider souverainement des vies et fortunes des hommes. »

Les aberrations judiciaires étaient plus graves et plus frappantes dans les tribunaux de province, mais le parlement de Paris avait à la fois l'œil ouvert et la haute main sur les défaillances de ces tribunaux : il constituait, de temps à autre, le tribunal extraordinaire des *Grands jours* (il y en eut sous François Ier et Henri IV) et envoyait dans les provinces une commission de juges, munie de pleins pouvoirs pour évoquer toutes les causes et en décider souverainement et sans appel. Les *Grands jours d'Auvergne,* en 1665, avaient eu surtout un solennel retentissement, en faisant justice de la tyrannie des grands seigneurs contre leurs vassaux. « La plupart tranchoient du souverain, » dit Bussy-Rabutin dans ses *Mémoires;* « les sujets étoient accablés, et personne n'osoit s'en plaindre : la justice étoit encore plus mal administrée; on se la faisoit à soi-même et on la refusoit aux autres... On punit les coupables, il en coûta la vie à plusieurs, quelques autres eurent leurs châteaux rasés, et ceux d'entre les juges qui, sans être criminels, avaient laissé par faiblesse les crimes impunis, furent dégradés et destitués de leurs places. »

II.

On trouve dans *l'Ami des hommes,* — originale dissertation où
le marquis de Mirabeau a exposé, sous une forme brutale, les
grandes idées de la philosophie de son temps, — un passage, où
il compare la justice à la circulation du sang dans le corps social,
dont les cours souveraines forment les parties viriles, et dont les
tribunaux de second ordre sont les artères et les veines, tandis que
le monarque y représente le principe de vie.

Cette ingénieuse comparaison était conforme à l'opinion des
défenseurs de la monarchie absolue, qui voulaient que les parlements ne fussent, dans tous leurs actes, que de dociles instruments
de la volonté royale. Telle est la pensée que le chancelier
René de Maupeou exprimait, dans cette réponse aux remontrances
hardies que le parlement de Rouen avait adressées au roi en
1753 : « C'est dans la personne seule de Sa Majesté que réside
la plénitude de la justice, et les magistrats ne tiennent que d'elle
leur état et le pouvoir de la rendre à ses sujets. »

La justice était rendue au nom du roi, qui cependant n'en était
jamais responsable aux yeux de ses peuples, car le roi ne se réservait, en réalité, que le droit de grâce, qu'il n'exerçait pas toujours

avec une juste mesure. Un jour, Louis XIV ordonna au chancelier Voysin (1714) de sceller les lettres de grâce d'un grand criminel qui ne méritait pas ce royal pardon. Voysin obéit en silence et, après avoir exécuté le devoir de sa charge, déposa les sceaux devant le roi. Louis XIV l'ayant invité à les reprendre : « Ils sont souillés, Sire, je n'en veux plus! » dit respectueusement le chancelier. Louis XIV répondit à ces nobles paroles par un mouvement digne d'un grand roi ; il jeta dans le feu les lettres qu'il venait de signer, et le chancelier conserva sa charge.

Il y eut, au reste, un bien petit nombre de lettres de rémission et d'abolition pendant le dix-huitième siècle. Les rois en avaient fait abus avant Louis XIV; elles devinrent de plus en plus rares à partir de son successeur.

Ce roi, âgé de treize ans, n'avait pas signé sans répugnance celles qu'on lui demandait pour son cousin le comte de Charolais, qui avait tué un homme (1723). On peut dire, pour excuser le meurtrier, qu'il commit ce crime en état d'ivresse, et que d'ailleurs il était presque fou. C'est au retour de la chasse qu'il avait tiré un coup de fusil sur un malheureux habitant du village d'Anet, qui regardait sur le seuil de sa porte. Le lendemain, il était allé, la tête basse, faire amende honorable auprès du régent : « Monsieur, » lui dit le duc d'Orléans, à qui ce crime stupide faisait horreur, « la grâce que vous réclamez, après votre odieuse action, est due à votre rang et à votre titre de prince du sang ; le roi vous l'accorde, mais il l'accordera aussi, et encore plus volontiers, à celui qui vous en fera autant. »

Devant cette impunité audacieuse, on comprend le mécontentement des cours de justice. « Dans une cause célèbre, » raconte le marquis de Mirabeau, » un juge, y voyant un gentilhomme et sachant que l'accusé allait avoir des lettres de grâce, dit à ses confrères : « Messieurs, allons en avant, et faisons sentir à la noblesse notre autorité. » Cette préoccupation de voir un coupable riche et puissant échapper par la clémence du roi aux arrêts de la justice criminelle n'avait que bien peu d'influence sur les décisions des tribunaux, qui appliquaient la loi sans avoir égard à la naissance, au rang et à la condition de l'accusé.

Rien n'était plus compliqué que l'administration de la justice, et cet état de choses, à quelques réformes près, dura jusqu'à la Révolution. La justice s'exerçait dans une foule de juridictions différentes, qui n'émanaient pas de la même autorité, n'appliquaient pas les mêmes lois et ne frappaient pas de la même manière ceux qu'elles atteignaient.

Au-dessus des parlements, qui étaient les cours souveraines d'appel et s'attribuaient une part d'action politique dans l'État, il y avait les tribunaux d'exception, dépendants de la cour du roi, pour juger les cas privilégiés, les causes évoquées directement par ordre du prince ou retirées des tribunaux ordinaires : c'était le conseil privé, la chambre des requêtes de l'hôtel, et le grand conseil ou le conseil d'État. Au-dessus des parlements rayonnaient les présidiaux, qui étaient de grands tribunaux d'instance et des tribunaux d'appel du second rang, et, en outre, toutes les juridictions inférieures, telles que bailliages et sénéchaussées, prévôtés, juridictions municipales et consulaires.

Il faut encore distinguer les justices seigneuriales, laïques et ecclésiastiques; à vrai dire, elles n'existaient plus que de nom, bien que les anciennes fourches patibulaires, qui représentaient le droit de haute justice, fussent encore debout et servissent aux exécutions pour crimes commis sur les terres du seigneur (fig. 98). Ces justices, qui étaient au nombre de 70 à 80,000, présidées quelquefois par un sénéchal et bailli d'épée, ne connaissaient plus que des

droits féodaux, et bornaient leur intervention en matière criminelle aux premières informations relativement aux crimes et délits
de droit commun.

Ce n'étaient pas là les seuls tribunaux qui se partageaient la
connaissance des affaires civiles et administratives, criminelles et
correctionnelles. Les chambres des comptes et les cours des aides,
qui avaient, comme les parlements, le titre et le rang de cours
souveraines, évoquaient devant leurs tribunaux particuliers toutes
les causes en matière de finances, d'impôts, de comptabilité, d'eaux
et forêts, de gabelles, etc. Ces tribunaux, ayant leurs sièges dans
les élections et les intendances, étaient des juridictions spéciales,
sous la dépendance directe des cours souveraines, et ne gênaient
en rien l'exercice de la justice féodale et seigneuriale du roi, représentée par trois grandes juridictions établies près la table de marbre du palais de justice de Paris, savoir : la connétablie, l'amirauté, et le tribunal supérieur des eaux et forêts. La connétablie,
ou cour d'appel des maréchaussées de France, commandait à
98 sièges de justice prévôtale, et l'amirauté, à 50 sièges ressortissant
aux parlements. Quant au tribunal supérieur des eaux et forêts,
lequel avait l'autorité d'une cour souveraine, il jugeait en dernier
ressort les causes déjà jugées dans les 20 tribunaux de second
ordre relevant des grandes maîtrises.

Ce n'est pas tout : on pouvait encore considérer comme des
justices seigneuriales qui avaient conservé la plus grande partie
de leurs privilèges, les nombreux tribunaux ecclésiastiques, où
se jugeaient les causes d'Église, c'est-à-dire celles qui se rattachaient à la discipline religieuse, sous la direction suprême de la
chambre souveraine du clergé; c'étaient les 8 bureaux ecclésiastiques, les officialités primatiales, archiépiscopales et diocésaines,
le tribunal de l'Université, et plusieurs autres juridictions infé-

rieures, telles que les bailliages des évêchés, des chapitres et des abbayes.

Fig. 98. — Prison de l'abbaye de Saint-Germain des Prés, à Paris ; d'après Manesson-Mallet, en 1702.

Les sénéchaussées et bailliages royaux, qui, depuis les arrêts du conseil de 1719, n'étaient plus présidés par des baillis et séné-chaux à titre héréditaire, s'élevaient encore au nombre de 930

dans la première moitié du dix-huitième siècle; ce nombre diminua successivement et se trouva réduit à moins de 480 en 1789.
Les plus importants de ces bailliages et sénéchaussées se confon-
daient avec les présidiaux : les plus minimes portaient le titre de
prévôtés, de vigueries ou de sergenteries, et de gouvernances; ce
n'était alors que des sièges de simple police. Au surplus, dans
toutes les grandes villes, et principalement à Paris, la police
formait une justice imposante, représentée par différents degrés de
juridiction.

Le siège de la police de Paris était au Châtelet, qui renfermait
toutes les juridictions de l'ancienne prévôté de la ville, divisées en
quatre tribunaux : l'audience du *Parc civil,* présidée par le lieutenant civil; l'audience du présidial et la chambre du conseil, présidées alternativement par les lieutenants particuliers, et la chambre criminelle, présidée par le lieutenant criminel. Le prévôt de la
ville, prévôté et vicomté de Paris, était le chef nominatif de ce
grand tribunal (fig. 99), dans lequel le lieutenant général de police,
qui devait tenir en personne l'audience de police, se faisait représenter d'ordinaire par un des lieutenants particuliers, dits *de robe
courte :* là se jugeaient sommairement les petites causes de police
correctionnelle et les *cas royaux,* c'est-à-dire crimes commis sur
les chemins, délits d'usure, de banqueroute frauduleuse, d'adultère, etc.

La justice du prévôt de Paris ne comptait pas moins de 1,600
officiers ou agents, et toutes les charges de cette justice étaient
vénales, comme celles des parlements et des cours souveraines.
Quelques-uns de ces agents, tels que les juges auditeurs, les commissaires au Châtelet, les inspecteurs de police, etc., avaient aussi
leurs audiences et prononçaient, en certains cas, des sentences,
exécutoires par provision, nonobstant appel, mais toujours gratui-

tement (fig. 100). Les autres suppôts du Châtelet, greffiers, audienciers, receveurs, notaires, procureurs, huissiers à cheval et huissiers à verge, concouraient, chacun pour sa part, aux opérations si complexes et si variées de cette vaste juridiction civile et criminelle.

Le lieutenant général de police, qui en était le chef principal au dix-huitième siècle, et qui s'attribua bientôt un pouvoir indépen-

Fig. 99. — Armes du prévôt de la ville, prévôté et vicomté de Paris (1766).

dant presque égal à celui du garde des sceaux, devint l'agent véritable de l'autorité royale dans la ville de Paris, en laissant le prévôt des marchands représenter, dans un ordre inférieur et restreint, le principe politique de la municipalité parisienne, et le prévôt de Paris, qui fut toujours qualifié « le premier de la ville après le roi et messieurs du parlement », représenter, dans sa plus haute expression, la justice urbaine et populaire (fig. 101.).

« Au reste, » dit M. Alfred Rambaud, « il faut renoncer à énumérer toutes les juridictions de l'ancien régime, aussi bien qu'à définir exactement leurs attributions. Elles portaient les noms les plus divers et, même sous des noms semblables, présentaient les organisations les plus disparates. Pour donner quelque idée de cette prodigieuse complication, de cet enchevêtrement et de ce désordre, il faut prendre l'un après l'autre chaque province, chaque ville, chaque village du royaume. La Bourgogne, par exemple, était partagée entre le parlement de Paris et le parlement de Dijon : elle comprenait 15 bailliages royaux, 9 bailliages féodaux, 8 présidiaux, 1 justice d'évêché, 2 justices d'abbaye, 72 châtellenies et prévôtés royales, 98 justices municipales, 34 justices de marquis, 38 de comte, 108 de baron, et une infinité de basses justices seigneuriales. »

Compliquée dans ses moyens d'action, la justice était minutieuse et ne procédait qu'avec une interminable lenteur. Un procès se prolongeait à travers un dédale de procédures éternelles et fort coûteuses; une cause, égarée hors de sa voie naturelle par la maladresse, le mauvais vouloir d'un avocat ou d'un procureur, arrivait enfin, après bien des dépenses de temps et d'argent, devant ses juges, qui trop souvent la tenaient encore en suspens pendant des mois et des années. Tout ce que Louis XIV avait fait, à l'exemple de ses prédécesseurs, pour réduire les frais de justice et diminuer les retards des procédures, était resté à l'état de vœu et de promesse; ces frais de justice, toujours si onéreux et quelquefois si exorbitants, ne cessaient de s'accroître, par suite des vieilles rubriques de la chicane. « Quoiqu'il n'y ait rien de durable dans le monde, » fait observer Dufresny, « on remarque néanmoins, au palais, une chose éternelle, c'est le procès. Certains ministres de la chicane s'appliquent à le perpétuer, et se font entre eux une religion d'entretenir l'ardeur des plaideurs, comme les vestales s'en faisaient une, entre elles, d'entretenir le feu sacré. »

Dès le commencement du dix-huitième siècle, on avait demandé,

Sergent à verge.　　　Prévôt de Paris et son domestique.　　　Chevalier du guet.　　　Officier des sergents à verge.

g. 100. — Audience du Châtelet de Paris sous Louis XV. — Jugement des voleurs et des femmes de mauvaise vie; d'après *Paris à travers les âges*.

dans l'école philosophique de l'abbé de Saint-Pierre, l'uniformité des lois et l'unité de la justice, réformes générales qui n'eussent pu s'établir sans modifier profondément les conditions de la société française. La perspective d'une pareille révolution effrayait jusqu'aux esprits éclairés. « On ne vit point à Dunkerque comme à Toulouse, à Marseille comme à Paris, en Normandie comme à Saint-Malo, » disait à ce sujet le président Hénault, « et les bourgeois, la noblesse et les marchands doivent être régis différemment. Dans l'idée de faire des lois uniformes, quelle règle pourrait-on se prescrire? A quel ordre de citoyens aurait-on égard par préférence aux autres? » Il n'y eut donc pas de tentative de réforme dans la législation ni dans l'organisation judiciaire du royaume pendant le règne de Louis XV, et les essais timides et indécis que fit le gouvernement de Louis XVI, en attaquant la constitution séculaire des parlements, ne servirent qu'à ébranler un édifice qui devait s'écrouler en 1789.

Un auteur moderne, M. Paul Boiteau, dans un ouvrage remarquable (*État de la France en* 1789), critique cette ancienne magistrature dans le principe de son organisation. « On a tout dit, » écrit-il, « contre la vénalité des charges, qui établissait une aristocratie de justice. Quelques règlements fixaient l'âge où l'on pouvait les acquérir et quelquefois le maximum du prix qu'on en devait donner; mais, sinon pour les conditions d'âge, ils étaient toujours éludés. Pour défendre un tel système, on a parlé de l'esprit de corps, de la puissance des traditions de famille des magistrats, et même du peu que coûtaient à l'État des officiers qui lui demandaient à peine l'intérêt de l'argent déboursé pour l'achat des charges, quelques titres honorifiques, une influence morale, et des privilèges. » En effet, ces motifs prépondérants, qui militent en faveur de l'ancienne magistrature, étaient d'ac-

cord avec les idées, les mœurs et les habitudes de l'ancien régime.

La magistrature formait un corps héréditaire en quelque sorte,

Fig. 101. — Gabriel de Sartines, lieutenant de police (1759-1774); d'après Vigée.

dans lequel se perpétuaient les grandes traditions de la justice;
les magistrats, à peu d'exceptions près, étaient dignes de l'estime
et du respect qui les entouraient sur leurs sièges. Le prix des
charges avait pourtant diminué des deux tiers depuis le dix-septième siècle : celle de président au parlement de Paris, laquelle

avait valu 1,800,000 livres, n'en valait plus que 500,000; celle de conseiller était tombée de 355,000 livres à 40,000. Il fallait donc que ces charges rapportassent au moins l'intérêt normal de l'argent déboursé. De là les *épices*, qui étaient aux dépens des plaideurs et qui montaient, pour toute la magistrature de France, à 40 ou 50 millions de livres. L'État n'avait donc à payer que les menus frais de la justice, lesquels ne représentaient pas plus de 70,075 livres, en 1759, pour le parlement de Paris. Les épices étaient ordinairement fixées au taux le plus bas par le tribunal, et comme elles n'auraient pas suffi pour faire vivre d'une manière convenable un magistrat qui n'avait ni patrimoine ni revenus personnels, la compagnie dont ce magistrat était membre se faisait un devoir d'y suppléer, en obtenant du roi quelque pension secrète, par l'entremise du chancelier, chef suprême de toute la magistrature.

La justice criminelle, absolument gratuite, était plus expéditive et moins capricieuse que la justice civile. Les juges, qui la rendaient à tour de rôle, sans faiblesse et sans hésitation, devaient être bien convaincus de l'importance solennelle du devoir qu'ils remplissaient, pour appliquer des lois impitoyables. La jurisprudence à l'égard des crimes de droit commun était presque aussi barbare qu'au moyen âge, et les exécutions conservaient, en dépit de l'adoucissement des mœurs, un caractère monstrueux de férocité. C'est en vain que les philosophes avaient essayé de protester, au nom de l'humanité, contre les sauvages prescriptions de la loi pénale. Les supplices continuèrent d'être appliqués, avec toutes leurs horreurs, jusqu'aux dernières années du règne de Louis XVI.

Les juges eux-mêmes eurent quelquefois honte d'appliquer la loi, surtout à la fin de ce règne, qui fit triompher la philosophie en

ce qu'elle avait de généreux et de philanthropique. « Sur cent malfaiteurs conduits aux galères, » écrivait Mercier en 1782, « trente
au moins. doivent la vie et l'exemption de leur supplice à des
magistrats humains. » Il ne faudrait pas supposer cependant,

La reception des Forcats faite a Gruet a la Tour net.

gruet Soit bien venu

Gruet s'en brauade vous jr ce Soir · ‡ Tous le ton de la riuier ler lan lan la
Voir vos Camarade Vous alié bien boire ‡ Pour estre forcats

Fig. 102. — Gruet à la Tournelle, avec la chaîne des forçats. Fac-similé
d'après une estampe populaire du temps.

N. B. — J.-Fr. Gruet, huissier à cheval au Châtelet, préposé au recouvrement de la capitation des communautés de Paris,
fut condamné par la chambre de justice, le 7 décembre 1716, à faire amende honorable comme prévaricateur et con-
cussionnaire public, et, par trois jours de marché consécutifs, attaché au pilori, puis conduit ès galères du Roi à perpétuité.

comme l'auteur du *Tableau de Paris* le laisse entendre ailleurs,
que dans aucun cas l'indulgence du tribunal pût être achetée : les
juges en matière criminelle furent presque toujours incorruptibles.
En revanche, dans certaines *affaires* civiles, le juge ne se contentait
pas des épices que lui allouait le tribunal et acceptait, de la partie
qui voulait gagner sa cause, des présents considérables. Le pro-

cès que Beaumarchais osa intenter contre Mme Goëzman (1774), femme d'un conseiller au parlement, et dans lequel il ne s'agissait que de quinze louis, remis à cette dame pour le secrétaire de son mari et qu'elle refusait de restituer, en niant les avoir reçus de la main du plaideur, ce procès scandaleux fut fatal à la haute magistrature, si honorée jusque-là, et lui fit plus de mal que ne lui en avaient fait les horreurs de la question et les monstrueuses cruautés de la justice criminelle.

Ces dernières pratiques étaient un reste de l'ancienne pénalité, un legs séculaire de la jurisprudence romaine et barbare. Les magistrats les plus recommandables, les plus vertueux, n'avaient jamais songé à s'élever contre ces excès judiciaires : ils appliquaient la loi purement et simplement sans se préoccuper de l'atrocité des supplices (fig. 102); ils en énuméraient les effrayants détails dans leurs sentences; ils assistaient froidement à l'épouvantable spectacle de la question. Montesquieu lui-même, tout philosophe qu'il était, n'avait pas, dans *l'Esprit des lois,* repoussé avec assez d'énergie les supplices en usage de son temps. Après avoir dit que « la peine de mort est comme le remède de la société malade », il se borne à constater que « les supplices arrêteront bien quelques conséquences du mal général, mais ne corrigeront pas ce mal ». Voltaire, au contraire, ne cessait, dans aucune occasion, de maudire les supplices et les tortures; il disait néanmoins : « Les supplices sont malheureusement nécessaires; il faut effrayer le crime »; mais il demandait sans cesse leur adoucissement, et il suppliait sans cesse le gouvernement d'abolir la question, excepté dans les cas « où il s'agirait évidemment du salut de l'État ».

Malgré ces continuelles protestations, qui revenaient à chaque instant dans les écrits philosophiques du dix-huitième siècle, la

question était toujours appliquée à l'égard du condamné qu'on
voulait contraindre à nommer ses complices, et souvent aussi à
l'égard de l'accusé auquel on prétendait arracher ainsi des aveux
avant que le jugement fût prononcé. C'était la question préparatoire, qui pouvait être ordinaire ou extraordinaire, selon la vo-

Fig. 103. — La torture des brodequins en usage au dix-huitième siècle.
D'après une estampe populaire du temps.

lonté du juge. Quant à la question préalable, elle suivait presque
inévitablement toute condamnation à mort. La question extraordinaire avait été accompagnée autrefois d'un luxe inouï de tortures, qui n'était plus déployé que dans des cas d'exception, comme
après l'attentat de Damiens sur la personne de Louis XV. On s'en
tenait donc aux brodequins (fig. 103) et à l'eau froide : on versait
lentement dans la bouche du patient couché sur le dos le contenu
de 4 ou 5 pots d'étain, appelés *coquemars,* équivalant ensemble

à 10 litres d'eau; où bien on leur serrait étroitement les jambes avec des cordes, après avoir séparé les rotules des genoux et les chevilles des pieds par deux planches solides, entre lesquelles on enfonçait des coins de bois ou de fer à coups de maillet. Le nombre de coins, qui pouvait aller jusqu'à 12 dans la question extraordinaire, se bornait à 6 pour la question ordinaire.

Le bourreau, qui avait présidé à cette horrible opération, recevait 20 livres pour sa peine.

C'était surtout dans les exécutions publiques que l'exécuteur devait montrer son savoir-faire, son adresse et sa force à la fois. Ces exécutions avaient lieu dans les marchés, sur les places et dans les carrefours. Le vieux pilori des halles (fig. 104) n'était pas encore hors d'usage : on y voyait figurer, de temps à autre, quelques malfaiteurs ou banqueroutiers, exposés au carcan, avec un écriteau qui relatait leurs délits et leur condamnation. La marque, composée d'une fleur de lis et de plusieurs lettres infamantes, empreintes au fer chaud sur l'épaule du condamné, était l'accompagnement habituel du carcan. L'exécuteur avait alors, pour ses gages, 30 à 35 livres par homme. Dans les provinces, les individus mis au carcan étaient souvent coiffés d'un chapeau de paille ridicule et armés d'une quenouille. La peine du fouet n'était plus aussi fréquente dans la juridiction du Châtelet de Paris, et l'exécution se faisait dans la prison. Il y eut pourtant, au dix-huitième siècle, des fustigations publiques dans les rues : on fouettait ainsi les coupeurs de bourse, *au cul d'une charrette,* suivant l'expression consacrée (fig. 105).

La décapitation, malgré le privilège féodal qui l'attribuait aux nobles condamnés à la peine capitale, était tombée en désuétude; les bourreaux avaient absolument perdu le secret de trancher d'un seul coup de sabre (on ne se servait plus de la hache depuis la fin du règne de Louis XIII) la tête d'un gentilhomme, comme ne le

Fig. 104. — Gruet au pilori des Halles (1716); d'après une estampe populaire du temps.

De tous les corps de métiers
Voilà ce fléau redoutable,
Qui, malgré le temps misérable,
Obligeait deux fois à payer.

C'est lui qui pour une pistole
Faisait deux cents écus de frais.
A quel diable ce drôle allait-il à l'école
Pour savoir de si beaux secrets ?

Couplets chantés dans le peuple de Paris, ravi de la punition de cet huissier exacteur.

prouva que trop la déplorable exécution du comte de Lally (1766).

Les bûchers s'étaient éteints partout, même pour les faux monnayeurs; mais dans tout le cours du siècle, le parlement de Paris ne se fit pas faute de faire brûler des livres, par la main du bourreau, au pied du grand escalier du palais.

La pendaison s'exécutait comme par le passé, mais les potences

Fig. 105. — La veuve de l'empoisonneur Desrues, après avoir été fouettée et marquée, la corde au cou, est conduite à l'hôpital, à perpétuité, pour participation aux crimes de son mari, le 9 mars 1779. D'après une estampe du temps.

n'étaient plus en permanence dans les villes; on les dressait seulement sur les places, pour les exécutions, et on avait soin de les faire disparaître aussitôt qu'on n'en avait plus besoin. Généralement, par mesure d'économie, on pendait à la fois trois ou quatre individus et souvent davantage; car, avec une exécution collective, on ne devait que 25 livres au bourreau pour chaque pendu, et le bourreau devait fournir la corde, laquelle coûtait 6 livres et pouvait servir deux fois seulement (fig. 106). L'écartèlement exigeait de plus grands apprêts et revenait à un prix fort élevé, à cause des chevaux et des hommes qu'il fallait employer. Pour le supplice de la roue, on payait au bourreau 25 livres. Ce n'é-

Fig. 106. — La pendaison au xviiie s. Tiré du *Jeu de la guerre.*

tait là que le casuel de la charge, qui valait au titulaire un revenu fixe de 6,000 livres en province et de 18,000 à Paris.

Les plus célèbres exécutions en place de Grève furent, au dix-huitième siècle, celles de Cartouche et de sa bande (1721); des voleurs de grand chemin Nivet et ses complices (1729), qui furent rompus vifs; de l'infâme Deschauffours, qui fut étranglé avant d'être brûlé (1733); de la femme Lescombat, complice de l'assassinat de son mari, laquelle fut pendue (1755); de Damiens, l'assassin du roi, lequel fut écartelé (mars 1757); de l'empoison-neur Desrues (1777), etc. (fig. 107 à 109).

Le jour de l'exécution était annoncé d'avance par les crieurs, qui vendaient l'arrêt imprimé; des espèces de pèlerins, portant

Fig. 107. — Amende honorable de Desrues, au parvis de Notre-Dame de Paris. D'après une estampe du temps.

une croix et un scapulaire, pour se distinguer des chanteurs de chansons bachiques et joyeuses, parcouraient les rues, à pas lents, en psalmodiant d'une voix lamentable la complainte nouvelle consacrée à l'histoire des crimes du condamné. Celui-ci, au jour fixé, était conduit en charrette à la place de Grève, où il trou-vait une foule énorme de curieux qui l'attendaient pour le voir mourir au milieu des tourments (fig. 110). Dans cette multitude tumultueuse et souvent passionnée, les femmes et les gens de cour

n'étaient pas les moins impatients, et chacun suivait avec ardeur
toutes les péripéties du supplice, qui durait quelquefois plus
d'une heure. Le bourreau (ou plutôt, en style officiel, l'*exécuteur des hautes œuvres*), entouré de ses valets, avait l'air d'un
seigneur au milieu de ses domestiques; frisé et poudré, il était

Fig. 108. — Desrues conduit au supplice, d'après une estampe du temps.

vêtu avec recherche, en bas de soie blancs et en escarpins; il
avait toujours le privilège d'exciter autant de curiosité que le patient lui-même. Ce dernier avait sa part dans les bonnes ou mauvaises dispositions de l'assistance, qui témoignait de ses impres-
sions et de ses sentiments vis-à-vis de la victime par des cris de
commisération ou de colère, par des applaudissements ou par
des sifflets.

Dans une ville comme Paris, le rôle de la police était bien

plus important, bien plus compliqué que celui de la justice.

Le lieutenant général de police, chef suprême et maître absolu de l'immense administration chargée de veiller à la sécurité publique et de maintenir l'ordre, non seulement dans la rue, mais dans la vie privée des citoyens, avait à remplir sans doute la charge

Fig. 109. — Supplice de Desrues, roué en place de Grève, le 6 mai 1777, et assisté, suivant l'usage, d'un docteur en Sorbonne. D'après une estampe du temps.

la plus difficile et la plus délicate qui fût dans l'État. Ce n'était pas seulement en qualité de magistrat ayant son siège au Châtelet, que le lieutenant de police venait en aide à la justice, par les sentences que prononçaient ses assesseurs de robe courte, dans des cas de simple police et dans les affaires correctionnelles; ce fonctionnaire avait aussi le droit de décider arbitrairement, et en dernier ressort, dans une foule de circonstances graves et urgentes, presque toujours en dehors de son tribunal et en secret.

« Dans l'exercice de la police, » dit Montesquieu, « c'est plutôt
le magistrat qui punit, que la loi... Les matières de police sont

Fig. 110. — Cartouche à l'hôtel de ville avant son supplice; d'après Bonnart. xviiie s.

des choses de chaque instant et où il ne s'agit ordinairement que de
peu; il n'y faut guère de formalités. Les actions de police sont
promptes, et elle s'exerce sur des choses qui reviennent tous les
jours : les grandes punitions n'y sont donc pas propres; les grands

exemples ne sont donc pas faits pour elle. Elle a plutôt des règlements que des lois. »

Le besoin d'argent, beaucoup plus que le désir de faire jouir les
provinces des avantages qu'avait procurés à Paris le mode adopté
en 1667, amena un changement dans l'administration de la police
des villes. En 1699, le roi en dépouilla une grande partie des magistrats municipaux et créa, dans les principaux centres de population, des offices de lieutenants et de commissaires, et se hâta
de les mettre en vente. Plusieurs villes achetèrent ces offices et les
firent exercer par leurs maires et échevins. Un autre édit, de 1706,
institua des *conseillers de police,* qui devaient assister aux jugements, dont l'appel devait être porté devant le bailliage ou la
sénéchaussée.

Marc-René le Voyer d'Argenson, qui avait succédé comme lieutenant de police au fameux la Reynie en 1697, fut le véritable
organisateur de la police civile, comme de la police politique. Il
conserva ses fonctions jusqu'en 1718, après la mort du roi, auquel il rendit de bien grands services, sans les ébruiter ni les
faire valoir; il n'en était pas moins la terreur du peuple. Saint-
Simon, si sévère et parfois si injuste pour ses contemporains, ne
partageait pas leur aversion pour ce terrible lieutenant de police :
« Avec une figure effrayante, qui retraçait, dit-il, celle des trois
juges des enfers, il s'égayait de tout avec supériorité d'esprit, et
avait mis un tel ordre dans cette innombrable multitude de Paris
qu'il n'y avait nul habitant dont, jour par jour, il ne sût la conduite et les habitudes, avec un discernement exquis pour appe-
santir ou alléger sa main à chaque affaire qui se présentait, pen-
chant toujours au parti le plus doux, avec l'art de faire trembler
les plus innocents. Au milieu de fonctions pénibles et toutes de
rigueur, l'humanité trouvait aisément grâce devant lui. »

Entre tous les traits singuliers qui caractérisent l'administration de d'Argenson, il suffira d'en rapporter un, pour donner une idée de l'admirable prévoyance de sa police.

Un riche marchand de Rouen était appelé à Paris pour ses affaires de commerce; il va voir un ami, lui parle de ce voyage et des sommes considérables qu'il devait emporter. L'ami le prie de différer son départ, en manifestant le désir de l'accompagner; mais, peu de jours après, il s'en excuse et demande seulement au marchand de se charger d'une lettre très importante, que celui-ci remettrait en mains propres au destinataire, à l'heure même de son arrivée dans la capitale. Le marchand promet de s'acquitter ponctuellement de cette commission, et prend le coche qui doit le conduire à Paris. Un exempt, escorté de quelques archers, l'attendait à la barrière : on l'invite à descendre du coche, et on le fait monter dans un fiacre, avec sa valise. Le marchand était fort inquiet, quoique sa conscience ne lui reprochât rien.

C'est chez le lieutenant de police qu'on le mène. « Vous avez sur vous des papiers dangereux, lui dit d'Argenson en le regardant avec une grimace effroyable : il faut me les remettre, car il y va de votre vie. — Je n'ai pas d'autres papiers, répond le marchand en montrant les papiers d'affaires qu'il avait sur lui. — Vous en avez d'autres, réplique le magistrat, et je vous répète qu'il s'agit de votre vie. » Alors le marchand se souvient de la lettre que lui a confiée son ami de Rouen, et il la tire de son portefeuille. « Ouvrez cette lettre, » lui dit d'Argenson. Le marchand obéit; le lettre ne contenait que ces mots : « Saisissez-vous du porteur et expédiez-le sur-le-champ. J'arrive derrière lui, et nous partagerons le butin. » Le marchand s'évanouit de peur; quand il revient à lui, le lieutenant de police le congédie avec bonté : « J'étais instruit de tout, et dès à présent les deux complices sont entre mes mains. Vous n'avez plus rien à craindre; une autre fois soyez plus prudent et ne vous fiez pas au premier venu. Si vous restez à Paris jusqu'au mois prochain, vous aurez le plaisir de voir pendre votre ami de Rouen et son associé. »

D'Argenson employait, dans l'exécution de ses ordres, deux espèces d'agents, qui formaient une petite armée à sa solde, ne dépendant que de lui et n'obéissant qu'à lui : d'une part, les exempts, les archers et les sergents, à pied et à cheval, armés d'épées, de pistolets et quelquefois de mousquets; d'autre part, dit le rédacteur des *Mémoires du duc de Richelieu,* « une armée invisible d'espions de tous états, de tous sexes, qui se répandaient dans la société, sans se connaître, pénétraient dans toutes les maisons, se mêlaient dans tous les corps, jusque dans le parlement, pour suivre les intrigues. Par ces moyens uniques, d'Argenson était instruit de tout ce qui se passait; il connaissait l'intérieur des maisons et par les valets, et par les gens en sous-ordre, et par les commensaux, et par les visites. »

Cette organisation secrète de la police subsistait encore en 1789, telle que d'Argenson l'avait créée, avec un art vraiment merveilleux, et les lieutenants qui lui avaient succédé, les plus capables et les plus habiles, Hérault (1725), Berryer (1747), de Sartine (1759), Lenoir (1776), de Crosne (1785), ne pouvaient mieux faire que de se conformer à ses traditions, en s'efforçant d'être plus populaires que lui, quoique non moins redoutés. Ils donnèrent seulement plus d'extension à la police des mœurs, qu'ils surveillaient encore de plus près, sans avoir toutefois la prétention de les corriger.

C'est par la police que le marquis de Mirabeau aurait voulu régénérer les mœurs de son temps : « Le ressort principal, le plus important, comme aussi le plus délicat, de la justice et de

la police, ce sont les mœurs.. De même que la charité éclairée
cherche moins à secourir les pauvres qu'à empêcher ses semblables
de le devenir, la véritable police, la police digne d'un grand

Fig. 111. — Lenoir, lieutenant de police (1776-1785); d'après Bligny.

prince, consiste moins à punir les crimes, qu'à sécher les germes
des vices, en réchauffant, en faisant éclore celui des vertus. »
Malheureusement, la police du dix-huitième siècle, qui avait les
yeux constamment ouverts sur les mœurs publiques et privées, ne
se piquait pas d'être morale elle-même : les rapports les plus

secrets et les plus indiscrets de ses agents n'auraient pas eu, dit-
on, d'autre objet que de satisfaire la curiosité malsaine de Louis XV
et de ses favoris, en leur révélant les honteux mystères de la
dépravation sociale.

La lieutenance de police, dans le cours du dix-huitième siècle,
n'avait cessé d'étendre son domaine et d'augmenter sa puissance,
en multipliant les ressorts de son administration. Le nombre de
ses agents s'était accru dans une proportion si exagérée, que Lenoir
(fig. 111) disait à un homme de lettres, qu'il avait fait venir pour lui
reprocher des propos inconséquents, tenus dans un café devant
deux personnes : « Rappelez-vous que, partout où vous serez
trois, je suis avec vous! » On assure qu'à cette époque le nombre
des espions s'élevait à plus de 30,000, payés sur la caisse secrète
du lieutenant de police. Parmi ces *mouches* ou mouchards, recrutés
dans toutes les conditions, on comptait sans doute beaucoup de
mauvais sujets et de malfaiteurs, mais le lieutenant de police
aurait pu répondre, comme d'Argenson, que l'on blâmait d'employer des fripons et des coquins : « Trouvez-moi d'honnêtes
gens qui veuillent faire ce métier. »

La force armée de la police avait pris également une importance exigée par les nécessités nouvelles; plus d'une fois, on découvrit, parmi les archers, d'anciens malfaiteurs marqués de la
fleur de lis, qui n'en faisaient pas moins bien leur service. Le
guet, avant d'Argenson, se composait de 150 hommes commandés
par le *chevalier du guet;* on l'avait augmenté successivement de
120 cavaliers et de 160 fantassins, auxquels on ajouta plus tard
une garde de Paris, qui ne comprenait pas moins de 930 hommes
d'infanterie et de 128 soldats à cheval. Cette garde et le guet dépendaient à la fois du lieutenant de police et du prévôt de Paris.
L'uniforme du guet était, pour la cavalerie, habit bleu galonné

d'or, veste et parements écarlate, épaulettes d'or, housses des chevaux écarlate et or; pour l'infanterie, habit bleu, parements rouges, baudrier galonné. Cette milice fut presque toujours mal composée; elle n'inspirait à la population parisienne ni confiance ni

Fig. 112. — Le commissaire et le sergent du guet; d'après Jeaurat. xviiiᵉ s.

considération (fig. 112), et il en était de même dans les autres grandes villes.

On ne saurait mieux se rendre compte de l'étendue et de la variété des attributions du lieutenant de police, qu'en indiquant sommairement quelques-uns des services groupés alors, de la manière la plus disparate, dans les huit divisions de cette vaste administration. La première division comprenait la Bastille,

Vincennes, les prisons d'État, la librairie prohibée, la censure dramatique et le Mont-de-Piété; la seconde, les établissements de charité et le ramonage des cheminées; la troisième, l'ouverture des lettres (cabinet noir) et l'expédition des affaires urgentes; la quatrième, l'approvisionnement de Paris, l'éclairage, le nettoiement des rues, les colporteurs, les théâtres, les foires, les bureaux des nourrices, les pompes à incendie, etc.; la cinquième, les ordres du roi et les maisons de force; la sixième, le bureau des arts et métiers; la septième, le bureau de commerce, les manufactures, les agents de change, les loteries, les religionnaires ou protestants, etc.; enfin, la huitième, les juifs, les chambres garnies, la sûreté publique et la correspondance y relative avec la maréchaussée et les juridictions du royaume.

Il n'y avait qu'un lieutenant de police, cependant, lorsqu'il eût fallu au moins trois ou quatre magistrats différents pour diriger trois ou quatre espèces de police, dont chacune embrassait des détails multiples et spéciaux : la police politique, la police des mœurs, la police judiciaire et la police municipale.

L'administration seule des prisons, dans laquelle les besoins du service exigeaient un personnel très nombreux, aurait eu de quoi absorber tous les moments d'un magistrat, qui faisait exécuter les lettres de cachet, qui devait se tenir au courant de la situation des prisonniers (fig. 113), et qui avait à exercer sur les prisons une vigilance occulte et continuelle, quoique le règlement intérieur de ces maisons fût confié à la responsabilité des geôliers et de leurs chefs. La Bastille et le donjon de Vincennes, comme toutes les prisons d'État, étaient d'ailleurs placés sous le commandement militaire d'un gouverneur. Le lieutenant de police avait une autorité plus directe sur les maisons de force, comme Saint-Lazare, où les familles faisaient envoyer les mauvais sujets, et sur les dépôts dits *renfermeries,* où l'on entassait pêle-mêle les mendiants et les vagabonds.

La police de la presse et de la parole appartenait presque ex-clusivement à ce magistrat. « Les bruits recueillis dans les lieux

Fig. 113. — Les cachots de la Bastille; d'après un dessin de Houet. xviiie s.

publics et dans les salons par les mouchards et les espions, » dit Barbier dans son *Journal historique,* « étaient chaque soir mis en ordre et rédigés dans l'arrière-cabinet du lieutenant de police, qui en adressait des extraits aux ministres que ces bruits pouvaient intéresser, en y joignant des notes à l'appui ». Les nouvelles à la main, qui circulaient manuscrites à Paris et dans toute la France, étaient d'avance contrôlées et approuvées par la police, à l'insu même des rédacteurs. Les libelles et les livres prohibés qui venaient de l'étranger n'échappaient guère aux recherches de la police que dans le cas où ses agents avaient reçu l'ordre de fermer les yeux sur ces publications clandestines. Tout était faveur et caprice dans les choses de l'imprimerie et de la librairie; l'arbitraire le plus absolu régnait dans ces questions, qui n'étaient réglées que par des usages et des intérêts.

Les censeurs, par exemple, jugeaient souverainement, à moins que leur décision n'eût été infirmée par une décision contraire émanée du bureau de la librairie. Ainsi, un censeur royal ayant autorisé, en 1787, l'impression d'un *Précis historique sur la vie du chevalier de Bonnard,* qui avait été sous-gouverneur des fils du duc d'Orléans, ce petit ouvrage, écrit par Garat, fut imprimé sans nom d'auteur chez Didot le jeune. Le duc de Chartres se plaignit au lieutenant de police, en le priant d'agir contre l'imprimeur, qui n'était pourtant pas dans son tort. Le lieutenant de police refusa de faire droit à la plainte du prince contre un des plus honorables imprimeurs de Paris; il fallut qu'un arrêt du conseil interdît à Didot le jeune l'usage de ses presses pendant un mois.

La police des mœurs était beaucoup plus compliquée, mais généralement moins sévère que celle de la presse. Les inspecteurs, qui formaient une nombreuse hiérarchie d'agents assez peu respectables et très accessibles à toute sorte de corruption, avaient la haute main sur les maisons de jeu, les tables d'hôte, les garnis, les auberges, les cafés, sur tous les lieux publics; ils fournissaient, chaque jour, un rapport circonstancié qui allait s'engloutir dans les ténébreuses archives de la police.

La police judiciaire correspondait sans cesse avec la maréchaussée sur tous les points du royaume : « Il existe en France, » disait Mercier en 1782, « plus de 10,000 brigands et vagabonds; mais la maréchaussée, composée de 3,756 hommes, fait perpétuel-

Fig. 114. — Ali-Moustapha, l'assassin du coche d'Auxerre; d'après une estampe populaire du temps.

lement la guerre à ces êtres malfaisants, qui infestent les grandes routes (fig. 114). » Grâce à l'infatigable activité des agents militaires de la police, les malfaiteurs avaient bien de la peine à exercer leur métier dans les rues de Paris, où l'on volait et assassinait en plein midi pendant la régence du duc d'Orléans, et qui étaient devenues aussi sûres la nuit que le jour, à cause des patrouilles et des postes de police qu'on y rencontrait à chaque pas. On avait, d'ailleurs, vers 1780, organisé une compagnie de *falots* ou porteurs de lanternes, qui, dans les nuits noires, se chargeaient de ramener à domicile les passants attardés et les gens ivres.

Quant à la police édilitaire, elle était toujours en éveil, et elle ne se lassait pas de travailler au bien public et à la sécurité des citoyens. C'était elle qui avait mission d'assurer l'approvisionnement de la capitale en farine, en viande, en poisson, en denrées alimentaires; elle signalait à chaque instant son influence dans les halles et marchés; elle se multipliait surtout dans les épidémies, qui étaient alors plus fréquentes et plus redoutables qu'aujourd'hui, ainsi que pendant les inondations, qui se renouvelaient constamment (dans les années 1709, 1768, 1774, 1788 et 1789), lorsque la Seine pouvait encore envahir les quartiers bas de la ville; elle avait aussi, dans les grands hivers, au moment de la débâcle, à préserver les ponts, construits sur pilotis et chargés de maisons. Un incendie venait-il à éclater, la police accourait aussitôt avec ses pompes, ses seaux, ses échelles et tous ses instruments de sauvetage, mis en dépôt chez les commissaires de quartier : aussi, grâce à ces secours, on se rendait assez vite maître du feu, quoiqu'il y eût encore beaucoup de vieilles bâtisses en bois. On parvint même à circonscrire et à arrêter les ravages des terribles incendies de la chambre des comptes (1737), du pont au Change (1746), de la foire Saint-Germain (1762), de l'Opéra (1763 et 1781), de l'hôtel-Dieu (1737 et 1772) (fig. 115), et du Palais de justice (1776).

L'administration de la voirie n'avait commencé à fonctionner

régulièrement que vers le milieu du règne de Louis XIV ; la Reynie
en avait été le premier organisateur, mais depuis ce temps cette
administration faisait tous les jours de nouveaux progrès, non
seulement pour l'alignement et la surveillance des maisons anciennes et nouvelles, mais encore pour le pavage des rues, pour

Fig. 115. — Incendie de l'hôtel-Dieu, dans la nuit du 29 au 30 décembre 1772.
D'après un dessin du temps.

leur entretien et nettoiement, pour les ruisseaux et égouts, pour
tout ce qui concernait la voie publique. Dès l'année 1729, on avait
mis des écriteaux au coin des rues pour en indiquer les noms,
mais les maisons ne furent numérotées, du moins complètement,
qu'à la fin du dix-huitième siècle. Malgré l'enlèvement hebdoma-
daire des boues et immondices, les rues étaient encore très sales,

à cause des ruisseaux, dans lesquels on faisait écouler toutes les
eaux ménagères et infectes, même le sang des animaux tués chez
les bouchers. La police faisait de son mieux, mais elle avait fort
à faire, avec des ressources médiocres et restreintes; par exemple,
ce n'était pas chose facile, en 1729, que d'entretenir, allumées
pendant la nuit, 5,772 lanternes, garnies de grosses chandelles
de suif; les réverbères à l'huile ne furent adoptés qu'à la fin de
1745 : on en comptait 3,500, en 1769.

On se trouvait sans cesse en conflit avec les propriétaires rive-
rains et les locataires de maisons sur rue, les uns et les autres
empiétant à l'envi sur le pavé du roi pour leurs besoins et leurs
caprices personnels. Il fallut des siècles pour que la voie publique
fût placée exclusivement sous les lois de cette police édilitaire,
qui remplissait envers tous les citoyens le rôle d'un père de famille
à l'égard de ses enfants, et qui n'avait pas peu de peine à faire
régner entre eux la concorde et la justice, en s'occupant sans
cesse de leur sûreté, de leurs intérêts et de leur bien-être.

LES PARLEMENTS.

L'histoire des parlements, dont nous avons exposé plus haut l'origine et les commencements, est judiciaire et politique à la fois.

Chargés de faire exécuter tous les actes législatifs de l'autorité royale, ils les sanctionnaient par la formalité de l'*enregistrement* ou s'y opposaient au moyen des *remontrances*, qui aboutissaient le plus souvent à une transaction. Cette opposition produisit de très grands biens : elle arrêta de mauvaises lois près d'éclore sans elle; elle préserva la royauté du danger des innovations trop brusques; elle donna l'habitude de discuter et de consentir les lois.

Mais les parlements firent autre chose que de maintenir la royauté sur la pente rapide de la tyrannie; institués par elle et pour son action, ils épousèrent tous les intérêts nationaux. C'est ainsi qu'ils l'aidèrent puissamment sous le triple rapport de la sécularisation de l'État, de l'unité monarchique et de l'intégrité nationale.

En tant que juges de toutes les querelles entre le roi, le pape et l'Église gallicane, les parlements firent constamment prévaloir l'autorité civile du roi contre les progrès accomplis ou projetés de la puissance romaine. Opiniâtres, malicieux, tracassiers, rien ne les lassait, et tout en restant bons catholiques, ils savaient maintenir leurs adversaires dans les limites de l'obéissance au souverain. Contre les seigneuries féodales et les franchises des localités les parlements entamèrent une lutte moins dangereuse, mais plus embarrassée d'accidents et de résistances. Ils ruinent tout pouvoir particulier ou local; fiefs, communes, provinces, ils mettent tout sous la main du roi. Puis, afin de rendre impossibles des démembrements faciles à dégénérer en séparations définitives, ils émettent des théories nouvelles sur l'inaliénabilité du domaine royal, sur l'incessibilité de ses prérogatives, sur le lien désormais indissoluble qui unissait entre elles toutes les portions du territoire français et les rattachait toutes à la couronne.

Les services rendus par les parlements à l'art judiciaire et à la législation elle-même ne méritent pas moins d'attirer l'attention. Ce que nous en savons aujourd'hui est entièrement leur œuvre : le droit romain, le droit canonique, les coutumes, les ordonnances, tout fut soumis à la fois par eux aux préoccupations d'un égal besoin d'ordre et d'unité. Les diversités et les différences, de plus en plus affaiblies, restreintes et réduites, disparurent. En définitive, quand la Révolution éclata, il n'y avait pas une loi unique, mais il y avait à peu près une seule et même manière de juger.

A partir du seizième siècle, les parlements, dominés par un esprit essentiellement conservateur, devinrent impropres à suivre les mouvements des temps modernes; ils n'eurent pas la prudence de renoncer à la politique, et s'aliénèrent, par leurs fautes, les sympathies de la nation. Ils s'opposèrent à l'admission du concordat de François Ier et de Léon X, aux édits de pacification et de tolérance, même à l'édit de Nantes, à l'introduction de l'imprimerie, à l'établissement de l'Académie française. Pendant la minorité de Louis XIV, ils se montrèrent plus audacieux et prétendirent

Fig. 116. — Lit de justice tenu en la grand'chambre du Palais, en 1643.

représenter la France (fig. 116). Un de leurs magistrats les plus modérés, le président de Mesmes, déclarait « qu'ils tenaient un rang au-dessus des états généraux, étant comme médiateurs entre le peuple et le roi ». Ces prétentions furent une des principales causes des troubles de la Fronde. En rentrant à Paris, la cour fit défense « très expresse aux gens du parlement de prendre ci-après aucune connaissance des affaires générales de l'État ». On obéit.

Sous le règne de Louis XIV, les parlements semblaient avoir renoncé à toute espèce de rôle politique : ils se bornaient à rendre la justice dans les limites de leurs diverses juridictions, et, s'ils adressaient encore des remontrances au roi, ces remontrances, nonobstant le titre imposant qu'elles conservaient, n'étaient que d'humbles représentations. Le parlement de Paris, chez qui l'esprit de révolte et l'obstination de la résistance n'osaient plus se manifester, évitait avec soin de se compromettre en essayant de s'immiscer dans les affaires de l'État. Il accepta, sans élever la moindre prétention contraire, le nouveau code, qui fut rédigé, en dehors de lui, dans les conseils du roi, et imposé à toutes les cours de judicature, pour fixer la manière de procéder, soit au civil, soit au criminel, et pour régler les épices des juges. Louis XIV n'eut à se plaindre, pendant son long règne, ni d'aucun parlement, ni d'aucun corps dépendant de ce qu'on appelait alors les *cours souveraines*, quoiqu'elles fussent soumises absolument aux décisions de la couronne. Le parlement de Paris était même réduit alors à une telle obéissance passive, que, malgré ses sympathies connues pour les jansénistes, il enregistra la bulle *Unigenitus* (1713) sans user de son droit de remontrance.

Le parlement de Paris était le premier des parlements de France, comme le plus ancien et le plus illustre : il se considérait comme ayant en mains la délégation d'une partie du pouvoir souverain et il se persuadait que la royauté ne pouvait exister sans lui, quoique, depuis bien des années, le roi eût cessé de le consulter dans les questions de gouvernement. Ce parlement, dans lequel les princes du sang et les pairs ecclésiastiques et laïques avaient droit d'entrée, avec voix délibérative, était composé d'un premier président, de 9 présidents à mortier, de quelques conseillers d'honneur, de 4 maîtres des requêtes ordinaires de l'hôtel du roi; de 20 présidents, tant aux chambres des enquêtes qu'aux chambres des requêtes; de 232 conseillers, d'un procureur général et de 3 avocats généraux. Ces officiers d'un ordre supérieur se trouvaient distribués dans 8 chambres, savoir : la *grand'chambre*, les 5 *chambres des enquêtes* et, les 2 *chambres des requêtes du palais*.

Ces huit chambres connaissaient des affaires civiles. La grand'-chambre primait et dirigeait toutes les autres; elle jugeait en première instance les causes qui se rattachaient aux prérogatives de la couronne; celles des pairs de France; celles de l'Hôtel-Dieu, du grand bureau des pauvres, de l'université; les crimes de lèse-majesté, et les procès criminels où étaient impliqués des gentilshommes, des ecclésiastiques, des personnes d'État, ministres ou autres grands fonctionnaires du gouvernement. De plus, la grand'chambre connaissait des appels interjetés verbalement, des sentences rendues par les présidiaux, bailliages et autres juridictions, et des appels comme d'abus des juges ecclésiastiques, mais au civil seulement.

Aux chambres des enquêtes revenaient les appels des sentences rendues par écrit, c'est-à-dire sur production des parties. Elles jugeaient en première instance les causes réservées à la grand'-chambre, ainsi que les appels principaux et ceux des jugements qui n'entraînaient qu'une simple amende. Enfin, les chambres des requêtes connaissaient en première instance des procès de ceux qui avaient leurs causes commises au parlement en vertu d'un privilège du roi.

Outre ces 8 chambres, il y avait une chambre criminelle, nommée *la Tournelle,* où venaient siéger à *tour* de rôle (d'où lui venait son nom) 5 présidents du parlement, les derniers nommés et par conséquent les plus jeunes, 10 conseillers de la grand'chambre et 4 appartenant aux chambres des enquêtes.

Le service de la grand'chambre, des 7 chambres civiles et de la chambre criminelle avait exigé, en outre, la création d'un certain nombre d'officiers d'un ordre inférieur, savoir : 3 greffiers en chef, 4 notaires et secrétaires du parlement, 3 principaux commis au greffe, 16 substituts du procureur général, 2 premiers huissiers et 29 huissiers au parlement et aux requêtes du palais, 400 procureurs, etc. Tous ces officiers avaient sous leurs ordres une multitude de *suppôts*, de scribes, de clercs et d'agents subalternes; ce qui représentait plus de 3,000 auxiliaires attachés au parlement à divers titres, et remplissant différentes fonctions qui leur donnaient des moyens d'existence.

Telle était l'organisation normale du parlement de Paris, qui, dans le cours du dix-huitième siècle, fut soumis à plusieurs remaniements, destinés à diminuer ou à augmenter le nombre des chambres et celui des offices, lesquels se vendaient à un prix variable, selon les circonstances, et qui rapportaient au titulaire un revenu proportionnel, compris sous le nom d'*épices* ou de *vacations*. La valeur des charges de conseiller |haussait ou baissait, comme la valeur des immeubles; ainsi, une de ces charges, qui ne s'était payée que 25 à 30,000 livres en 1712, quand le parlement ne s'occupait que d'exercer la justice, valut 60,000 livres en 1747, lorsqu'il s'obstinait à redevenir un corps politique. Quant au produit des charges, il était essentiellement mobile et capricieux, en raison de la somme de travail que s'attribuait chaque membre du parlement, et aussi d'après ses exigences, qui pouvaient rendre les épices extrêmement onéreuses pour les parties, car les procès, en ce temps-là, étaient surchargés de formalités minutieuses et subordonnés à mille incidents imprévus, qui servaient à les éterniser en multipliant les frais. De là cette quantité d'individus qui vivaient de la basoche et du palais et qui formaient, pour ainsi dire, l'armée féodale du parlement.

Il y avait, en outre, 12 parlements distincts de celui de Paris, et rattachés à ce parlement primitif par les mêmes lois organiques et par le même esprit de corps. Ils avaient leurs sièges à Toulouse, à Grenoble, à Bordeaux, à Dijon, à Rouen, à Aix, à Rennes, à Pau, à Metz, à Douai, à Besançon et à Nancy, et présentaient tous, à quelques différences près, la même composition, ayant chacun quatre ou trois chambres civiles et criminelles, avec un nombre relatif de présidents, de conseillers, tant clercs que laïques, de greffiers, d'huissiers, de substituts du procureur général, de procureurs et d'officiers inférieurs, sous la direction du premier président de la grand'chambre. Les 11 chambres des comptes, les 5 cours des aides, les 2 cours des monnaies, celles de Paris et de Lyon, les 3 conseils supérieurs d'Alsace, du Roussillon et d'Artois, représentaient aussi une masse énorme de charges et d'offices, qui se trouvaient compris sous la dénomination collective de *cours souveraines* et de *juridictions provinciales.*

On peut estimer que plus de 40,000 personnes étaient pourvues de charges ou d'offices de judicature (fig. 117), à divers degrés, depuis les hautes fonctions de président à mortier jusqu'aux dernières d'appariteur. Il faut ajouter à cette population, à cette race spéciale, qui suivait le palais et qui composait ce qu'on nommait la *robe,* une multitude de *suppôts* subalternes et de satellites infimes de la magistrature, depuis le sergent à verge jusqu'au crieur et à l'afficheur d'arrêts. C'était là, en quelque sorte, un peuple à part au milieu de la nation, et ce peuple, inquiet, turbulent, infatué de son importance, s'imaginait avoir en main une attribution quelconque du pouvoir légal, et obéissait, par conséquent, avec la soumission la plus aveugle, non seulement aux ordres directs de ses chefs, mais encore à toutes les excitations ou influences des parlements et surtout du parlement de Paris.

Les parlements, qui disposaient ainsi de tant de monde, de tant d'opinions, de tant de volontés, eurent toujours une autorité prédominante, même sous Louis XIV, qui les avait renfermés dans les limites de leur rôle judiciaire. Ils devaient retrouver leur ancienne prépondérance, quand ils saisirent la première occasion de reprendre leur rôle politique, et ils s'obstinèrent à ne pas en avoir d'autre dans tout le cours du dix-huitième siècle. Un antagonisme permanent, une constante rivalité existaient, de longue date, entre les gens de cour et les gens de robe, entre les nobles et les parlementaires. Ceux-ci acquéraient sans doute, dans l'exercice de leurs charges, une noblesse d'office, qui leur apportait certaines prérogatives honorifiques, mais qui, dans aucun cas, ne s'élevait au niveau de la noblesse d'extraction. Cette demi-noblesse n'était donc souvent qu'une cause de dépit et d'irritation pour des caractères orgueilleux et hautains.

La noblesse de robe ne se montrait jamais à la cour, parce qu'elle n'y aurait eu qu'un rang indigne d'elle, quoiqu'elle fût rattachée par de nombreuses alliances à cette noblesse de cour qui la dédaignait. En revanche, elle se tenait à distance de la haute bourgeoisie et du commerce, lors même qu'elle s'en était rapprochée par des mariages d'argent. Elle n'avait pas beaucoup plus de rapport avec la finance, bien que la finance eût des affinités naturelles avec la robe, puisque toutes les charges de la magistrature étaient vénales. « Avant la régence, » dit Duclos, « l'ambition d'un fermier général était de faire son fils conseiller au parlement; encore fallait-il, pour y réussir, que le père eût quelque considération personnelle. »

Les familles parlementaires ou familles de robe formaient donc,

Fig. 117. — Denis Talon, avocat général au parlement de Paris; dessiné et gravé
par Robert Nanteuil, en 1669.

au sein de la société française, une société isolée et renfermée,
qui n'avait presque pas de relations avec les autres classes.

Cette société, qui était une véritable corporation, se composait de groupes différents s'élevant par degrés, en raison de l'origine, de la fortune et de la position, depuis les emplois les plus modestes jusqu'aux plus hautes charges de la judicature. Tout nouveau venu qui avait acheté un office et qui, par conséquent, avait été jugé digne de le remplir, devenait aussitôt partie intégrante de l'association et se trouvait dès lors accepté, naturalisé dans la robe : il se détachait, pour ainsi dire, de tous les liens de famille et d'alliance pour ne plus appartenir qu'à la robe, au parlement. La société parlementaire avait toujours été grave, sévère, cérémonieuse, très fière et très hautaine. Là, ni fêtes, ni bals, ni concerts, ni comédies, mais des dîners, d'excellents et magnifiques dîners, une conversation polie et réservée sur des matières de jurisprudence ou de politique, un jeu sobre et silencieux; jamais de veilles, car tout magistrat était levé avant le jour et aussitôt à l'œuvre (fig. 118).

Du reste, partout un intérieur imposant et même solennel, dans de beaux hôtels aux grands escaliers de pierre, aux larges vestibules, aux nombreux salons richement décorés, mais d'un luxe austère et sombre, un peu triste et glacial. Le concierge, les valets eux-mêmes ressemblaient à des gens de loi. Quant aux maîtres de la maison, ils ne riaient jamais, ils avaient tous la démarche grave et compassée, l'abord maussade et souvent répulsif, l'air majestueux et superbe, le ton sec et bref.

« Les femmes de robe, qui ne vivent qu'avec celles de leur état, » dit Duclos, « n'ont aucun usage du monde, ou le peu qu'elles en ont est faux. Le cérémonial fait leur unique occupation.» Elles ne paraissaient guère en public que dans les cérémonies des parlements et des cours souveraines : c'était là qu'elles prenaient le goût de ce cérémonial minutieux et inflexible qui établissait entre tous les *robins* (c'est ainsi que la noblesse quali-

fiait dédaigneusement tous les hommes de robe) toute une série
de degrés pour la prééminence et la préséance. Le nombre des
saluts, leur espèce, depuis la révérence *en dam e* jusqu'à la simple

Fig. 118. — Le juge dans sa famille et ses solliciteurs; d'après une estampe du xviiie s.

inclinaison de tête, étaient réglés par une loi d'étiquette aussi
compliquée et exigeante que l'étiquette de la cour.

La jeunesse cependant ne pouvait s'empêcher d'être jeune, *même
en s'asseyant sur les fleurs de lis,* suivant le terme usité au parlement. Rien ne ressemblait moins à un vieux juge qu'un jeune

conseiller. Celui-ci ne se piquait pas d'être assidu au travail, quoiqu'il dût se rendre de très bonne heure au palais, à six heures en hiver, à sept en été; il dormait peut-être moins que ses collègues à l'audience; mais, au prononcé des jugements, il s'effaçait toujours devant les anciens, dont il reconnaissait le savoir et l'expérience. Il commençait à se bien pénétrer des devoirs de son état quand sa barbe avait blanchi.

En attendant, il prononçait aussi des arrêts d'un autre genre dans les salons, où il brillait surtout par ses airs de petit-maître et par sa *galanterie*. On entendait par là un goût raffiné pour tout ce qu'il y avait de plus *galant* ou d'élégant, en fait d'habits, de modes, d'équipages, d'ameublement, de langage et de manières.

Le vrai juge, le vrai parlementaire, était, à bien des égards, tout l'opposé de ces jeunes étourdis. C'est dans la bouche d'un antique représentant de la justice française, que l'auteur du *Voyage de la Raison en Europe,* le marquis de Caraccioli (1772), a mis ces nobles paroles, qui sont comme la confession publique de toute une vie de labeur et de dévouement : « Il y a bientôt soixante ans que je consacre mes jours et mes nuits au service de mes concitoyens. Je m'occupe, le jour, de leurs intérêts; je vole dès le matin pour y donner mon attention, sans autre ambition que de faire mon devoir. L'étude me rendit un squelette dès l'âge de trente-six ans. Mon corps, que je méprise, s'accommode à ma manière de penser, et mon âme, que je mets au-dessus de tout, me sert heureusement. La gloire de secourir la veuve et l'orphelin dédommage de toutes les peines et de tous les dégoûts. On n'est grand que lorsqu'on est utile. »

On s'explique ainsi le respect presque religieux que le parlement en corps inspirait autour de lui, malgré les inconséquences de quelques-uns de ses membres. Ce respect ne se manifestait

Fig. 119. — L'innocence reconnue. (Arrêt du parlement de Paris, rendu en 1786 sur renvoi, après cassation d'un arrêt du parlement de Rouen, qui déclare la servante Victoire Salmon innocente des crimes de poison et de vol domestique, pour lesquels elle avait été à tort condamnée). D'après Binet.

jamais mieux que dans les circonstances solennelles (fig. 119), où

l'on voyait défiler processionnellement les cours souveraines avec
leurs habits de cérémonie, présidents, conseillers, avocats et procureurs généraux, greffiers et secrétaires de la cour portant la robe
d'écarlate, les uns coiffés du mortier de velours noir, les autres
du chaperon rouge fourré d'hermine; les officiers de la chambre
des comptes, en robes noires, de velours, de satin, de damas ou
de taffetas; les officiers de la cour des aides, en robes de velours noir
avec le chaperon noir; les gens de la cour des monnaies, en robes
rouges avec le chaperon d'hermine; et ensuite toutes les juridictions ressortissant au parlement, ayant chacune leurs costume et
insignes, et rangées selon l'ordre hiérarchique.

A la mort de Louis XIV (1715), il y eut un compromis, un
pacte secret entre le parlement de Paris et le duc d'Orléans, qui
voulait maintenir son droit de régence en faisant casser le testament du feu roi. Le procureur général d'Aguesseau (fig. 120)
et le premier avocat général Joly de Fleury, tous deux pleins de
lumières, de connaissances et de probité, furent les intermédiaires
de cette transaction. Des engagements réciproques avaient été
pris envers le prince, au nom de la grand'chambre, qui dictait
la loi à toutes les autres. Le duc d'Orléans, de son côté, s'était
montré tout disposé à gouverner de concert avec le parlement,
en lui rendant son ancien droit de remontrance, à l'occasion des
édits à enregistrer; mais il n'entendait point diminuer par là le
pouvoir royal, ni donner au parlement une autorité qui pût jamais balancer celle du souverain. Il ne tenait pas compte de
l'opinion traditionnelle du parlement sur le rôle politique qui lui
était dévolu dans l'État.

« Cette compagnie, » disait Saint-Simon, « se prétend, quoique
très absurdement, la modératrice de l'autorité des rois mineurs,
même majeurs... Elle prétend que l'enregistrement est, dans les

lois et les ordonnances, l'addition nécessaire à la puissance royale, qui peut faire les lois, les ordonnances, etc., mais qui, en les faisant, ne peut les faire valoir ni les faire exécuter sans le concours

Fig. 120. — Le chancelier d'Aguesseau ; d'après Vivien. xviiie s.

de la seconde autorité, qui est celle que le parlement ajoute, par son enregistrement, à l'autorité du roi, laquelle, par son concours, rend celle-ci exécutoire, sans laquelle l'autorité du roi ne le serait pas. » Cette doctrine, empreinte d'un esprit d'opposition et de révolte déguisé, fut le principal mobile de la conduite du parlement et la cause des luttes incessantes qui devaient troubler les règnes de Louis XV et de Louis XVI.

Le duc d'Orléans, devenu régent avec l'aide du parlement, ne tarda pas à s'apercevoir qu'il s'était donné, sinon des maîtres, du moins des conseillers exigeants, volontaires, et bientôt des antagonistes. La première difficulté naquit d'une question d'étiquette. Le parlement voulut affirmer son hostilité contre la noblesse, en décidant que les présidents de chambre refuseraient le salut aux pairs de France, qui assistaient aux audiences le chapeau sur la tête. Le régent s'abstint de se prononcer, et la querelle continua en s'envenimant. Le jeune duc de Richelieu s'étant battu en duel (27 février 1716), la grand'chambre lui fit signifier de se constituer prisonnier dans les prisons du Palais, quoique le duc, comme pair, s'en référât à ses juges naturels, les pairs de France. Ceux-ci présentèrent une requête au roi, dans laquelle ils disaient : « Ce n'est plus aux honneurs extérieurs attachés à la pairie, à la décence d'un salut, à l'ordre des séances ni au droit d'opiner, que se bornent les entreprises du parlement; il attaque jusqu'à l'essence de la pairie, en voulant juger un pair. » Le régent, pour terminer le conflit, ordonna au duc de Richelieu de se rendre à la Bastille.

Le parlement poussa la hardiesse jusqu'à prétendre disputer le pas au régent lui-même, dans une procession publique, et celui-ci, sans vouloir contester la préséance que le parlement osait s'arroger, se mit à la tête de la maison militaire du roi, et garda son rang, en qualité de représentant de la royauté. Le parlement tenta bientôt de se servir de l'arme des remontrances, pour regagner le terrain qu'il avait perdu depuis la Fronde; il ne faisait qu'user d'un ancien droit que le duc d'Orléans lui avait spontanément restitué; mais ces remontrances n'allaient à rien moins qu'à mettre en échec l'autorité du roi. Le régent dut enfin se déclarer contre le parlement, et annoncer « qu'il ne souffrirait pas qu'on donnât atteinte à l'autorité du roi, pendant la régence ».

Le parlement continua ses remontrances au sujet des édits sur les monnaies, et s'efforça de combattre le nouveau système de finances inventé par l'Écossais Law et soutenu par le régent. L'indignation et la haine du parlement contre cet étranger étaient telles qu'il y eut un projet de le faire enlever par les sergents à verge, qui l'auraient conduit au tribunal de la Tournelle, où il eût été jugé, condamné à mort et pendu séance tenante. La résistance du parlement aux édits du roi produisit dans le pays une agitation, une effervescence, qui menaçaient d'amener la guerre civile, excitée, provoquée par les satires et les chansons. Le régent n'était pas certes homme à s'intimider et à reculer, bien que le peuple presque tout entier eût pris parti, avec le parlement, contre Law; cependant, il avait encore besoin de l'appui apparent, sinon effectif, du premier corps de l'État, pour réduire à l'impuissance les intrigues de ses ennemis auprès du roi.

Un arrêt du grand conseil, en date du 12 août 1718, avait interdit au parlement de s'immiscer dans les affaires d'État, et ce dernier refusait d'enregistrer cet arrêt, ainsi que les édits relatifs aux finances. Les chambres s'assemblaient tous les jours pour en délibérer; une grande émotion régnait dans Paris, et l'on pouvait tout craindre de l'irritation générale.

C'est sous ces auspices inquiétants qu'un lit de justice fut préparé au Louvre dans la nuit du 25 au 26 août, et le matin seulement l'ordre de s'y rendre fut transmis au parlement, qui était déjà rassemblé à huis clos. On avait rempli de troupes les places et les rues de Paris : toute tentative d'émeute devait être réprimée à l'instant. Le parlement ne pouvait qu'obéir à l'ordre du roi : à onze heures du matin, on vit sortir du palais une double file de magistrats en robes rouges, au nombre de 153, qui se rendaient, à pied, par la rue Saint-Honoré, au Louvre. Le peuple se tut et ne bougea pas. Le premier président essaya, le lit de justice assemblé, de prendre la parole; le garde des sceaux lui ferma la bouche, en déclarant que le roi voulait être obéi sur-le-champ. L'enregistrement de tous les édits eut lieu, sans aucun débat, et le parlement retourna au Palais pour y cacher sa honte et sa colère.

Les délibérations secrètes recommencèrent, et durèrent consécutivement pendant quatre jours et quatre nuits. Le régent était bien déterminé à en finir avec cette petite Fronde. Dans la nuit du 29, le président de Blamont et deux conseillers, les plus turbulents, furent arrêtés, par ordre du roi, et emmenés dans des carrosses à six chevaux, qui les transportèrent, sous bonne escorte, dans des prisons d'État. Le parlement s'assembla de nouveau et résolut de suspendre le cours de la justice; mais, réflexion faite, il envoya solennellement à Versailles une députation, qui ne fut pas reçue. Le garde des sceaux, qui était le président de Mesmes, se contenta de répondre aux envoyés : « Les affaires qui attirent aujourd'hui la députation du parlement sont matières d'État, qui demandent le secret et le silence. Le roi a voulu faire respecter son autorité. »

Le parlement était averti; il se garda bien d'en venir à de plus dangereuses extrémités, sans abandonner pourtant ses principes, ses idées et ses desseins. Il attendit seulement, pour les reproduire, une occasion plus favorable. Elle parut s'offrir d'elle-même, en juillet 1720, lorsqu'on lui demanda l'enregistrement des édits concernant l'établissement de la banque de Law et de la Compa-

gnie des Indes. L'argent avait disparu, et les billets, dont l'agiotage avait fait tant de fortunes subites, n'étaient plus acceptés
qu'à moitié de leur valeur nominale, le prix des denrées de première nécessité s'accroissait dans une proportion effroyable, et les
murmures du peuple semblaient le prélude d'un soulèvement
terrible. Alors le parlement, sommé d'enregistrer les édits, fit répondre au régent qu'il ne se mêlerait pas de ces tripotages de
papier, qui ruinaient la France.

Dans la journée du dimanche 21 juillet, des lettres de cachet
furent remises, par des mousquetaires, chez tous les membres du
parlement, pour leur ordonner de se rendre à Pontoise et d'y
rester en exil jusqu'à ce qu'ils fussent rappelés. Ils subirent avec
dignité leur exil à Pontoise, où ils ne délibéraient plus. Toutes les
chambres se trouvaient fermées au palais de Paris, excepté une
chambre de vacations pour les affaires courantes et les petits procès.
Le cours de la justice n'était donc pas tout à fait suspendu. Peu
s'en fallut que le parlement de Paris ne fût alors congédié pour
toujours : le duc d'Orléans, poussé à bout, l'accusait de tous les
embarras des finances et faillit l'en punir. Law lui avait donné
l'idée de rembourser, avec des billets de sa banque, qui auraient
eu cours forcé, le prix de toutes les charges et de tous les offices
parlementaires, et de les remettre ainsi à la disposition du roi, qui
eût nommé les nouveaux titulaires et donné à ses sujets la justice
gratuite. Ce projet audacieux ne s'exécuta pas, grâce à la chute du
système de Law.

« Le parlement, » disait l'avocat Barbier, à propos de ces
continuelles résistances, « est un corps respectable en particulier,
mais fort impuissant dans une minorité, et, dans les affaires d'Etat,
incapable de prendre un parti. C'est une compagnie nombreuse,
composée d'un nombre de gens âgés, fort savants pour les contes-

tations, mais qui n'ont plus la légèreté d'esprit nécessaire en matière délicate, accoutumés à la manière ancienne de penser et qui n'ont pas suivi le changement de gouvernement. Il y a un grand nombre d'ignorants et de jeunesse, gens riches, qui passent à d'autres charges et qui négligent la cause de la compagnie; gens de rien en quantité, qui tiennent par leur famille à la finance et au ministère; qui craignent, qui n'osent ni ouvrir un avis ni le soutenir; qui sont quelquefois espions du prince et du ministère, et qui trahissent le secret. »

Cette situation fut la même dans toutes les circonstances où le parlement voulut se mettre en travers de l'autorité royale. Il était toujours forcé de céder, ou du moins d'accepter une transaction qui sauvegardait son honneur. Exilé à Pontoise, on l'avait menacé de le transférer à Blois; à la fin, Law étant en fuite et sa banque ne laissant que des ruines irréparables, l'enregistrement des édits qui créaient cette banque n'avait plus de raison d'être. Le ressentiment du duc d'Orléans était tombé de lui-même, et il avait besoin, par raison politique, de l'enregistrement de la constitution *Unigenitus*. Cet acte répugnait aux secrets sentiments des parlementaires; mais las d'être hors de Paris, ils se soumirent, pour se réconcilier avec le régent et ses ministres.

Toutefois, le parlement n'avait pas renoncé à son droit de remontrance, et il l'exerça coup sur coup avec plus d'audace que jamais quand le roi régna ou parut régner par lui-même (fig. 121), sous le ministère du duc de Bourbon et sous celui du cardinal de Fleury. Un formidable conflit s'était élevé entre le parlement et le grand conseil; celui-ci n'avait jamais été en bonne intelligence avec les cours souveraines, mais quand il devint l'exécuteur docile des ordres du premier ministre dans l'examen suprême de tous les actes émanés du parlement et empreints d'un caractère

politique, la guerre fut allumée et ne cessa plus. La bulle *Unige-*
nitus, que le parlement de Paris avait enregistrée dans un
moment de lassitude, était toujours la cause apparente ou cachée
de ces débats et contradictions. Le parlement restait janséniste :
il avait contre lui tout le haut clergé; il tenait tête aussi au parti

Fig. 121. — Louis XV tenant le sceau en personne pour la première fois, le 4 mars 1757.
Tiré du *Nouveau traité de diplomatique* des Bénédictins. xviiie s.

de la cour et au ministère, mais son opposition n'allait jamais
au delà des remontrances au roi.

Tout était prétexte à ces remontrances, qui, si respectueuses
qu'elles fussent, visaient à contrecarrer les actes du gouvernement.
Le chancelier y répondait quelquefois, et tâchait d'amener les
magistrats à des voies de conciliation. Si le parlement rendait
quelque arrêt faisant échec à l'autorité du roi, l'arrêt était aussitôt cassé par le grand conseil et biffé sur les registres du parlement
par ordre du roi. Les querelles de 1731, de 1737, de 1738, de

1744, de 1747, tout en ayant des causes diverses, suivirent la même marche et se terminèrent de la même façon. Les remontrances n'avaient pas d'effet, les arrêts contraires à la volonté du gouvernement étaient mis à néant, et le chancelier imposait silence au parlement, en lui faisant savoir que le roi entendait être maître absolu de ses décisions. Les parlementaires les plus rebelles, les plus bruyants, l'abbé Pucelle, conseiller clerc, par exemple, étaient mis à la Bastille ou exilés dans leurs terres; mais le parlement ne sortait d'un pas difficile que pour s'engager dans un autre plus périlleux encore.

La bulle *Unigenitus* restait toujours la pierre d'achoppement. Les controverses devinrent plus vives, les conflits plus fréquents et plus opiniâtres sur des questions religieuses. Pendant plus de vingt ans, le parlement fut en guerre ouverte contre les évêques et les curés qui croyaient devoir refuser les sacrements à l'article de la mort et la sépulture en terre sainte aux jansénistes, lorsque ceux-ci ne voulaient pas abjurer leur erreur.

L'archevêque de Paris, Christophe de Beaumont, était le grand adversaire du parlement; il avait l'appui du grand conseil, et il se fiait sur son crédit auprès du roi, qui le soutenait volontiers dans ses querelles avec les parlementaires. Un jour, l'archevêque en vient à destituer la supérieure et l'économe de l'hôpital général, soupçonnées de jansénisme; le parlement prend aussitôt la défense de ces deux femmes et fulmine contre l'archevêque : l'un revendique le spirituel, l'autre le temporel dans l'administration de l'hôpital général; tout est en confusion, la ville entière s'émeut, et les remontrances arrivent au roi. Louis XV s'impatiente, et ordonne au parlement de ne plus s'occuper de cette affaire. Le parlement ne tient aucun compte des ordres du roi : « Puisque le roi nous défend de délibérer, dit le vieux conseiller Pinon, et qu'il nous interdit par là nos fonctions, la compagnie doit déclarer qu'elle ne peut ni n'entend continuer aucun service. »

Aussitôt le palais ferme ses portes : il n'y a plus de tribunaux à Paris. Le roi envoie alors, par ses mousquetaires, à tous les membres du parlement l'ordre de reprendre leurs séances. Les magistrats obéirent, mais les avocats, qui s'associaient avec une ardeur constante à tous les actes de résistance et de rébellion du parlement, ne parurent pas aux audiences. Le cours de la justice se trouva donc interrompu par la malice des avocats, qui, n'ayant pas de charges vénales, exerçaient une profession libre.

Ce fut seulement à partir de cette coalition que les avocats, réunis en corps, acquirent et conservèrent une importance politique qu'ils n'avaient jamais eue ni recherchée. Jusqu'alors un avocat n'était qu'un homme de loi et ne s'occupait que de ses causes; il visa plus haut : il épousa les passions du parlement; il se crut l'égal du président et du conseiller, qu'il aidait de toutes ses forces à lutter contre l'autorité royale.

Au treizième siècle, il y avait des avocats auprès de tous les tribunaux; Louis IX fixa leur salaire et les règles qu'ils devaient suivre dans leurs plaidoiries. Ils n'étaient point soumis aux taxes et juraient sur l'Évangile d'observer la courtoisie, la véracité, le désintéressement. Au quatorzième siècle, on était admis au serment, sur la présentation d'un ancien, après deux examens, l'un de moralité, l'autre de capacité. Les avocats, divisés en plaidants et consultants, formaient un cadre à part, qui ne préjudiciait pas à la noblesse. La profession fut désormais réglée; mais plusieurs dispositions législatives tendirent à perfectionner ce qui était établi; par exemple, le stage ou noviciat fut fixé à deux années en 1693 et à quatre en 1751. Le tableau de réception prit un caractère légal. Malgré mainte tentative pour rendre les honoraires fixes, ils tombèrent dans le domaine de l'arbitraire.

En 1753, l'agitation redouble, les querelles entre la juridiction civile et l'autorité ecclésiastique se multiplient par toute la France.

Le parlement, qui, l'année précédente, avait fait brûler de la main du bourreau le manifeste des évêques, adresse au roi des remontrances plus hardies encore que les précédentes. Louis XV lui ordonne de se borner à rendre la justice, en ne se mêlant plus d'affaires ecclésiastiques. Le parlement s'indigne, résiste, déclare qu'il ne peut *obtempérer* aux ordres du roi. Le roi assemble le grand conseil, et fait expédier des lettres de cachet, qui exilent tous les présidents et conseillers des requêtes et des enquêtes. La grand'chambre avait été seule exceptée, dans cette mesure rigoureuse mais nécessaire; elle proteste à son tour (10 mai), et délibère en audience solennelle sur les questions qui lui sont interdites. Le lendemain, au point du jour, ses membres reçoivent une lettre de cachet, qui leur enjoint d'aller s'établir à Pontoise et d'y continuer leurs fonctions, sous peine de perdre leurs charges. La grand'chambre obéit, mais ne cède pas; une fois à Pontoise, elle ne s'occupe que des affaires religieuses.

La France entière encourageait la résistance de ceux qu'on appelait les *sénateurs,* et les parlements provinciaux se prononcèrent, sans exception, dans le même sens que celui de Paris. Les tribunaux étaient fermés, et tous les intérêts se trouvaient en souffrance.

Le gouvernement créa une chambre, composée de 6 conseillers d'État et de 21 maîtres des requêtes, pour rendre la justice et remplacer le parlement. Ce tribunal provisoire, qui tenait ses séances dans le couvent des Grands-Augustins, ne rencontra que dédain, opposition ou indifférence, quoique son siège eût été transporté au Louvre et qu'on lui eût donné le titre de *chambre royale*. La magistrature était avilie, et le parlement, absent de Paris, y maintenait son omnipotence.

Il fallut mettre fin à cette anarchie. Le roi eut bien la pensée de casser le parlement, mais il ne l'osa pas ; il attendait une occasion qui lui permît de faire grâce. La naissance du duc de Berry, fils de la dauphine (23 août 1753), fournit cette occasion, après une année et demie de haute lutte. Louis XV fit acte de clémence : il rappela son parlement et supprima la chambre royale.

L'antagonisme du parlement et du clergé ne tarda pas à renaître avec toutes ses violences. Le roi avait pourtant donné une sorte de satisfaction au parlement en exilant l'archevêque de Paris, qui était son adversaire le plus déclaré; mais les entreprises du parlement contre la royauté elle-même n'étaient que trop visibles. Sous prétexte de réunir ses forces contre le grand conseil, il avait imaginé une association de tous les parlements du royaume, sous le nom de *classes,* de manière à ne plus former qu'un seul corps, agissant avec ensemble et obéissant aux mêmes impulsions. Louis XV avait bien pressenti les dangers de cette coalition, quand il dit un jour au duc de Gontaut-Biron : « Vous ne savez pas ce qu'ils font, ce qu'ils pensent : c'est une assemblée de républicains ! En voilà, au reste, assez ! Les choses comme elles sont dureront autant que moi. »

Le lit de justice du 13 décembre 1756 n'était pas fait pour amener un apaisement. Deux édits du roi circonscrivaient dans d'étroites limites les droits et les pouvoirs du parlement de Paris, et deux chambres étaient supprimées par un troisième édit. Presque tous les membres du parlement signèrent, le jour même, la démission de leurs charges.

Dans ces circonstances, l'attentat de Damiens (5 janvier 1757)
vint jeter une nouvelle émotion dans les esprits. Ce crime d'un
fanatique fut exploité par les passions des divers partis, qui
tour à tour cherchèrent à Damiens des complices chez les jansénistes, chez les parlementaires, et plus tard chez les jésuites; cette
dernière calomnie, jointe au scandale causé par la banqueroute
des P.P. la Valette et Savy (supérieur et procureur des Missions),
fut une des causes du procès qui fut intenté à la Compagnie de
Jésus, et qui se termina par son exclusion du royaume (édit du
9 mai 1767).

Cette victoire du parlement allait lui coûter cher; car, au moment où il se croyait maître de la situation, il reconnut que rien
n'était fait contre le parti de la cour, qu'il avait toujours trouvé
entre lui et le trône.

Dès lors recommencent les refus d'enregistrement, les remontrances, les députations au roi, les menaces réciproques. « Il ne
faut que s'éloigner de la capitale, » disait en 1763 le parlement
de Paris, « pour ne plus apercevoir que dépérissement, que tra-
ces d'émigration, que misère et impuissance dans ceux qui restent.
On voit journellement des malheureux contraints au payement
d'impôts par la vente de leurs grains, de leurs bestiaux, même de
leurs outils. S'ils meurent d'indigence, si leurs terres restent in-
cultes, c'est sur le seigneur roi que retombe le contre-coup de si
funestes exécutions. » Dans cette défense du peuple, dans cette
résistance aux vexations dont on l'accablait, « les parlements, »
fait observer Sismondi, « se montraient de courageux et loyaux
représentants de la nation; mais c'était surtout parce qu'ils n'a-
vaient pas le pouvoir et qu'ils ne jouaient qu'un rôle d'opposition.
Au contraire, dans les fonctions qui leur étaient dévolues en par-
tage, ils se montraient accessibles à tous les préjugés, haineux,

désireux d'exercer leur autorité, jaloux de prouver leur impartialité en punissant en même temps les opinions opposées, cherchant à faire excuser leur acharnement contre les jésuites en ne

Fig. 122. — Le parlement condamne au feu plusieurs ouvrages. Médaille allégorique tirée du *Recueil de l'histoire de France*. xviiie s.

sévissant pas avec moins de violence contre les incrédules.que contre les huguenots. »

C'est l'une des époques les plus tristes de l'histoire des parlements : ils font brûler par la main du bourreau les écrits des philosophes (fig. 122), ils interdisent la pratique de l'inoculation; les odieux procès de Calas, de Sirven, de la Barre, du comte

de Lally soulèvent l'indignation publique, et la lutte du procureur
général la Chalotais contre le duc d'Aiguillon vient ranimer les
querelles. L'opposition devint plus vive que jamais après la disgrâce de M. de Choiseul (24 décembre 1770), et lorsque le chancelier Maupeou entreprit de réformer la justice, tous les parlements
s'unirent contre lui (fig. 123).

Dans la nuit du 19 au 20 janvier 1771, les membres du parlement de Paris furent invités, par des mousquetaires, à signer *oui*
ou *non* sur les lettres de jussion, qui les mettaient en demeure de
reprendre leurs séances, qu'ils avaient suspendues. Tous signèrent
non; ils furent exilés et leurs charges confisquées. La justice fut
encore une fois administrée par des conseillers d'État et des maîtres des requêtes; elle devait être désormais gratuite pour les plaideurs, qui n'auraient plus à supporter que des frais de procédure.
Par édit du 22 février 1771, six nouveaux parlements furent établis, sous le nom de *conseils supérieurs*, à Arras, Blois, Châlons-
sur-Marne, Clermont, Lyon et Poitiers, et tous les parlements de
France eurent à subir une réforme radicale. On abolit la cour des
aides; on supprima les anciens offices du parlement, avec remboursement du prix des charges, et on les remplaça par 75 offices
gratuits, sans hérédité, sans vénalité, sans épices, avec droit de
présenter à la nomination du roi trois candidats pour chaque place
vacante. Le grand conseil devint le nouveau parlement, augmenté
de membres de la cour des aides, d'avocats, de protégés de l'archevêque de Paris. Il n'y eut que trois chambres : la grand'chambre,
la Tournelle et les enquêtes. Le coup d'État ne s'arrêta pas là :
le Châtelet fut aussi supprimé, pour être reconstitué plus tard;
toutes les juridictions qui résistèrent, table de marbre, bureau des
finances, siège de l'amirauté, etc., furent brisées.

Cette révolution fut diversement jugée; tandis que Voltaire regardait « les nouveaux établissements comme le plus grand service fait à la France », la plupart n'y virent que l'œuvre méprisable d'un despotisme brutal, en méconnaissant ce qu'ils comportaient d'utile. Pourtant, l'ordre matériel ne fut troublé nulle part : tout se passa en plaintes, en satires, en chansons.

Il fallait un nouveau règne et surtout un nouveau chancelier pour faire revivre l'ancien parlement. Louis XVI ayant succédé à

Fig. 123. — Armoiries du chancelier de Maupeou (1768).

Louis XV, le comte de Maurepas remplaçant le chancelier Maupeou, rien ne s'opposait plus à la reconstitution du parlement de Paris, qui semblait inséparable de la monarchie. Ce parlement fut rappelé et réintégré dans ses charges et prérogatives, après le lit de justice du 12 novembre 1774. Louis XVI lui rendit même ce droit de remontrance qui avait été la source des agitations et des embarras du règne précédent, et qui ne fut pas moins fatal au sien (fig. 124). Aigri par une retraite de trois ans, le parlement montra trop souvent l'incorrigible esprit de corps qui, seul, l'ani-

mait et le dirigeait. Non content de refuser l'enregistrement des
édits les plus nécessaires de Turgot, il poussa l'aveuglement jusqu'à
proclamer, dans sa résistance à l'abolition des corvées, « que le
peuple était taillable et corvéable à merci, et que c'était un article
de la constitution que le roi n'avait pas le pouvoir de changer ». Il
fut exilé à Troyes (août 1787), et bientôt rappelé par la faiblesse
des gouvernants. Mais, les remontrances ne lui suffisant plus, il
formule, sous l'inspiration du fougueux d'Espréménil, simple
conseiller, une protestation contre la royauté et s'engage à lui
résister par toutes les voies de droit et de fait (mai 1788).

Peu s'en fallut que le palais ne devint le théâtre d'une émeute
populaire, lorsque d'Espréménil et plusieurs conseillers furent
arrêtés, pendant la nuit, au milieu de la grand'chambre assemblée.
A peu de temps de là, le parlement, après s'être opposé énergiquement à la création des grands bailliages et de la cour plénière qui
étaient appelés à le remplacer, se vit encore une fois exilé, puis
rappelé avec la même mollesse de la part du pouvoir royal. Cette
fois, son retour et sa réintégration furent le prétexte d'une journée
de révolte et d'anarchie (29 juillet 1788).

En province, les parlements se montrèrent encore plus intrai-
tables; ils déclarèrent « infâmes et traîtres à la patrie » tous
Français qui, dans ces circonstances, obéiraient aux ordres du
gouvernement. Des troubles accompagnèrent les protestations en
Provence, Roussillon, Languedoc; à Grenoble, l'insurrection
s'étendit dans des proportions effrayantes.

Les états généraux, appelés l'année précédente par un vœu formel du parlement de Paris, se réunirent, et, dès le 3 novembre
1789, l'Assemblée nationale suspendit les séances des parlements,
les chambres de vacation restant seules chargées de toute l'administration judiciaire. Par décret du 7 novembre 1790, elle en pro-

nonça la suppression. Au jour fixé, des officiers municipaux se rendirent partout aux lieux de séance ; un greffier, qui les attendait, leur remit les clefs ; puis, le procès-verbal dressé et l'inscription du scellé faite, « tout se referma, comme une tombe, » suivant l'expression d'un écrivain, « sur les anciens parlements de France ».

Fig. 125. — Armoiries du premier président du parlement de Paris en 1788.

IMPOTS, MONNAIES ET FINANCES.

I.

A Gaule, conquise par César et réduite en province romaine, fut, en punition de la longue résistance qu'elle avait opposée à l'invasion, condamnée à payer un tribut, dont le chiffre égalait presque celui des impôts perçus dans le reste des contrées soumises à la république. Cet impôt, dit *stipendium,* montait par an à 40 millions de sesterces (un peu plus de 8 millions de francs).

Insensiblement, le système fiscal de la métropole fut mis partout en vigueur dans les provinces romaines (fig. 126). Il y eut une imposition personnelle, presque arbitraire, dite *capitation;* un impôt foncier nommé *cens,* calculé d'après des mesures cadastrales, et, en outre, des tables de consommation, des droits sur le sel, sur l'importation et l'exportation des marchandises, sur les ventes publiques à la criée; puis sur les portefaix, les immondices, les mariages, les sépultures, les cheminées, les tuiles, et successivement sur les legs, les successions en litige, le nombre des esclaves; on créa des péages le long des routes; le fisc alla si loin qu'il soumit à l'impôt la fumée!... De là l'origine du nom de *feu,* affecté plus tard à chaque ménage ou groupe de famille réuni dans la même maison ou assis au même foyer.

On vit surgir quantité d'autres taxes, appelées *sordides,* dont s'affranchissaient les honorables (*honorabiles*) et les fonctionnaires du gouvernement : telles étaient l'obligation de cuire le pain et de préparer la fleur de farine pour l'usage du public; la réparation des monuments, la corvée personnelle et gratuite pour les travaux publics, la confection des matériaux nécessaires à ces travaux, etc. D'après un édit de Constantin, un impôt fut mis sur toute personne qui exerçait un négoce ou qui louait sa main-d'œuvre. Cet impôt devint tellement lourd, que, pour l'acquitter, les pères vendaient leurs enfants ou se voyaient condamnés, eux et leur famille, à la prison, aux verges et à de cruels supplices (fig. 127).

Suivant la forte expression du moine Salvien, la Gaule était comme étranglée par la main des exacteurs; aussi passa-t-elle rapidement d'un état prospère à la décadence. Malgré les apparences d'ordre, jamais peut-être ses habitants n'ont été plus malheureux que dans les deux derniers siècles de l'empire. Les exigences continuelles du fisc furent la principale cause des révoltes qui éclatèrent en plusieurs endroits, entre autres celle des *Bagaudes.*

Ce ruineux système de fiscalité, rendu plus insupportable encore par les exactions des proconsuls et la violence de leur milice, alla s'aggravant jusqu'à l'époque où l'empire romain s'écroula. Avec le moyen âge naquit un nouvel ordre de choses. L'administration municipale, en grande partie composée de citoyens gallo-romains privilégiés, ne dévia pas sensiblement des habitudes consacrées depuis cinq siècles; mais chaque peuplade envahissante fit prévaloir peu à peu ses mœurs, aussi variables que l'étaient leurs origines.

Les Francs, devenus maîtres d'une partie des Gaules, se fixèrent sur les terres qu'ils s'étaient partagées. Les grands domaines, dont la possession et les revenus avaient été attribués aux empereurs, devinrent naturellement la propriété des chefs ou rois barbares, et servirent à défrayer leurs maisons ou leurs cours. Ces chefs, à chaque assemblée générale des *leudes* ou fidèles, recevaient en don de l'argent, des armes, des chevaux et divers objets de fabrication indigène ou de provenance étrangère. Pendant longtemps, les dons furent volontaires. Le fief territorial, dévolu à titre viager aux guerriers qui l'avaient mérité par leur service militaire, impliquait

Fig. 126. — Médaille de Jules César, bronze.

pour eux une servitude personnelle envers le roi, c'est-à-dire l'obligation de l'héberger à son passage, de le suivre à la guerre et de le défendre en toute occasion ; mais le fief demeurait entièrement libre d'impôts. Beaucoup de méfaits, même les vols et divers crimes qui entraînaient la mort du coupable, pouvant être graciés d'après un tarif proportionnel, et les prestations, les services féodaux s'acquittant de la sorte dans bien des cas, il en résultait un large bénéfice pécuniaire pour l'État, pour le procureur fiscal et pour le roi, puisque la redevance, de quelque nature qu'elle fût, se divisait d'ordinaire par tiers au profit des trois parties prenantes.

La guerre, presque permanente en ces temps de désordre et de décadence, produisait aussi pour les rois barbares des ressources éventuelles, bien supérieures encore aux ressources fiscales. Ce fut à leurs armes victorieuses que les premiers chefs des Visigoths, des Ostrogoths et des Francs demandaient les moyens de remplir leur trésor : Alaric, Totila, Clovis, amassèrent ainsi d'immenses richesses, sans se soucier de donner une assiette régulière aux finances du gouvernement. On voit pourtant poindre dans les institutions d'Alaric et de ses successeurs une espèce d'organisation financière. Plus tard, le grand Théodoric, qui avait étudié les théories administratives de la cour byzantine, trouva dans les inspirations de son génie un véritable système de finances, qu'il appliqua en Italie.

Grégoire de Tours, qui écrivait au sixième siècle, témoigne, en plusieurs passages de son *Histoire des Francs,* que ceux-ci conservaient pour l'impôt obligatoire la même répugnance que les Germains du temps de Tacite. Les *leudes,* ces premiers nobles, prétendaient ne rien devoir au fisc, et les contraindre à subir la taxe n'était pas chose facile. Childéric Ier, père de Clovis, avait été déposé (vers 465) pour avoir voulu soumettre à l'impôt les grands comme les petits. Le roi d'Austrasie, Childéric II, fit battre de verges un de ses *leudes,* nommé Bodillon (673), qui osait lui reprocher l'injustice de certaines taxes; mais il fut assassiné par ce même Bodillon, et les leudes maintinrent leur droit d'immunité. Un siècle auparavant, les leudes étaient déjà en lutte avec la royauté à cause des impôts, qu'ils refusaient de payer; ils sacrifièrent la reine Brunehaut, parce qu'elle avait tenté de grossir le trésor royal avec les biens de quelques seigneurs, rebelles à son autorité.

Le trésor des rois francs, d'ailleurs toujours bien garni, était l'objet de la convoitise des leudes : de concert avec ces derniers, Chilpéric Ier, roi de Soissons, avait mis la main sur le trésor amassé

par son père Clotaire Ier et gardé dans le palais de·Braine ; il fut
forcé de partager son butin avec ses frères et leurs *hommes,* qui
vinrent en armes le sommer de rendre ce qu'il avait pris. Chilpéric craignait donc les leudes, et ne leur demandait pas d'argent ;
sa femme, la terrible Frédégonde, ne les ménagea'pas plus que ne

Fig. 127. — Monnaies gauloises, argent et plomb.

l'avait fait Brunehaut, mais ses juges ou ministres Audon et Mum-
mius faillirent payer de leur vie les exactions fiscales, qui rencontraient de la part des grands une indomptable résistance.

L'usage des dénombrements, tels qu'ils s'opéraient à Rome par
les soins des censeurs, paraît avoir été suivi sous les rois mérovingiens. A la demande de l'évêque de Poitiers, Childebert donna
l'ordre de rectifier le cadastre fait sous Sigebert, roi d'Austrasie.
C'est un acte des plus curieux, signalé par Grégoire de Tours :

« L'ancienne répartition, dit-il, était devenue tellement inégale, par l'effet de la division des propriétés, comme par suite d'autres changements que le temps avait amenés dans l'état des contribuables, que les pauvres, les veuves, les orphelins et les gens sans appui supportaient le fardeau des tributs. Florent, grand maître de la maison du roi, et Romulf, comte du palais, remédièrent à cet abus. Après une recherche exacte des changements survenus, ils déchargèrent les contribuables qui étaient trop grevés, et assujettirent au cens public ceux qui devaient le supporter. »

Cet impôt direct se perpétua de la sorte jusque sous les rois de la seconde race. Les Francs, qui n'avaient pas de privilège d'exemption, payaient pour leur tête et pour leur *case* ou maison; on prélevait environ une *dixaine* ou dîme sur les terres de grande culture, un peu plus sur celles de petite culture, et sur la vigne une cruche de vin seulement par demi-arpent. Il y avait des *asséeurs* ou répartiteurs, des préposés royaux (*actores regii*), chargés de lever les subsides, des fermiers d'impôts, etc. Un édit de Clotaire II, en 615, blâme cependant l'accumulation des taxes et des péages : il ordonne de ne point les lever ailleurs que dans les lieux où ils ont été établis, et défend de les distraire, sous aucun prétexte, de l'objet auquel ils doivent être affectés.

Sous les Mérovingiens, la monnaie ayant cours ne fut pas commune, quoique les métaux précieux fussent très abondants dans les Gaules, dont les mines d'or et d'argent n'étaient pas encore épuisées. On ne la frappait guère qu'aux grandes circonstances, telles qu'avènement à la couronne, naissance d'un héritier présomptif, mariage du prince, victoire décisive. Il est même probable que toutes les fois qu'on employait la monnaie de compte pour de grosses sommes, la livre ou le sou d'or se trouvait représenté par des masses de métal plutôt que par du numéraire. Ainsi les

tiers de sou d'or, créés et frappés ou fondus dans ces occasions
solennelles, semblent n'avoir été que des médailles commémora-
tives, distribuées entre les grands officiers du trône, et cela expli-
querait leur insigne rareté.

Quant au caractère général des monnaies, soit d'or, soit d'argent
ou de billon, il diffère peu, chez les premiers rois burgondes, aus-
trasiens et francs, de ce qu'il était du temps des derniers empereurs romains; mais insensiblement, sur ces monnaies, l'Ange
portant la croix remplace la Renommée victorieuse, et des mono-
grammes chrétiens, des symboles trinaires, entremêlés souvent à

Fig. 128. — Monnaie d'or de Clovis II.   Fig. 129. — Monnaie d'or de Clotaire III.

l'initiale du nom du souverain, des lettres réputées saintes ou for-
tunées, telles que C, M, S, T, etc., des noms de localités aujour-
d'hui disparues, et divers signes, propres à chaque atelier monétaire, présentent une infinité de problèmes à résoudre (fig. 128
à 131). Malheureusement, les noms de lieux que portent les monnaies mérovingiennes, au nombre d'environ 900, ont rarement
été lus par des numismates qui fussent en même temps linguistes
et géographes. On compte, par exemple, une centaine d'ateliers
monétaires, et l'on ne sait à quel endroit en placer le plus grand
nombre (fig. 132).

A partir du baptême de Clovis, l'Église, comblée de faveurs par
ce roi devenu chrétien, avait possédé des revenus considérables,
couverts d'immunités exceptionnelles. Les fils de Clovis lui con-

testèrent bientôt ses privilèges; mais elle résista. Un jour, elle fut
forcée de céder sous la main de fer de Charles Martel. Ce grand
chef militaire, après sa lutte contre le maire du palais Rainfroy,
après ses victoires éclatantes contre les Saxons, les Bavarois, les
Suisses et les Sarrasins (732), dépouilla le clergé de ses possessions territoriales, afin de les distribuer à ses leudes et de se faire
ainsi des créatures disposées à le servir par les armes.

En montant sur le trône, le roi Pepin, qui avait besoin de ménager l'Église, effaça, autant qu'il le put, les torts de son père
envers elle; il fit mettre les dîmes et les *nones* (neuvième denier à

Fig. 130 et 131. — Monnaies d'or de Dagobert Ier.

prélever sur la valeur des terres) au compte des possesseurs de
chaque domaine ecclésiastique, en leur enjoignant de faire réparer,
au moins, les bâtiments (églises, châteaux, abbayes, presbytères)
sur lesquels ils percevaient des revenus, et de restituer à qui de droit
les propriétés qui n'étaient qu'engagées entre leurs mains (fig. 133).
La résistance des seigneurs terriens fut longue; il fallut Charlemagne et l'autorité de son exemple pour équilibrer les intérêts
des parties contendantes, pour mettre d'accord l'Église et l'État.

Charlemagne, renonçant aux droits arbitrairement établis par
les maires du palais, ne maintint que ceux qu'un long usage avait
légitimés, et il les enregistra avec netteté dans les Capitulaires, où
il fit entrer les anciennes lois des Ripuaires, des Burgondes et des
Francs, en les accommodant toutefois à l'organisation et aux be-

soins de son vaste empire. Dès lors, chaque homme libre concourut
au service militaire, en proportion des biens-fonds possédés par lui.

Le grand vassal, le juge fiscal, fut tenu
de ne plus exercer d'extorsions sur les
citoyens désignés pour défendre l'État;
les hommes libres purent refuser légale-
ment tout travail servile ou obligatoire
que leur imposaient les comtes, et les
corvées dévolues aux serfs furent amoin-
dries. Sans réprouver d'une manière
absolue l'autorité des coutumes locales,
en matière de finance ou de pénalité, la
loi votée aux champs de mai par les
comtes et leudes, en présence de l'empereur, l'emporta sur ces coutumes,
qui n'avaient pas d'origine légale.

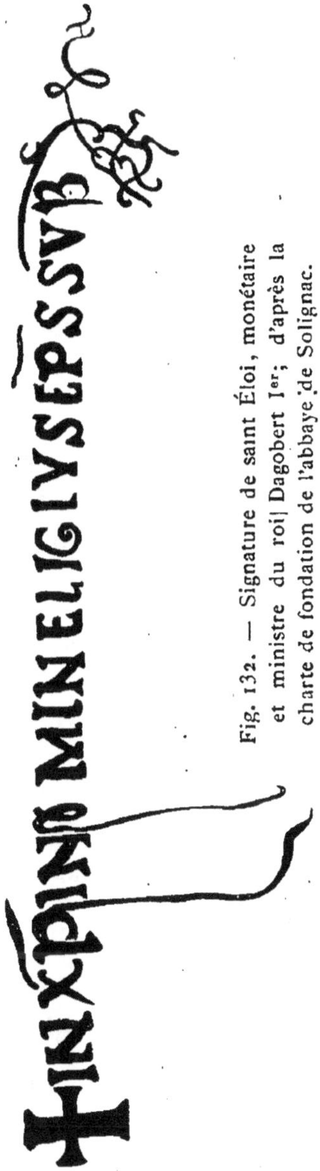

On abolit des taxes arbitraires, dont
l'urgence ne se faisait plus sentir; on
affranchit les vivres, les denrées de consommation, les approvisionnements militaires du droit de mutation qui les
grevait, et l'on fit en sorte que les
revenus des péages de barrières, de
ponts, de portes, etc., fussent appliqués
à l'objet qui en avait provoqué la création, c'est-à-dire à l'entretien des routes
et à la conservation des enceintes for-

Fig. 132. — Signature de saint Éloi, monétaire et ministre du roi Dagobert Ier; d'après la charte de fondation de l'abbaye de Solignac.

tifiées. Le *hériban*, amende de 60 sols (qui auraient valu de nos
jours plus de 6,000 francs), imposée à tout possesseur de fief
qui refusait le service militaire, et que chaque seigneur était tenu

de payer aux lieu et place de ses vassaux absents sous les dra-
peaux du roi, devait produire des sommes considérables. Pour
les ecclésiastiques, une loi formelle leur interdisait de porter les
armes, mais Charlemagne déclara leurs biens inviolables et in-
divisibles.

Il ne surveilla pas avec moins de sollicitude la fabrication et
la circulation monétaires. Il statua que désormais on tirerait de la
livre d'argent 22 sous, de telle sorte que le sol d'argent contien-
drait exactement la vingt-deuxième partie de la livre de métal,
et qu'aucune monnaie ne serait frappée en dehors des palais im-

Fig. 133. — Monnaie d'argent de Pépin le Bref.

périaux (fig. 134). Il interdisait l'émission de toute pièce de mauvais aloi; il ordonnait de punir sévèrement les faux monnayeurs,
et prononçait des amendes rigoureuses contre quiconque refuserait
d'accepter des espèces ayant cours légal.

L'impôt de la dîme en faveur de l'Église, décrété en 585, sous
peine d'excommunication, par le deuxième concile de Mâcon,
et dont l'évêque diocésain opérait la distribution, provoqua
bien des plaintes, bien des résistances, car cette dîme venait
s'ajouter à la dîme du roi, déjà si lourde; mais les titres de possession ayant une commune origine, le prince défendait ses propres intérêts en protégeant ceux de l'Église. Cela ressort du texte
même des Capitulaires, depuis 794 jusqu'à 829. Toutefois, en
rendant la dîme obligatoire, Charles en divisa le revenu en trois

parties : la première, pour bâtir et décorer les églises; la seconde, pour venir en aide aux pauvres, aux pèlerins, aux voyageurs; la troisième, pour l'entretien des prêtres et des clercs. Au douzième siècle, le pape Alexandre III décida que la dîme serait appliquée non seulement aux produits de la terre, mais à ceux des moulins, de la pêche, à la laine des moutons, au miel des abeilles, aux profits de toute espèce de métiers. « Ce qui dans l'origine n'avait été qu'une offrande volontaire due à la piété de quelques fidèles, » dit l'auteur de l'*Histoire financière de la France,* « devint ainsi, pour l'agriculture et l'industrie, un impôt

Fig. 134. — Monnaie d'argent de Charlemagne.

perpétuel, dont l'usage plus que la législation fit un droit; et la dîme, bornée d'abord aux fruits de la terre, s'étendit bientôt à la reproduction du bétail (fig. 135). »

Des envoyés royaux (*missi dominici*), revêtus d'attributions complexes et de pouvoirs très étendus, parcouraient l'empire carolingien, exerçant la haute main sur toutes les affaires, réunissant des *placites* ou plaids provinciaux et s'enquérant particulièrement de la rentrée des deniers publics. Pendant leurs voyages, qui avaient lieu quatre fois par an, ils réformaient les sentences iniques ou en appelaient à l'empereur; ils dénonçaient les prévarications des comtes, punissaient les négligences de leurs assesseurs, et recouraient souvent au principe d'élection pour remplacer des juges indignes par des répartiteurs choisis dans le peuple. Ils vérifiaient l'exactitude des *terriers* ou registres du dénombrement censitaire, veillaient à l'entretien du domaine royal, redressaient les fraudes en matière d'impôt, et poursuivaient les usuriers autant que les faux monnayeurs.

Les *missi dominici* soulevaient trop d'inimitiés parmi les grands vassaux pour ne pas succomber à l'apparition du régime féodal. Leur maître souverain, humilié lui-même, paralysé dans son action politique, ne put les soutenir et n'eut bientôt plus que faire de leur intervention, en perdant une partie de ses privilèges et de sa puissance. Ducs, comtes, barons, devenus *justiciers* sans contrôle, créèrent des taxes et des redevances nouvelles, s'attribuèrent des tributs dus au roi; si bien qu'à la fin du dixième siècle les Capitulaires de Charlemagne n'avaient plus force de loi.

On vit alors s'accumuler, au profit des seigneurs, une multitude de droits nouveaux, dont les noms sont tombés en désuétude avec les redevances féodales qu'ils représentaient : droits d'*escorte* et d'*entrée*, de *main morte*, de *lods* et *ventes*, de *relief* ou de rachat, les *champarts*, la *taille*, le *fouage*, les diverses *banalités* de pressoir, de mouture, de four, etc., sans préjudice des dîmes dues au roi et à l'Église. Or, la dîme royale ne se payant presque jamais, il fallait que les rois se créassent d'autres ressources pour remplir leur trésor : ils recevaient des *aides* en argent; ils levaient une *taille* sur leurs vassaux roturiers; ils exigeaient des prestations en nature; ils participaient au bénéfice des confiscations, ils vendaient à beaux deniers comptants chartes et privilèges, patronage des juifs, etc. Enfin, ressource dernière, la fabrication de la fausse monnaie leur venait en aide. Malheureusement pour eux, chaque grand vassal leur faisait concurrence à cet égard. La quantité prodigieuse de mauvaises pièces, fabriquées

au-dessous du titre ou du poids depuis le neuvième siècle, consom-
ma la ruine publique.

Ce fut une triste période de chaos social. On ne distingua

Fig. 135. — Péage des marchés, prélevé par un clerc. D'après un des vitraux peints
de la cathédrale de Tournai. xvᵉ s.

plus l'homme libre du vilain, le vilain du serf; le servage était
général; l'homme se trouvait inféodé à la terre qu'il arrosait de
ses sueurs et qui produisait pour d'autres que pour lui. Les villes

mêmes, à part certaines cités privilégiées, comme Florence, Paris, Lyon, Reims, Metz, Strasbourg, Marseille, Hambourg, Francfort, Milan, relevaient de quelque seigneur ecclésiastique ou laïque et ne jouissaient que d'une liberté plus ou moins restreinte.

Vers la fin du onzième siècle, sous Philippe Ier, l'enthousiasme pour les croisades prit un caractère universel, et tous les grands s'associant à l'œuvre sainte pour la délivrance du tombeau de Jésus-Christ, il leur fallait beaucoup d'argent : ils en amassèrent quelque peu par des taxes nouvelles, mais bien davantage par l'aliénation d'une partie de leurs droits féodaux. Ils vendirent aux bourgs, aux villes, aux abbayes certaines franchises qu'ils leur avaient enlevées autrefois; ils exigèrent une subvention de quiconque se refusait à les suivre en Palestine; ils pressurèrent les négociants étrangers et surtout les juifs, et l'on vit une foule de seigneurs ayant fief, réduits aux plus tristes expédients, vendre à vil prix leurs domaines ou les mettre en gage dans les mains de ces mêmes juifs qu'ils frappaient de taxes arbitraires. Chaque ville où s'était maintenu l'esprit de la municipalité gallo-romaine profita de la circonstance pour accroître ses libertés, ou pour étendre son territoire; chaque monarque jugea aussi l'occasion favorable pour réunir de nouveaux fiefs à sa couronne et pour faire rentrer le plus de grands vasseaux possible sous sa dépendance. Alors naquirent les *communes,* et de cette époque datent les premières *chartes* d'affranchissement, véritables contrats obligatoires de solidarité réciproque entre le peuple et le souverain. Outre les redevances annuelles dues au roi ainsi qu'aux seigneurs fieffés, outre les subsides généraux, tels que le cens et la dîme, les *communautés* furent obligées de pourvoir à l'entretien des murailles ou remparts, au pavage des rues, au curage des puits, à la garde des portes urbaines, aux menus frais d'administration locale.

Louis le Gros avait conçu l'espérance d'opérer une répartition de l'impôt sur des principes fixes; par ses ordres, on s'occupa d'un nouveau cadastre des terres du royaume, mais diverses calamités firent ajourner cette mesure utile. En 1149, Louis le Jeune, sous le coup d'un désastre éprouvé par les princes croisés, alla plus loin qu'aucun de ses prédécesseurs : il exigea de tous ses sujets un sol par livre sur le revenu de chacun, et le vingtième fut payé, même par l'Église, qui dut, pour l'exemple, ne pas faire valoir ses immunités. Quarante années après, dans un concile ou *grand parlement*, convoqué par Philippe-Auguste, une nouvelle croisade fut décidée, et en même temps fut établi, sous le nom de *dîme saladine,* un impôt annuel sur les biens, meubles et immeubles, de quiconque ne prendrait pas la croix pour aller combattre le sultan Saladin. La noblesse protesta d'une manière si violente, qu'il fallut que le roi remplaçât la dîme par une taille moins générale, moins vexatoire dans son mode de perception, mais plus productive encore.

En revenant d'outre-mer (1191), Philippe-Auguste, pour soutenir ses grandes guerres et pour payer les premières troupes soldées qu'on ait vues au service des rois de France, tailla et imposa tout le monde, noblesse, bourgeoisie, clergé; il ratifia d'abord les confiscations énormes opérées sur les juifs bannis du royaume, et vendit ensuite aux plus riches d'entre eux l'autorisation temporaire d'y rentrer.

Les juifs possédant seuls des fonds disponibles, puisque seuls ils trafiquaient et tiraient intérêt de l'argent prêté, le gouvernement, qui les rappelait pour les avoir sous sa main, se ménageait ainsi une ressource précieuse, dont il pouvait toujours user. Mais comme le droit de lever des impôts sur les vassaux des seigneurs fieffés lui était interdit, le roi convoquait les barons, en cas d'urgence; et ceux-ci, après avoir débattu avec lui le chiffre des sommes exigées, ou dressé un rôle de répartition, toujours supérieur au chiffre demandé, se chargeaient de faire la *cueillette* desdits impôts et payaient au roi ce qui lui revenait, en retenant le surplus, qu'ils se distribuaient entre eux.

La création du revenu public, formé de contributions réparties sur toutes les classes sociales, avec réserves obligatoires et fixées d'avance, date donc du règne de Philippe-Auguste. Les rentes annuelles de l'État atteignirent alors 36,000 marcs ou 72,000 livres pesant d'argent (environ 16 ou 17 millions, au taux actuel de la monnaie). Le trésor, déposé dans la grosse tour du Temple (fig. 136), était sous la garde de sept bourgeois de Paris; un clerc du roi tenait registre des recettes et dépenses. Ce trésor devait être bien rempli à la mort de Philippe-Auguste, car les legs testamentaires de ce monarque furent considérables. Une de ses dernières volontés mérite qu'on la signale, c'est l'ordre formel, donné à Louis VIII, de n'employer qu'à la défense du royaume certaine somme qu'il léguait pour cet objet.

Lorsque Louis IX, vainqueur à Taillebourg (1242), vainqueur à Saintes, eut soumis les grands vassaux révoltés, il s'empressa de réglementer l'impôt des tailles, par un code spécial publié sous le titre d'*Établissements.* Cet impôt, foncier et personnel, frappait tous les habitants du royaume. Les terres non privilégiées échues aux ecclésiastiques, à quelque titre que ce fût, les maisons que les gentilshommes n'occupaient point eux-mêmes, leurs biens ruraux, leurs propriétés à bail ou à loyer, subissaient aussi la taille, mais dans d'autres conditions que les biens *en roture;* ce qui établissait deux espèces de taille : la taille dite *d'occupation* et la taille *d'exploitation,* qu'on répartissait d'après un cadastre aussi régulier que possible. L'ancienne coutume avait maintenu

Fig. 136. — La tour du Temple; d'après un dessin du xviiie s. Tiré de *Paris à travers les âges.*

la taille, comme mesure d'exception, dans les cas suivants : quand un seigneur armait son fils chevalier ou mariait sa fille; quand il avait à payer sa rançon, quand il allait *chevaucher,* c'est-à-dire entrer en campagne contre les ennemis de l'Église ou pour la défense du territoire. C'était ce genre de taille qu'on appelait l'*aide aux quatre cas.*

A cette époque, l'arbitraire faussait trop souvent la coutume, et Louis IX, en prêtant une force légale à la coutume, tâcha de la ramener aux vrais principes de justice et d'humanité. Il ne fut pas moins soigneux toutefois de ses privilèges personnels, notamment en ce qui concernait les monnaies (fig. 137 et 138). Il voulut que leur fabrication s'opérât exclusivement dans son palais, comme du temps des rois carolingiens, aux poids et titre fixés par lui, et, en décidant qu'elles auraient cours dans tout le royaume, il s'attribua la juridiction exclusive du monnayage.

Quant aux diverses localités, villes et autres, qui relevaient directement de la couronne, Louis IX arrêta *comme on doit asseoir la taille :* des prud'hommes élus, au suffrage de l'assemblée générale des trois ordres (noblesse, clergé, tiers état), répartissaient la taxe individuelle; puis les prud'hommes eux-mêmes étaient taxés par quatre d'entre eux, désignés d'avance. L'usage des subsides seigneuriaux prélevés dans chaque petite juridiction féodale ne put être aboli, malgré le désir qu'en avait le souverain, tant les seigneurs étaient encore puissants; mais il leur fut interdit de répartir aucune taille sans convocation préalable des vassaux, accompagnés de leurs tenanciers.

On maintint provisoirement les péages des voies publiques, des ponts (fig. 139), des ports, des foires et des marchés, malgré les entraves préjudiciables qu'en éprouvait le commerce; seulement, on rendit libre la circulation des grains d'une province à l'autre; on supprima les *manumissions,* qu'il fallait payer cher, et l'on

força les seigneurs à ne point distraire le produit des péages du
but spécial pour lequel on les avait créés. Les seigneurs avaient
mission de garder les routes, « depuis le soleil levant jusqu'au
soleil couchant », car ils devaient être responsables des vols commis sur les· voyageurs dans l'étendue de leurs domaines.

Louis IX, en remboursant la valeur des objets dérobés par

Fig: 137. — Denier d'or de Louis IX.

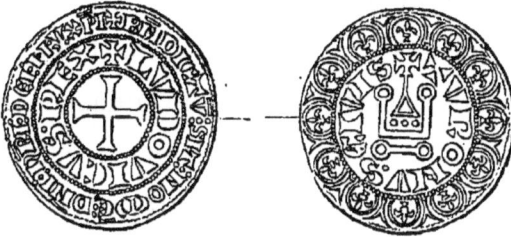

Fig. 138. — Gros tournois d'argent de Louis IX.

l'incurie de ses officiers, donna ·lui-même l'exemple du respect
que commandait la loi. Les préposés au recouvrement des deniers
royaux, les *mayeurs* ou maires chargés d'encaisser les cotisations
volontaires et les taxes sur divers objets de consommation, procédaient sous l'œil des *gens du roi,* qui se réunissaient pour former une ·juridiction financière, appelée plus tard « chambre des
comptes ». Un droit d'indemnité, au profit des seigneurs fieffés,
droit analogue à celui de l'amortissement domanial, fut imposé
aux gens de mainmorte, afin de compenser le préjudice que causait

au fisc la perte des droits de mutation ; ce droit d'indemnité représentait environ le quart ou le cinquième de la valeur de l'im-
meuble. Cependant, pour couvrir les énormes dépenses de ses
deux croisades, saint Louis avait dû, pendant son règne, imposer
deux nouveaux *décimes* (dîmes) à son peuple, si obéré déjà. Il ne
paraît pas que ces impôts extraordinaires lui aient aliéné le cœur
de ses sujets : l'esprit de tous était encore porté aux pèlerinages
d'outre-mer, et le pieux monarque, malgré ses sacrifices inutiles,
malgré ses expéditions désastreuses, mérita le surnom de *prince
de paix et de justice,* que lui décerna son siècle.

Depuis Louis IX jusqu'à Philippe le Bel, le plus dépensier des
rois, mais en même temps le plus ingénieux à créer des ressources au trésor, le mouvement économique et financier de l'Europe
s'accentue et achève de se centraliser en Italie. Florence présente
l'ensemble le plus complet de privilèges municipaux auxquels
puisse prétendre une grande cité florissante, habilement et forte-
ment organisée ; Pise, Gênes, Venise font affluer vers l'Adriatique
et la Méditerranée une partie du commerce européen. Partout
les juifs et les lombards, initiés de longue date à la science mystérieuse du crédit et accoutumés au maniement usuraire de l'argent, établissent des banques, des monts-de-piété, où bientôt vien-
dront affluer joyaux, diamants, armes de luxe, mis en gage par
les princes et les grands seigneurs (fig. 140).

Les *maltôtiers* (de l'italien *mala tolta,* taille injuste), percepteurs
ou fermiers d'impôts, payaient chèrement le privilège d'exercer leur
industrie, toujours malhonnête et souvent cruelle. Le fisc exigeait
d'eux une quantité fixe de *deniers, d'oboles* ou de *pitte* (sorte de
petites monnaies, qui variaient de valeur selon la province), par
chaque opération de banque ou par chaque livre de marchandise
vendue, car la liberté de toute espèce de commerce leur était dé-

volue ainsi qu'aux juifs, et ils se prévalaient d'une exemption absolue de tailles, de taxes, de corvées, de service militaire et de
redevance municipale.

Fig. 139. — Droit de péage au passage d'un pont. D'après un des vitraux peints
de la cathédrale de Tournai. xvᵉ s.

Philippe le Bel, dans ses interminables guerres contre le roi
de Castille, còntre l'Angleterre, l'Allemagne et la Flandre, éprouvait sans cesse des pénuries d'argent, auxquelles il devait faire

face par des moyens héroïques : de là une continuelle recrudescence de subsides monstrueux. En 1295, il demande à ses sujets un emprunt forcé, et bientôt après il les impose, sans vergogne, à un centième, puis à un cinquantième de leurs revenus. Il suspendit, pour tous les seigneurs, le droit de battre monnaie, et s'arrogea le droit exclusif « de l'abaisser et amenuiser », ce qui le faisait qualifier hautement de *faulx monnoyeur*. Aucun souverain, en effet, n'a fabriqué plus de monnaies au-dessous du titre; aucun n'a spéculé davantage sur le mouvement d'élévation et d'abaissement alternatif du taux monétaire, sur le *cry et decry des espèces*. Philippe le Bel ne changeait ainsi l'*aloi* ou le titre de la monnaie courante que pour contre-balancer les fâcheux résultats du monnayage abusif des seigneurs, et surtout pour combattre le trafic coupable des juifs et des lombards, qui tantôt accaparaient le numéraire, tantôt rognaient les pièces avant de les remettre en circulation, et qui s'attaquaient sous toutes les formes à l'économie monétaire du royaume (fig. 141).

En 1303, l'*aide au leur*, qui fut nommée depuis l'*aide de l'ost* ou de l'armée, nouvel impôt foncier imaginé par Philippe le Bel pour former une armée sans bourse délier, fut attribuée, sans distinction, aux ducs, comtes, barons, dames, damoiselles, archevêques, évêques, abbés, doyens, chapitres, collèges et autres personnages d'église, nobles ou non nobles. Les nobles durent fournir, par 500 livrées de terre, un gentilhomme monté, équipé, armé de toutes pièces; les non-nobles eurent la charge d'armer et d'équiper, par 100 feux, six sergents de pied. Une autre ordonnance du roi accorda la faculté de rachat moyennant 100 livres (environ 10,000 francs au taux actuel), pour chaque gentilhomme armé, et moyennant 2 sols (environ 10 francs) par jour, pour chaque soldat, que ne fourniraient pas les communes, les universités et les villes. La

France entière jeta les hauts cris; des révoltes éclatèrent dans plusieurs provinces; à Paris, le peuple démolit la maison d'Étienne Barbette, maître de la monnaie, et insulta le roi dans son palais du Temple. Il fallut que l'autorité royale sévît avec vigueur. Philippe avait appris trop tard qu'en fait d'impôt à établir, il importe que la nation soit d'abord consultée.

Fig. 140. — Vue de l'ancien pont aux Changeurs. D'après une estampe de la Topographie de Paris. Bibl. nat.

Pour la première fois (1313), la bourgeoisie, les syndics ou députés des communes, furent appelés, sous le nom de *tiers état* (troisième ordre de l'État), à exercer le droit le voter librement l'aide ou le subside qu'il plairait au roi de leur demander. Après cette mémorable assemblée, un édit, qu'elle avait autorisé, ordonna la levée de 6 deniers par livre sur n'importe quelle marchandise vendue dans le royaume. Paris paya sans contrainte, tandis que les provinces firent entendre de sourds murmures. L'année sui-

vante, le roi ayant voulu porter à 12 les 6 deniers d'impôt votés
par l'assemblée de 1313, clergé, noblesse, tiers état se liguèrent
à la fois contre les extorsions du gouvernement. La proscription
et la spoliation des Templiers ne lui fournirent que des ressources
précaires et bientôt épuisées.

A l'avènement de Louis X (1315), la guerre contre les Flamands devenait imminente, et le trésor royal manquait absolument d'argent. Le roi fit un fâcheux essai du système d'altération
d'espèces que son père avait mis en œuvre ; il montra aussi des
exigences fiscales qui exaspérèrent ses sujets. Il lui fallut, sous
la menace des *émotions* populaires, supprimer la dîme établie
pour l'armée, et sacrifier à l'animosité générale le surintendant
des finances Enguerrand de Marigny, qui fut jugé par une commission extraordinaire du parlement, condamné à mort comme
dilapidateur des deniers publics, sans pouvoir présenter sa défense,
et pendu au gibet de Montfaucon.

N'osant hasarder une convocation des états généraux du royaume,
Louis X réunit des assemblées provinciales, par sénéchaussée,
et obtint de la sorte quelques subsides, qu'il promit de rembourser
sur les revenus de ses propres domaines. Le clergé lui-même se
laissa imposer, et ferma les yeux sur le détournement des fonds
qu'on tenait en réserve pour une nouvelle expédition d'outre-mer.
On éleva les droits de franchise commerciale et d'échange monétaire, que payaient les juifs, les Lombards, Toscans et autres
Italiens ; on vendit à l'enchère quantité d'offices de judicature ;
la roture put alors acheter au roi des lettres d'anoblissement,
ainsi qu'elle l'avait déjà fait sous Philippe le Bel. On alla même
beaucoup plus loin : on continua l'affranchissement des serfs,
commencé dès l'an 1298, moyennant un cens mobile, calculé d'a-
près les facultés de chacun d'eux ; en sorte que sous Philippe V,

frère de Louis X, la servitude personnelle était presque complètement abolie, au moins de nom.

Chaque province, sous ce règne besogneux et avide, arracha
de la couronne quelque concession, et toujours à prix d'argent; la
Normandie, la Bourgogne, qu'on redoutait entre toutes, à cause
de leur turbulence, reçurent par là de notables apaisements. Quant
aux espèces déchues « du poids et de l'aloi, en quoi elles estoient
du temps de monsieur saint Louis, » elles furent naturellement
déchues des « franchises de cours » et retirées de la circulation.

Fig. 141. — Masse d'or de Philippe IV dit le Bel.

L'idée des lettres de change remonte à cette époque, bien qu'elles
ne soient mentionnées pour la première fois que sous Louis XI.

Grâce à la paix conclue avec la Flandre, grâce aux 30,000 florins
d'or qu'elle versa entre les mains de son suzerain pour arrérages
de contributions, grâce surtout aux principes d'ordre et d'économie dont Philipe V, dit le Long, ne se départit jamais, la France
changea complètement d'attitude. On vit un roi donner l'exemple
des réformes, en réduisant les dépenses de sa maison; réunir chaque mois, autour de sa personne, un grand conseil pour examiner
et discuter les choses d'intérêt public; n'admettre qu'un seul trésor,
le trésor national, où devaient être versés tous les produits des
revenus de l'État; exiger des trésoriers un compte semestriel de

leur gestion et un journal quotidien de recettes et dépenses; défendre aux clercs du Trésor d'inscrire, soit en recette soit en dépense, le moindre article sans autorisation cédullaire des *gens des Comptes* (fig. 142), et les forcer d'assister au contrôle des sommes reçues ou versées par les changeurs-jurés. Les domaines, les justices du roi, les droits de sceau, de greffe ou de geôle, se donnaient à ferme, aux enchères, moyennant caution proportionnelle. Les baillis et sénéchaux rendaient leurs comptes à Paris chaque année : ils ne pouvaient s'absenter sans permission du roi, et il leur était interdit formellement, « sous peine de corps et de biens, » de spéculer sur les deniers publics. Le plus grand mystère enveloppait d'ailleurs les opérations du fisc.

L'unité monétaire imposée aux espèces ayant cours dans le royaume (fig. 143), et l'expulsion de tous les agents du fisc, la plupart d'origine italienne, avec confiscation de leurs biens s'ils étaient reconnus prévaricateurs, signalèrent l'avènement de Charles le Bel (1322). On bénissait cet heureux début, mais presque aussitôt des droits de *rêve,* des droits de *haut passage,* sur les marchandises exportées, spécialement sur les grains, vins, foins, bestiaux, cuirs, sels, excitèrent des plaintes légitimes.

Philippe VI, dit *de Valois,* politique plus adroit que son prédécesseur, sentit la nécessité de conquérir l'affection du peuple, en le ménageant dans sa fortune privée. Afin d'établir l'assiette du revenu public, il réunit des états généraux (1330), composés de barons, prélats et députés des bonnes villes; puis, voulant terrifier, par un grand exemple, les agents des finances, il permit l'arrestation du surintendant Pierre de Montigny, dont les biens, confisqués et vendus au profit du Trésor, produisirent la somme énorme de 1,200,000 livres (plus de 100 millions de notre monnaie).

La longue et terrible guerre que le roi eut à soutenir contre les

Anglais amena et autorisa des mesures fiscales d'une rigueur extrême : on étendit le réseau des domaines de l'État, en les grevant

Fig. 142. — Hôtel de la chambre des comptes, dans la cour du Palais, à Paris;
d'après une gravure du XVIᵉ siècle.

de nouveaux impôts; on renouvela et l'on maintint, pendant plusieurs années, la levée de la dîme sur les biens ecclésiastiques;

on chargea de droits onéreux (4 à 6 deniers par livre) la vente des boissons dans les villes et celle des marchandises pour tout le royaume. La *gabelle* (impôt du sel), que Philippe le Bel avait déjà essayé d'établir, et que son successeur Louis X s'était empressé d'abolir pour satisfaire au vœu unanime des populations, fut *remise sus* par Philippe VI, et ce roi, ayant fait vendre le sel de ses domaines, « acquit l'indignation et malgrâce des grands comme des petits ».

Philippe de Valois avait d'abord fabriqué ses monnaies aux titre

Fig. 143. — Petit aignel d'or de Charles IV.

et poids de celles de saint Louis, mais bientôt il les altéra, tantôt plus, tantôt moins, et il eut l'hypocrisie de le faire secrètement, de manière à retirer de la circulation toutes les pièces *fortes* pour les remplacer par les pièces *faibles* ou *légères :* ce qui faisait arriver dans les coffres de l'État une portion notable du numéraire (fig. 144).

Le roi Jean (1350), en succédant à son père, trouva le trésor vide et le royaume épuisé : il fallait, néanmoins, créer des ressources pour continuer la guerre contre les Anglais, qui dévastaient et rançonnaient une partie de la France. Une imposition sur la vente des marchandises ne suffisant pas, on suspendit le payement des dettes : l'État se reconnaissait ainsi lui-même insolvable. On poussa aux dernières limites le droit monétaire, dit *seigneuriage,* que le roi prélevait sur les monnaies'nouvellement frappées et qu'il augmentait à volonté, au moyen de l'alliage représentant le taux de ce droit mobile. On accrut les douanes d'exportation et d'importation, malgré les plaintes du commerce en souffrance. Ces expédients financiers eussent semblé intolérables si Jean n'avait eu la précaution de les faire approuver par les états généraux ou provinciaux, qu'il réunissait tous les ans.

En 1355, les *estats* (généraux) furent convoqués; le roi, qui avait à entretenir 30,000 hommes d'armes, leur demanda de pourvoir à

Fig. 144. — Écu d'or de Philippe VI.

cette dépense annuelle, évaluée 5 millions de livres parisis (environ 300 millions de notre temps), et les états, animés d'un généreux sentiment de patriotisme, ordonnèrent « une imposition de 8 deniers pour livre de toutes denrées et marchandises vendues, à l'exception des héritages, payable par le vendeur, de quelque qualité qu'il feust, gens d'église, nobles et aultres, et que gabelle du sel courroit parmy tout le royaulme de France ». Le roi promettait, tant que durerait l'*aide,* de ne lever aucun autre subside et de fabriquer une monnaie bonne et stable (fig. 145), savoir : deniers d'or fin, monnaie *blanche* ou d'argent, monnaie de billon ou de métal mélangé, deniers et *mailles* de cuivre. L'assemblée nomma des commissaires ambulants ou collecteurs, et trois *géné-*

raux ou *superintendants* des aides, lesquels avaient sous leurs ordres deux receveurs et un nombre considérable de sergents-percepteurs, dont la gestion fut réglée avec un soin minutieux. De son côté, le roi renonça au droit de saisine ou d'héritage et de mutation, aux convocations d'arrière-ban, aux emprunts forcés, dont l'arbitraire révoltait tout le monde. L'année suivante, l'imposition de 8 deniers ayant provoqué plusieurs soulèvements, l'assemblée lui substitua une capitation personnelle, réglée d'après la fortune et les revenus de chacun.

Fig. 145. — Grand aignel d'or de Jean le Bon.

Les finances de l'État n'en étaient pas moins dans la situation la plus chétive et la plus précaire. La fatale journée de Poitiers (1356), où Jean tomba au pouvoir des Anglais, exigea pourtant de nouveaux sacrifices pécuniaires. Les états généraux furent assemblés par le dauphin, et personne, en présence des malheurs du pays, n'eut la pensée de fermer les cordons de sa bourse; la noblesse, qui avait déjà donné son sang, donna encore tous les produits de ses redevances féodales; l'Église paya une décime et demie, et la bourgeoisie montra le plus noble désintéressement, tout en s'élevant avec force contre les exacteurs et les dilapidateurs des deniers publics. La rançon du roi avait été fixée à 3 millions d'écus d'or (près d'un milliard), payables en six années, et la paix

de Brétigny (1361) fut soldée par l'abandon d'un tiers du territoire de la France, mais on devait encore se féliciter de ce résultat,
car « la France estoit à l'agonie, dit un chroniqueur, et, pour si
peu que son mal durast, elle alloit perir ».

Le roi Jean, reconnaissant de l'amour et du dévouement que ses

Fig. 146. — Mesurage du sel. Fac-similé d'une gravure sur bois des *Ordonnances
de la prevosté des marchands de Paris* (1500).

sujets lui avaient témoignés, revint de captivité, avec l'intention
formelle d'alléger les charges qui pesaient sur eux : en conséquence,
de son propre mouvement, il supprima les gages, beaucoup trop
forts, perçus par les commissaires chargés de lever les subsides;
il abolit les péages de grande voirie; il vendit chèrement aux
juifs la permission de séjourner dans le royaume et d'y exercer un
trafic quelconque : ce qui lui procura immédiatement de grosses

sommes; il promit surtout de ne plus altérer les monnaies et il s'efforça de répartir l'impôt d'une manière équitable. Malheureusement, on ne pouvait se passer de revenus publics, et il fallait, en six années, acquitter la rançon royale. Le peuple, toujours *corvéable à merci,* comme on disait alors, paya une bonne part de cette rançon, puisque le cinquième des 3 millions d'écus d'or qui la composaient fut imposé sur le sel (fig. 146), puisqu'on perçut le treizième sur le prix de vente des boissons fermentées, et 12 deniers par livre sur toute denrée vendue et revendue à l'intérieur.

L'arbitraire royal n'ayant pu s'abriter sous la sanction des états généraux ou provinciaux, quelques provinces protestèrent contre ce droit d'exportation et furent traitées comme étrangères dans le transit des marchandises. D'autres provinces s'étant rachetées des droits d'aide, on vit alors naître un système compliqué de franchises, de prohibitions et de réserves, qui, jusqu'en 1789, étaient du ressort exclusif de la cour des aides, et qui entravaient singulièrement la marche des affaires.

Lorsque Charles V, dit *le Sage,* monta sur le trône (1364), la France, ruinée par les désastres de la guerre, par l'énormité des impôts, par l'absence presque absolue de commerce et de sécurité intérieure, offrait de toutes parts un sombre tableau de misères et de désolations, auxquelles venaient s'ajouter, tantôt sur un point, tantôt sur un autre, la famine, les épidémies, et surtout les ravages incessants des bandes de pillards qui s'étaient surnommés eux-mêmes *Écorcheurs, Routiers, Tard-venus,* etc., plus redoutables aux paysans que ne l'avaient été les Anglais. Juste, économe et prévoyant, Charles était seul capable d'établir l'ordre au milieu du désordre général.

S'appuyant sur le vote d'une assemblée des états, tenue à Chartres (1367), il diminua de moitié l'impôt du sel, réduisit le nombre;

les gages et les immunités des agents fiscaux, et s'enquit de
toutes les malversations (fig. 147), pour les faire cesser et les punir;
il voulut qu'annuellement les dépenses publiques fussent réglées

Fig. 147. — Les gens de cour amassant des trésors aux dépens des pauvres gens; d'après une
miniature du *Trésor* de Brunetto Latini, ms. du XIVe s.

d'après leur emploi respectif. Il protégea le commerce, facilita les
échanges, supprima le plus grand nombre possible de péages et de
taxes sur les matières textiles ou sur les objets fabriqués; il permit
aux juifs de posséder des biens-fonds, et fit un appel aux négociants étrangers. Pour la première fois, on soumit les ouvrages d'or-

fèvrerie à des marques légales. Il opéra une refonte générale des
monnaies d'or et d'argent, de manière que leur valeur ne fût plus
fictive et variable; car depuis plus d'un siècle les monnaies avaient
si souvent varié de poids, de titre, de nom et de valeur, que, suivant les termes d'une ordonnance du roi Jean, « à grand'peine
estoit homme qui, en juste payement des monnoies, de jour en
jour se pust connoistre ».

La reprise des hostilités entre la France et l'Angleterre (1370)
interrompit, par malheur, le cours progressif et régulier de ces
améliorations économiques; les états, auxquels le roi dut demander des aides pour faire la guerre aux Anglais, décidèrent qu'on
imposerait le sel d'un sol par livre, le vin en gros d'un treizième,
le vin en détail d'un quart, et qu'on établirait une sorte d'impôt
foncier, dit *fouage* (taille par feu), de 6 francs dans les villes et
de 2 francs dans les campagnes. On préleva, en outre, des droits
d'entrée sur les vins dans les villes fermées, et l'on affecta le produit de la gabelle à l'usage personnel de la famille royale. Chaque
diocèse eut sa ferme des aides, sa ferme des gabelles. Les *élus*,
constitués en délégués royaux, étaient chargés de surveiller l'ad-
judication des droits affermés, de régler l'assiette des tailles, des
contraintes, et de juger en première instance les affaires contentieuses. Les collecteurs d'impôts devaient être choisis, par les intéressés ou ayant cause, dans chaque localité, mais les *généraux*
des finances, au nombre de quatre, restaient à la nomination du
souverain. Cette organisation administrative, créée sur des bases
solides, caractérise tout un système financier. L'assemblée qui le
légitima, et qui fit passer de la nation au roi l'exercice du droit
public en matière d'impôt, fut une réunion non des trois ordres,
mais seulement de personnages notables, prélats, seigneurs, et
bourgeois de Paris, réunis aux premiers magistrats du royaume.

On ne lira pas sans intérêt l'extrait suivant du règlement du 15 novembre 1372, véritable budget de la France sous le règne de Charles V :

			L. m. francs.
Article 18.	Assignations pour le payement des gens d'armes.		
— 19.	Assignations pour le payement des gens d'armes et arbalestriers, de nouvelle formation........	XLII	—
— Id.	Pour le faict de la mer.....................	VIII	—
— 20.	Pour l'ostel du Roy......................	VI	—
— Id.	Pour mettre ès coffres du Roy..............	V	—
— 21.	Il plaist au Roy que le receveur général ait chascun mois pour les choses qui surviegnent en la Chambre........................	X	—
— Id.	Pour payer les deptes.....................	X	—
	TOTAL........	CXXXI m. francs.	

C'était donc pour l'année 131,000 francs, en écus d'or, représentant au taux actuel environ 12 millions, affectés aux dépenses de l'État, sur lesquels la somme de 5,000 francs, équivalant à 275,000 francs de notre monnaie, était attribuée à ce que nous appelons la *liste civile* (fig. 148).

Charles VI, encore mineur, fut placé sous la tutelle de ses oncles (1380) : l'un d'eux, le duc d'Anjou, se fit régent de vive force et s'empara du trésor royal, caché au château de Melun, ainsi que de toutes les économies du feu roi; mais, au lieu de s'en servir pour alléger les charges du peuple, il imposa pour la première fois les menues denrées, la nourriture du pauvre. Il y eut alors un cri général d'indignation, un soulèvement formidable de réprobation et de vengeance, à Paris et dans les grandes villes. Le conseil de régence eut l'air de céder : les nouvelles taxes furent supprimées ou du moins abandonnées en apparence. L'insurrection, que le succès rendait plus exigeante, voulut davantage : elle s'attaqua d'abord aux juifs, aux receveurs d'impôts. Ceux-ci furent pendus ou massacrés, et leurs registres lacérés; ceux-là, maltraités et chassés, malgré le permis de séjour qu'ils avaient acheté à prix d'argent.

Une assemblée d'états, convoquée à Paris par les oncles du roi, prit parti pour le peuple. Le régent et ses frères parurent comprendre la justice des réclamations qui leur étaient adressées, et le calme sembla renaître.

Tout à coup, en dépit des promesses solennelles du conseil de régence, les impôts furent mis à ferme et adjugés à huis clos. Puis, comme un impôt ne pouvait être perçu avant d'avoir été annoncé publiquement, on gagna, à prix d'argent, un huissier, qui se chargea de la criée, malgré le danger dont le menaçait l'exaspération du peuple. Monté sur un cheval vigoureux, il se rendit aux halles, cria qu'on avait volé la vaisselle du roi, et promit une récompense à ceux qui découvriraient les auteurs du méfait; profitant ensuite de la rumeur excitée par cette annonce, il piqua des deux, et publia, en traversant la ville au galop, que, le jour suivant, on lèverait les impôts. Mais la tentative que l'on en fit devint le signal d'une sédition sanglante dite *des Maillotins,* et la capitale resta au pouvoir du peuple ou plutôt de la bourgeoisie, qui faisait agir pour son compte le populaire (1382). Les villes de Rouen, de Reims, de Troyes, d'Orléans, de Blois, beaucoup de localités en Beauvaisis, en Champagne et en Normandie, suivirent l'impulsion des gens de Paris. On ne sait jusqu'où la révolte serait allée sans la victoire de Rosebecque, remportée sur les Flamands.

Cette victoire permit aux oncles du roi de rentrer dans Paris et d'y rasseoir l'autorité royale, non sans faire payer cher aux maillotins et à leurs complices leur résistance à la royauté. Aides, fouages, gabelles et tous autres subsides, abolis ou du moins lais-

sés en suspens, furent rétablis; on abaissa seulement d'un treizième
à un huitième le droit sur les vins, bières et les boissons fermentées; on assujettit le pain à la taxe de 12 deniers par livre, et la
gabelle atteignit le taux exorbitant de 20 francs d'or (environ
1,200 francs de notre temps) par muid du poids de 60 quintaux.
Certains adoucissements, divers compromis eurent lieu seulement en faveur de l'Artois, du Dauphiné, du Poitou et de la Sain-

Fig. 148. — Franc à cheval d'or. Charles V.

tonge, grâce aux contributions volontaires que ces provinces
avaient proposées et acceptées.

Enhardis par le succès de leur gouvernement exacteur et arbitraire, les ducs d'Anjou, de Bourgogne et de Berry, sous prétexte
de frais de guerre, firent encore accroître les impôts (1385-1388) :
le droit de gabelle fut porté à 40 francs d'or (2,400 francs environ)
par muid; les ecclésiastiques payèrent au roi une demi-décime et
au pape plusieurs décimes, ce qui n'empêcha pas un emprunt
forcé. Charles VI ayant atteint sa majorité et pris en main le pouvoir royal, son oncle, le duc de Bourbon, appelé à la direction des
affaires, ramena un peu d'ordre dans les finances; mais bientôt
le duc d'Orléans, frère du roi, s'empara du gouvernement, de
concert avec sa belle-sœur, la reine Isabeau de Bavière, et tous
deux outre-passèrent à l'envi les exactions commises sous la régence du duc d'Anjou.

La misère publique était au comble, et le peuple payait toujours, en gémissant. Le droit d'imposition foraine sur les denrées et marchandises fut augmenté et déclaré domanial; on établit une taille générale; on opéra des confiscations odieuses, des violations de caisses publiques. Les états, tenus à Auxerre et à Paris (1412-1413), flétrirent le luxe et les violences des trésoriers, des généraux, des aides, des receveurs royaux, des grènetiers,

Fig. 149. — Salut d'or. Charles VI.

fermiers, et de tous ceux qui avaient eu part au maniement des finances; mais ils accordèrent l'impôt en promulguant un règlement illusoire. On établit alors des taxes extraordinaires, dont le non-payement entraînait l'incarcération immédiate de l'imposé, et l'on autorisa l'altération des monnaies (fig. 149 et 150), ainsi que certaines aliénations du domaine. Ces abus monstrueux s'accomplissaient sous le nom du roi, en démence depuis plus de quinze ans.

Le honteux traité de Troyes (1420), en vertu duquel Henri V, roi d'Angleterre, devait, à la mort du malheureux Charles VI, devenir roi légitime de France, devint la cause et le prétexte d'une infinité d'exactions. Henri V, qui avait pressuré la Normandie quand il n'était que prétendant à la couronne de France, ne ménagea pas davantage les autres provinces, et ajouta aux charges, déjà si lourdes, une taxe générale, sous forme d'emprunt forcé, et une refonte des monnaies (fig. 151 et 152), sans préjudice de beaucoup d'autres impôts excessifs.

. En même temps, le dauphin Charles, qualifié *roi de Bourges,* parce qu'il s'était retiré au centre du royaume, avec sa cour et ses partisans (1422), éprouvait un impérieux besoin d'argent; il aliénait donc les biens de l'État, il levait des aides et des subsides,

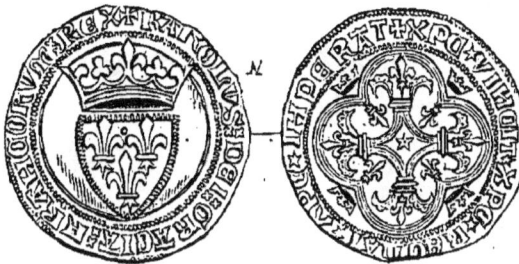

Fig. 150. — Écu d'or à la couronne. Charles VI.

dans la circonscription des provinces qui lui restaient fidèles (fig. 153 et 154), et empruntait des deux mains, soit à l'Église, soit à la noblesse. Cependant il y eut des exceptions douloureuses; l'héritier de la couronne dut transiger sur bien des points, tantôt avec un seigneur suzerain dont il marchandait les services, tantôt avec une ville, tantôt avec une abbaye, tantôt avec des corps influents, tels que les universités, les corporations de métiers, etc., auxquels il accordait des exemptions, des privilèges, des transformations d'impôts, etc. On peut dire que Charles VII traita de gré à gré pour le rachat de l'héritage de ses pères. Villes et provinces, Paris, Rouen, Bordeaux, la Bretagne, le Languedoc, la Normandie, la Guyenne, ne se donnèrent au roi que moyennant des conditions plus ou moins avantageuses.

Quant à la Bourgogne, à la Picardie, à la Flandre, qui étaient distraites de la suzeraineté de Charles VII depuis le traité d'Arras (1435), elles adoptèrent avec bonheur le régime financier inauguré par le duc de Bourgogne Philippe le Bon.

Charles VII reconquit son royaume par une bonne et habile politique autant que par les armes. Il eut sans doute à se louer

Fig. 151. — Agnel d'or de Henri V.

Fig. 152. — Grand blanc ou florette de Henri V,
frappée à Rouen à partir de 1419.

de la vaillance et de l'attachement de ses capitaines, mais il dut principalement le succès de sa cause à un seul homme, à son *argentier,* à ce fameux Jacques Cœur, qui avait l'art de lui fournir toujours de l'argent, en s'enrichissant lui-même. Voilà comment Charles VII, dont les finances avaient été relevées par le génie de Jacques Cœur, put enfin rentrer triomphalement dans sa capitale, rattacher à la couronne une partie des domaines qu'elle avait possédés, ou en préparer le retour dans un avenir prochain, dégager les charges de l'État audacieusement usurpées et apporter un adoucissement réel aux maux endurés avec tant de courage par ses sujets.

Il réprima « les malices et mangeries de la justice », arrêta le trafic qu'on faisait des emplois, s'efforça d'abolir une foule de péages indûment établis, exigea des receveurs généraux deux comptes annuels de leurs opérations, et en régularisant la taille

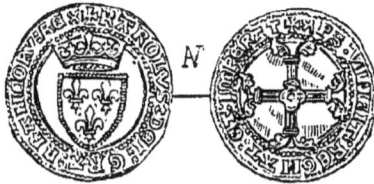

Fig. 153. — Demi-écu d'or de Charles VII,
créé le 26 avril 1438.

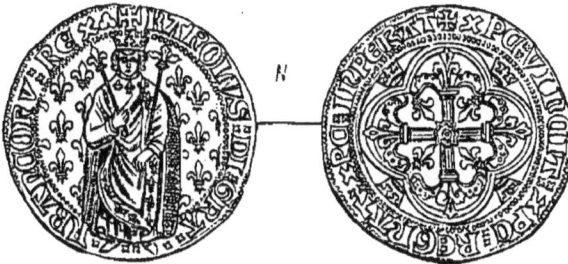

Fig. 154. — Royal d'or de Charles VII, frappé
à Lyon de 1429 à 1432.

il en affecta le produit exclusivement à l'entretien ainsi qu'à la solde de l'armée. Dès lors, de féodal et transitoire qu'il était, cet impôt de la taille (qui produisit 1,800,000 livres sous ce règne) devint un impôt royal fixe et perpétuel; ce qui était le plus sûr moyen d'arrêter les pilleries et les excès des gens de guerre, que les campagnes avaient subis, comme des fléaux inévitables, depuis tant d'années. C'était là réaliser d'importantes conquêtes libérales sur l'omnipotence tyrannique des grands vassaux. On regrette toutefois de voir les *répartiteurs* d'impôts, qui depuis leur création par saint Louis avaient été élus par les villes ou les communautés, passer, en titre d'office, à la nomination du roi.

Le duc de Bourgogne Philippe le Bon *taillait* peu ses sujets; aussi, dit l'historien Comines, « ils estoient comblez de richesses et en grand repos ». Mais Louis XI ne l'imita point. Son premier soin avait été de réhabiliter Jacques Cœur, ce grand négociant, cet habile financier, à qui le royaume, non moins qu'à Jeanne d'Arc, avait dû sa délivrance, et que Charles VII avait eu la faiblesse de laisser condamner en justice, sous les plus misérables prétextes (1). Louis XI, qui avait besoin de réunir le plus d'argent possible, vida l'*épargne* de son père; puis il accrût la taille, mit un droit d'entrée sur les vins, imposa les offices, etc. Une révolte éclata, qui fut étouffée dans le sang.

Il se trouva bientôt en présence de la *Ligue du bien public,* formée par ses grands vassaux dans le but apparent d'abolir les *charges de pécune,* qui écrasaient le peuple, mais avec l'intention secrète de relever la féodalité et d'amoindrir le roi; il n'était pas de force à l'emporter de haute lutte : il céda. Les seigneurs ligués s'attribuèrent d'immenses avantages, et Louis XI dut accepter le contrôle de « trente-six notables préposés au faict des finances ». Loin de s'avouer vaincu, il divisa ses ennemis pour en triompher et inclina adroitement du côté de la bourgeoisie, en lui octroyant de nouveaux privilèges, en abolissant ou diminuant certaines taxes vexatoires dont elle se plaignait. Les notables qu'on lui avait donnés pour contrôler ses actes financiers ne réformèrent rien : timides et dociles sous l'œil cauteleux du roi, ils lui prêtèrent, au contraire, un tel appui, qu'en peu d'années les tailles s'élevèrent, de 1,800,000 écus (environ 45 millions de

---

(1) *Voy.* le chapitre *Commerce,* à la fin du volume de cette collection intitulé LA MARINE ET LES COLONIES.

francs, au taux actuel), à 3 millions 6oo,ooo écus (95 millions). Vers la fin du règne, elles dépassaient 4 millions 7oo,ooo écus, environ 13o millions de notre monnaie (fig. 155).

Quand on vit une femme, Anne de Beaujeu, sœur aînée du roi mineur, saisir les rênes du gouvernement, comme régente (1483), on exigea la prompte réparation des maux que les gens de finance avaient fait subir au peuple : il fallut presque immédiatement sacrifier le trésorier général Olivier le Dain, le procureur général

Fig. 155. — Écu d'argent à la couronne. Louis XI.

Jean Doyat, puis licencier 6,ooo Suisses, révoquer les pensions du dernier règne, ainsi que les aliénations du domaine, et faire remise d'un quartier des tailles. Cette satisfaction donnée à l'opinion publique, les états généraux furent convoqués. Le tiers y montra un sens pratique remarquable, surtout dans les questions de finance; il prouva l'illégalité des rôles de répartition et le mensonge des chiffres, qui n'accusaient que 1,65o,ooo livres de subsides, tandis qu'il y en avait trois fois plus; il établit, par des calculs exacts, que les aides, les gabelles et les revenus du domaine suffisaient amplement aux besoins du pays et de la couronne; il ne voulut accorder au petit roi Charles que 1,2oo,ooo livres, « par manière de don et d'octroi », pendant deux années, et 3oo,ooo livres « pour joyeux avènement et frais du sacre ».

L'assemblée dissoute, la régente éluda les engagements qu'elle
avait pris, prorogea la taille, et acheva, les armes à la main, le
triomphe du souverain pouvoir sur les derniers grands vassaux
de la couronne.

Charles VIII, pendant quatorze années de règne, ne cessa de
gaspiller le trésor. Sa désastreuse expédition pour la conquête
du royaume de Naples le força d'emprunter au taux de 42 pour
100; peu de temps avant sa mort, il avouait ses fautes, mais il
continuait à dépenser, sans règle et sans frein, en prodigalités de
toutes sortes et surtout en bâtiments (fig. 156). Sous son règne, les
dépenses atteignirent presque toujours le double des revenus; en
1492, elles avaient été de 7,300,000 francs (environ 244 millions
d'aujourd'hui). Chaque année, on comblait le déficit par un
impôt général, « duquel ni prélats ni gentilshommes ne payaient
chose aucune, mais seulement le peuple ».

Le peuple respira lorsque le duc d'Orléans, qui fut Louis XII,
monta sur le trône : ayant choisi pour premier ministre Georges
d'Amboise, pour secrétaire principal des finances Florimond Robertet, il entra résolument dans la voie des économies. Il ne voulut pas demander à ses sujets son droit de joyeux avènement; la
taille descendit, par remises successives, à la somme de 2,600,000
livres (environ 76 millions); tout monopole sur le sel fut aboli,
et l'on régla le mesurage de cette denrée; les collecteurs d'impôts
durent résider dans leurs cantons respectifs et soumettre leurs
rôles aux élus royaux, avant d'en opérer la perception; une discipline sévère arrêta les *pilleries* du soldat.

Malgré les ressources que procurait au roi l'hypothèque d'une
partie des domaines de la couronne, malgré l'excellente administration de Robertet, qui parvenait presque toujours à payer les
dettes publiques, sans grever le peuple, il fallut bien, en 1513,

après plusieurs expéditions désastreuses en Italie, emprunter sur le domaine royal 400,000 livres (10 millions, au taux actuel), et porter, au total de 3,300,000 livres (environ 80 millions) les aides, les subsides et la taille (fig. 157). Ce fut pour la nation un moment de gêne et de souffrance, mais passager et peu sensible, car le

Fig. 156. — Écu d'or à la couronne. Charles VIII.

Fig. 157. — Écu d'or au porc-épic. Louis XII.

commerce, tant extérieur qu'intérieur, prenant beaucoup d'extension, produisait des péages considérables, et la vente des offices de finance, des lettres de noblesse, des charges aux parlements et de nombreux emplois de judicature, procurait au Trésor d'importantes ressources.

Au point de vue administratif et financier, le règne de François Ier ne fut pas du tout une époque de renaissance et de progrès ; le progrès en matière de finances date de Charles V, et les grands organisateurs financiers furent Jacques Cœur, Philippe le Bon, Louis XI et Florimond Robertet. Cependant, on peut savoir gré aux ministres et aux jurisconsultes de ce temps-là d'avoir institué les droits d'enregistrement, de timbre et de mutation, qui n'existaient pas en France auparavant, et dont l'idée fut empruntée aux empereurs romains; il faut aussi leur faire honneur de la création des rentes perpétuelles, sous le nom de *dette publique,* servies alors au taux de 8 pour 100. Sous ce règne, à la

Fig. 158. — Teston d'argent. François Ier.

fois éclatant et désastreux, les surtaxes furent inouïes, la vente des offices considérable et productive, puisqu'un siège de conseiller au parlement coûtait 2,000 écus d'or (près d'un million).

Il fallait de l'argent à tout prix (fig. 158). Partout on emprunta : Église, noblesse, bourgeoisie, livrèrent leur argenterie et leurs joyaux, pour approvisionner la Monnaie, qui ne cessait de fabriquer des espèces (fig. 159); les métaux précieux affluaient chez les changeurs, par suite de la découverte de l'Amérique et de l'exploitation des mines d'or et d'argent (fig. 160 à 162); mais la fortune publique n'en était pas plus prospère, et le peuple manquait des objets de première nécessité. Le roi et la cour dévoraient tout. Les villes, les monastères, les grandes corporations étaient, en outre, tenus de fournir au roi un certain nombre

d'hommes de guerre, fantassins ou cavaliers montés. L'établissement de la loterie et d'une banque de dépôts, le monopole

Fig. 159. — Chambre et hôtel des monnaies; d'après une gravure de la traduction de l'ouvrage latin de Fr. Patricius; *De l'institution et administration de la chose politique*; 152o.

des mines, les taxes d'importation, d'exportation et de fabrication, produisirent des sommes immenses, au profit du Trésor,
qui se vidait sans cesse et qu'il fallait toujours remplir.

Fig. 160 et 161. — Extraction des métaux précieux. Détails du collier de cérémonie
du doyen des orfèvres de Gand. xvᵉ s.

Quoique fort onéreux, les impôts étaient alors payés avec une
docilité dont un ambassadeur de Venise a rendu témoignage :
« Les Français, » écrivait-il en 1546, « ont entièrement remis
leur liberté et leur volonté aux mains du roi. Il lui suffit de dire :

« Je veux telle ou telle somme, » et l'exécution est aussi prompte que si c'était la nation entière qui eût décidé de son propre mouvement. »

Fig. 162. — Extraction des métaux; d'après une gravure sur bois du xviᵉ siècle.

François Iᵉʳ épuisa, par son luxe, ses caprices et ses guerres, toutes les sources du crédit. Le vieux surintendant des finances Jean de Beaune, baron de Semblançay, accusé de détournement des fonds publics, était mort victime d'injustes accusations. Flori-mond Robertet, déjà en exercice, et Guillaume Bochetel, qui lui succédèrent, furent plus heureux que lui : ils réussirent à centra-liser les opérations du Trésor, sans rencontrer sur leurs pas les embûches d'un procès criminel, et ils purent ainsi établir, entre 16 recettes générales du royaume, un rayonnement de compta-bilité qui s'est maintenu jusqu'à nos jours.

Sous Henri III, le désordre fut porté au comble. Lorsque le parlement refusait l'enregistrement des édits bursaux, le roi les faisait recevoir d'autorité dans les lits de justice (il y en eut une fois 26, qui passèrent ainsi dans la même séance); et, aussitôt cette formalité remplie, ils étaient livrés aux fermiers italiens, qui avançaient la moitié ou le tiers des deniers pour avoir le tout. La dilapidation était poussée à un si haut point, qu'il parvenait à peine dans les coffres du roi le quart des millions perçus en son nom. Depuis la fin du règne de Louis XII jusqu'à la mort d'Henri III, c'est-à-dire durant une période de soixante-quinze ans, les impôts avaient plus que quintuplé.

Arrêtons-nous ici pour examiner quelle était l'administration financière à cette époque.

De 1523 date la création d'un trésor central nommé *épargne*, où devaient être versés tous les produits des domaines et des dif-férents impôts. « Le *trésorier de l'épargne*, » dit M. Cheruel, « fut le véritable trésorier de France; mais en même temps on le soumit à des principes rigoureux de comptabilité; chaque semaine, il devait établir la comptabilité des recettes et des dépenses. Deux contrôleurs généraux surveillaient son administration. Les autres agents de finances furent aussi astreints à une exacte comptabi-lité : à partir d'une époque fixée, s'ils n'avaient pas versé l'argent provenant des impôts et du domaine, ils devaient en servir l'in-térêt. Les malversations étaient sévèrement réprimées, et punies de mort en certains cas. François Ier établit aussi de nouvelles circonscriptions de finances, et institua 16 *receveurs généraux;* son fils Henri II en porta le nombre à 17. On appela ces circonscriptions *généralités;* elles furent augmentées dans la suite et conservées jusqu'à la Révolution (fig. 163). »

Le besoin d'argent fit multiplier outre mesure le nombre des agents de perception, dont les offices étaient, en quelque sorte, mis à l'encan, et la chambre des comptes ne suffit plus à contrôler toute la gestion financière. On en créa successivement 8 autres, et en 1786 il y en avait 10, qui jugeaient toutes sans appel les causes de leur ressort. Un semblable dédoublement fut appliqué à la cour des aides. Enfin, Henri III institua, en 1577, les *bureaux de finances :* établis dans chaque généralité, ils furent chargés de la répartition des impôts, de la surveillance des employés d'un rang inférieur et de la juridiction en matière d'impôts avec appel aux parlements. Cet ensemble d'institutions financières s'est maintenu pendant toute la durée de l'ancien régime; les réformes de Sully et de Colbert portèrent bien plutôt sur l'emploi des deniers publics que sur l'organisation administrative.

Henri III avait donné la direction des finances au marquis d'O, homme profondément corrompu et dont la gestion fut une source de désordres et de scandales. Après la mort de ce ministre (1594), Henri IV supprima la charge de surintendant et établit un conseil des finances. Mais il ne tarda pas à s'en repentir : « Je me suis donné huit mangeurs, » écrivait-il à Sully, « au lieu d'un seul que j'avais auparavant. En quelques années, ils ont consommé plus d'argent qu'il n'en aurait fallu pour chasser l'Espagnol de la France, aidés qu'ils sont d'ailleurs, dans le pillage des deniers publics, par cette prodigieuse quantité d'intendants qui se sont fourrés avec eux par compère et par commère. » Parmi les nombreuses concessions qui signalèrent leur passage aux affaires, on cite le marché des cinq grosses fermes (recouvrement des impôts dans douze grandes provinces), vendues aux traitants pour le quart de leur valeur, à la condition que les soumissionnaires partageraient avec les huit directeurs les bénéfices énormes qu'ils devaient réaliser au détriment du Trésor et des contribuables.

Pour remédier au mal, qui empirait de jour en jour, le roi fit entrer Sully dans le conseil et l'envoya ensuite, en qualité de commissaire extraordinaire, dans quatre des principales généralités. La dette s'élevait à 296,620,252 livres, d'après les calculs de Forbonnais, ce qui équivaudrait à plus d'un milliard de la monnaie actuelle. On percevait chaque année 150 millions d'impôts; mais, rapporte Sully « une effrénée quantité d'officiers détruisaient tous les revenus », et il entrait à peine 20 millions dans l'épargne. Le conseil supprimé, ce grand homme, nommé surintendant (1599), put continuer avec plus d'efficacité ses recherches sur la situation financière du royaume.

Une de ses mesures les plus sages fut d'expédier aux receveurs généraux des modèles de compte, où tout était prévu, classé, détaillé, avec l'ordre de les lui renvoyer accompagnés des pièces justificatives. Comme il découvrit que le Trésor payait des rentes qui avaient été rachetées ou constituées sans argent, il enjoignit de n'en payer dorénavant aucune, sans un arrêté qui en constatât la validité. En outre, il racheta toutes celles qui existaient sur les tailles, les gabelles, les décimes et autres taxes, ainsi que sur le domaine, les villes, pays et communautés. Aux dilapidateurs et aux courtisans qui en étaient détenteurs il ôta le produit des aides et des parties casuelles pour le restituer au Trésor. Chose plus admirable encore, il trouva le moyen de faire des remises considérables sur les tailles et de diminuer les autres impôts, dans le même temps où il acquittait en partie les

Fig. 163. — Le receveur d'impôts. Fac-similé d'une gravure sur bois de l'ouvrage de Damhoudère, *Praxis rerum civilium*, 1557.

dettes de l'État, et faisait exécuter de toutes parts des travaux de restauration sur une vaste échelle.

On doit aussi rapporter à Sully l'honneur d'avoir conçu, le premier, la pensée d'un compte rendu sur la situation générale des finances et sur le budget des recettes et des dépenses. Dès 1601, il présenta au roi cinq états, rédigés sous sa direction, et contenant 1° tout ce qui se levait d'argent en France, tout ce qui devait en être déduit pour frais de perception; 2° tout ce que le Trésor devait recevoir pendant l'année suivante et l'emploi qu'il fallait en faire; et les trois autres, la recette et la dépense concernant l'artillerie, la grande voirie, les ponts, les routes, la fortification, les places fortes, etc. Les économies publiques qu'il avait réalisées s'élevaient, à la fin de sa carrière officielle, à la somme de 35 millions de livres (monnaie du temps), déposée à la Bastille.

Après la mort d'Henri IV, les désordres et les malversations ne tardèrent pas à reprendre leur ancien cours, et l'épargne du grand ministre fut livrée au pillage. « Depuis cinq ans, » disait le surintendant d'Effiat en 1626, « les fermiers, traitants, receveurs généraux, n'avaient pas rendu de compte. » Celui-là était un honnête homme, qui parvint, sinon à détruire, du moins à atténuer le mal. Ses successeurs le firent vivement regretter, surtout l'Italien Particelli, insigne prévaricateur, qui imposa, par parenthèse, des droits d'entrée à Paris. Sous le ministère du cardinal de Richelieu, trop occupé de la politique pour ne pas négliger les finances, les impôts s'élevèrent avec une rapidité jusqu'alors sans exemple; on en rétablit plusieurs, entre autres la taxe du vingtième ou du sou pour livre, bientôt convertie en une somme fixe, et l'on en créa de nouveaux sur les produits du sol et de l'industrie, notamment sur le tabac.

Le ministère de Mazarin exagéra encore le désordre des

finances. La France payait, à sa mort, 85 à 90 millions

Fig. 164. — Nicolas Fouquet (1615-1680), marquis de Belle-Isle, surintendant des finances; d'après le portrait dessiné et gravé par Nanteuil.

(monnaie du temps), dont 35 seulement pouvaient être appliqués aux dépenses ordinaires, qui s'élevaient presque au double; la fortune personnelle du tout-puissant cardinal était supérieure au montant des revenus annuels du royaume. Fouquet (fig. 164) suivit les errements de ses prédécesseurs, qui avaient été, presque tous, plus prodigues et plus coupables que lui. La fatalité

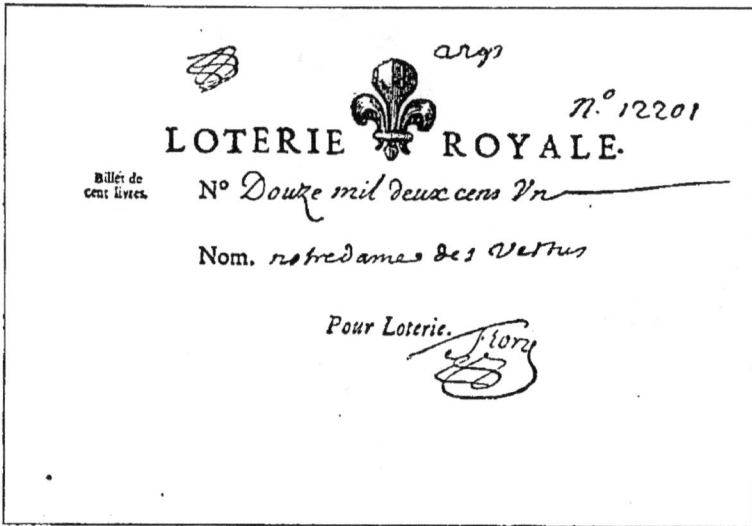

Fig. 165. — *Billet d'une loterie royale*, établie par deux édits de 1704. (Fac-similé.)

voulut qu'avec des qualités qui rachetaient ses défauts, il payât cruellement pour les autres. Avec lui finit la surintendance des finances (1661).

Heureusement, Colbert vint alors sauver la France d'une ruine imminente. Louis XIV n'avait pas voulu que le nouveau

ministre, qu'il revêtait de la charge de *contrôleur général,*
pût jamais être comptable et ordonnateur à la fois, comm e

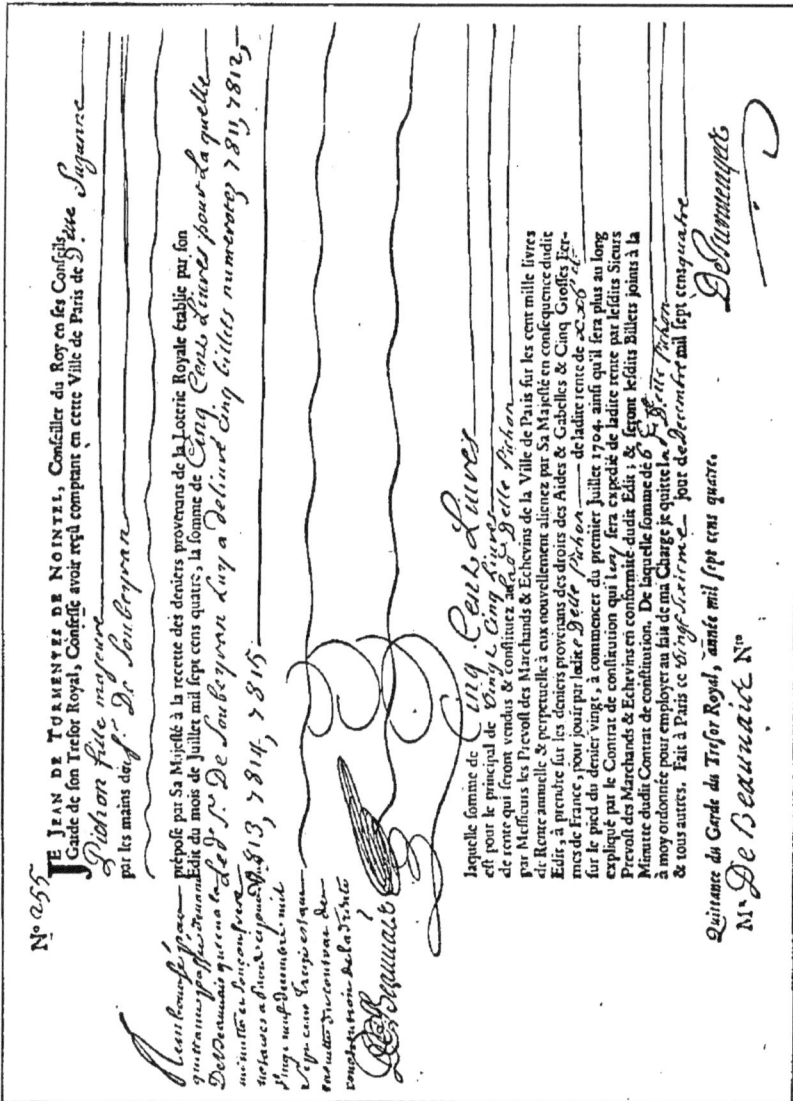

Fig. 166. — *Quittance en accordant le contrat de constitution de rente* signée par le garde du trésor royal et un notaire, et au dos, par le contrôleur général des finances de France, Chamillart. Le remboursement, effectué en 1713, est mentionné sur ce titre par le notaire Beauvais. (Fac-similé.)

Le but de cette loterie et du contrat de constitution de rente, par le prévôt des marchands et échevins de la ville de Paris, est indiqué au long dans la quittance.

naguère les surintendants. Au delà de 1,000 livres, toutes les
dépenses étaient seulement contresignées par lui, le roi se réservant de les signer et de les délivrer en son nom, afin d'exercer
un contrôle de chaque instant sur l'emploi des deniers publics.

Les détails de l'administration étaient confiés à un premier commis ou intendant, qui agissait avec le contrôleur général. « Travailleur infatigable », dit M. Cheruel, « dur à lui-même et aux autres, Colbert opposait un front impassible aux sollicitations des courtisans et aux plaintes des mécontents. Il procéda à la réforme des finances avec une vigueur systématique que ne lassèrent ni les pamphets de ses ennemis ni l'ingratitude de ceux pour qui il travaillait. Il lui fallut soutenir des luttes incessantes et opiniâtres contre les traitants, les parlements, les usurpateurs de privilèges et les abus provinciaux. Rien ne découragea sa fermeté, et il finit par triompher de tous les obstacles. »

On sait comment il fit exercer une active surveillance sur les moindres détails de la perception, et apporter une régularité inusitée dans la comptabilité centrale des revenus et des dépenses; comment il accorda des primes aux comptables qui faisaient le moins de poursuites, diminua les tailles de 20 millions, réduisit ou améliora le droit des aides et des gabelles; comment, après avoir restitué aux villes la moitié de leurs octrois, il voulut supprimer les douanes intérieures, pour les reporter à la frontière; et comment, malgré tous ces sacrifices, les recettes de l'État augmentèrent, de 1661 à 1667, de 31 millions. Tant de glorieux et utiles résultats suffiraient pour assurer à Colbert l'admiration de la postérité. Mais la politique ambitieuse de Louis XIV vint donner une autre direction aux travaux de ce grand homme; il lui fallut déployer toutes les ressources de son génie organisateur pour concilier les ruineuses dépenses de la guerre avec l'accroissement de la prospérité publique, l'élévation du crédit, le développement de l'industrie et les intérêts du commerce.

Colbert une fois mort (1663), le secret de cet accord fut perdu, et la science du contrôleur général, qu'il s'appelât le Peletier, Pontchartrain, Chamillart ou Desmarets, ne consista plus, selon les temps et les circonstances, que dans la combinaison des moyens les plus propres à subvenir à l'insuffisance des ressources et à combler le déficit, toujours croissant. C'est ainsi qu'on retomba dans les abus du régime proscrit par Colbert en contractant des emprunts onéreux, en refondant ou plutôt en altérant les monnaies, par la création d'une multitude d'offices inutiles (crieurs d'enterrement, vendeurs d'huîtres, visiteurs des suifs, contrôleurs de perruques, etc., toutes charges héréditaires, et octroyées au plus offrant), par le monopole de beaucoup de denrées. « Pontchartrain », dit Saint-Simon, « fournit en huit ans 150 millions avec du parchemin et de la cire. » On fut obligé d'en venir à des moyens extrêmes, tels que l'impôt de capitation, l'aliénation de domaines royaux, l'établissement des billets de monnaie et de la loterie (fig. 165 et 166), la taxe sur les baptêmes et mariages, la vente des titres nobiliaires. En vain Vauban proposa-t-il un changement radical en suppléant à tous les impôts par une taxe unique ou dîme royale, qui aurait varié du vingtième au dixième du revenu de chaque citoyen, sans distinction de classes ni de privilèges; il fut mis en disgrâce.

En mourant (1715), Louis XIV laissa une dette de 2 milliards et demi, qui font environ le triple de la monnaie moderne.

II.

Durant les quinze dernières années du règne de Louis XIV, les finances de l'État se trouvèrent dans la plus déplorable situation, et, comme le disait Voltaire, en exposant toutes les phases de cette longue décadence de la fortune publique, « il faut qu'un pays soit bien bon par lui-même pour subsister encore avec force, après avoir essuyé si souvent de pareilles secousses ».

Peu s'en fallut que la régence du duc d'Orléans ne fût inaugurée par cette banqueroute qui menaçait la France depuis le commencement du siècle : on osa déclarer tout haut, dans l'entourage du régent, que le nouveau roi n'était pas responsable des dettes de son prédécesseur, et qu'il devait les laisser au compte du défunt, dans l'intérêt de la nation !

Le déficit était, il est vrai, difficile à combler. Louis XIV, pendant soixante-douze ans de règne, avait levé sur la nation 18 milliards en numéraire, ce qui faisait, année commune, 200 millions 500 mille livres, somme effrayante pour ce temps-là. En 1715, les coffres du Trésor étaient vides et les sources de la fortune publique taries, les billets royaux discrédités et perdant un cinquième de leur valeur. Philippe d'Orléans, dont la moralité ne reculait pas devant les expédients les plus étranges, fut sur le point d'accepter la banqueroute; mais le duc de Noailles, qui présidait le comité des finances dans le conseil de régence, s'opposa énergiquement à ce funeste et inutile coup d'État, qui eût perdu la royauté et la France. Il proposa d'autres moyens de salut plus légitimes, pour diminuer la dette royale, et il parla pour la première fois, depuis Colbert, de réforme et d'économie.

Au mois de décembre 1715, suivant ses avis et ses projets, le fameux édit du *visa*, dans lequel on ne dissimulait pas le misérable état des choses, fut publié : « Dans une situation si violente, » faisait-on dire au roi, « nous n'avons pas laissé de rejeter la proposition qui nous a été faite de ne point reconnaître des engagements que nous n'avions point contractés; nous avons aussi évité le dangereux exemple d'emprunter à des usures énormes, et nous avons refusé des offres intéressées, dont l'odieuse condition était d'abandonner nos peuples à de nouvelles vexations. » L'objet du visa était de vérifier et de liquider tous les billets royaux en circulation et de les convertir en une seule espèce de billets, avec réduction de plus d'un tiers, ce qui donnait au roi 237 millions de bénéfice.

A cette époque, l'économie politique commençait à peine à formuler des systèmes, qui ne reposaient que sur des théories incohérentes et vagues; Boisguillebert, dans un livre intitulé *Détail de la France,* avait, le premier, présenté quelques idées justes et applicables sur la meilleure manière de régler et de gouverner la fortune publique. Le maréchal de Vauban partageait ces idées et probablement les avait inspirées à son neveu Boisguillebert; mais au moment où la *dixme royale* fut offerte comme une planche de salut au gouvernement de Louis XIV, il n'y avait pas encore de financiers en France, il n'y avait que des traitants et des maltôtiers.

Le peuple et la satire comprenaient sous le nom générique de *maltôtiers* tous ceux qui étaient intéressés dans la répartition et la levée des impôts et surtout de la taille, l'impôt le plus onéreux et le plus détesté de tous. Les *traitants* n'étaient autres que les anciens *partisans,* dont le nom abhorré avait comme disparu devant l'exécration universelle. Ces traitants se chargeaient du recouvrement des revenus du roi, à certaines conditions réglées par un *traité* spécial, mais ils n'avaient jamais à s'occuper de rien qui ressemblât à un système financier.

Un de ces traitants, le plus célèbre et le plus riche, Samuel Bernard, avait acquis ainsi de l'estime pour 33 millions (fig. 167). C'était, au dire de Voltaire, qui l'avait connu, « un homme enivré d'une espèce de gloire rarement attachée à sa profession, qui aimait passionnément toutes les choses d'éclat, et qui savait que le ministère de France rendait avec avantage ce qu'on hasardait pour lui. » Bernard hasarda bien des millions, et il en fut récompensé non seulement par une fortune prodigieuse, mais encore par les égards dont Louis XIV lui-même daigna l'honorer. Le roi lui fit demander, un jour, des avances considérables : « Quand on a besoin des gens », osa dire Samuel Bernard en s'adressant au ministre Chamillart, qui lui transmettait cette demande, « c'est bien le moins qu'on en fasse la demande soi-même. » Louis XIV eut une entrevue avec le banquier et en obtint plus qu'il n'espérait ; aussi crut-il s'acquitter suffisamment en lui accordant des lettres de noblesse.

Law, qui était moins honnête et moins généreux que Samuel Bernard, mais plus entreprenant et plus habile, fut aussi comblé d'honneurs avant de tomber dans le mépris et dans une profonde disgrâce. La faveur aveugle du duc d'Orléans avait fait son crédit et son audace. Ce prince était bon juge en fait de mérite, et il apprécia tout d'abord les merveilleuses qualités de cet ingénieux financier. Par lettres patentes du 2 mai 1716, le régent lui donna le privilège d'une banque, qui ne devait pas tarder à ruiner toutes les banques particulières et à se transformer en établissement royal.

Bizarre contraste! au moment même où Law obtenait le privilège, et mettait en œuvre les procédés miraculeux de cette espèce d'alchimie qui changeait le papier-monnaie en or, on constituait une *chambre ardente,* ou *chambre de justice,* pour rechercher tous les gains illicites faits par les traitants. Il s'agissait de leur faire rendre gorge, et l'on se promettait de tirer 160 millions des procès intentés à ces enrichis, qui se rachetaient la plupart à beaux deniers comptants, même après avoir été emprisonnés et con-

Fig. 167. — Samuel Bernard (1651-1739), fameux financier ; portrait gravé par P.-I. Drevet, d'après H. Rigaud.

damnés. La consternation n'avait duré qu'un instant parmi eux ; ils trouvèrent des protecteurs et surtout des protectrices. Un grand seigneur se rendit chez un de ces financiers, qui avait été taxé à 1,200,000 livres, et lui offrit son quitus moyennant 300,000 : « Ma foi ! monsieur le comte, vous arrivez trop tard, » répondit l'impudent personnage ; « j'ai fait marché avec madame la comtesse pour 150,000 livres ! »

Tous n'en furent pas quittes à si bon marché, et l'on en sacrifia quelques-uns, entre autres Poisson de Bourvalais, à la haine du peuple. En résumé, la chambre ardente nuisit beaucoup au crédit et ne fit pas rentrer plus de 15 millions dans les caisses de l'État.

Le ridicule des manieurs d'argent avait été mis au pilori de la comédie, par le Sage, dans le personnage de Turcaret. Mondor et Turcaret restèrent au théâtre les types personnifiés de ces traitants, qui disparurent ou s'effacèrent dans le monde des financiers, après les poursuites de la chambre de justice, en se dérobant à la flétrissure que leur avait imprimée un édit de 1716, qui déclarait que « la fortune des traitants était composée des dépouilles des provinces, de la subsistance des peuples et du patrimoine de l'État ». Les recherches sévères de cette chambre amenèrent la condamnation de *plusieurs milliers* de traitants, gens d'affaires, officiers comptables, commis, préposés, courtiers de rentes : on en taxa 4,410, qui étaient entrés sans fortune dans les finances, et dont les biens montaient à 800 millions ; forcés d'en restituer 307 au Trésor, il leur en resta 493, toutes dettes payées (fig. 168).

Les traitants appartenaient au règne de Louis XIV ; les financiers furent, en quelque sorte, créés par la régence et multipliés par le règne de Louis XV.

Law (prononcez *Lass*) fut un de ces financiers, mais des plus

puissants et des plus inventifs. Sa banque réussissait à mer-
veille ; les billets qu'elle avait émis circulaient partout, et l'argent
ne manquait nulle part. Cette banque était devenue le bureau général des recettes du royaume. Law ne se borna pas là ; il avait

Fig. 168. — Le Traitant, d'après une peinture satirique de Dumesnil jeune. xviiie s.

l'espoir de payer toutes les dettes de l'État, en peu d'années, avec
les profits de ses opérations financières ; il fonda, près de sa banque,
une Compagnie du Mississipi, destinée à coloniser la Louisiane, à
y exploiter des mines et à y concentrer le commerce de l'Amérique.
Cette grande entreprise promettait d'immenses avantages à ses
actionnaires : les actions haussèrent tout à coup dans une proportion excessive ; tout le monde voulait en avoir, chacun apportait

son argent aux caisses de la Compagnie. « C'était, » dit Voltaire, « un jeu nouveau et prodigieux, où tous les citoyens jouaient les uns contre les autres. »

Les bureaux de la Compagnie étaient dans la rue Quincampoix ; pendant deux ans, cette rue étroite, boueuse, infecte, fut envahie par une foule compacte qui s'y précipitait pour obtenir des actions à tout prix. Le taux de ces actions augmentait de jour en jour, d'heure en heure, et pourtant la Compagnie du Mississipi n'avait encore donné aucun dividende ni produit aucun résultat. A peine savait-on vaguement ce que c'était que le Mississipi. Il y eut des fortunes rapides, inouïes, exorbitantes ; elles allaient être suivies de ruines plus rapides encore (fig. 169 et 170).

Les grands seigneurs, les princes eux-mêmes donnaient l'exemple de cette frénésie cupide ; ils se mêlaient du trafic des actions, et ces actions, Law les leur jetait au visage. Le prince de Conti, le descendant des Condé, avait reçu de la sorte un grand nombre de ces actions, et se montrait aussi fier que joyeux de la générosité de Law : « Toutes ces actions, » lui dit un sage de cour, « ne valent pas une seule des actions de vos ancêtres! » Séduit par le succès de son système, ivre de l'ivresse qu'il avait répandue dans toute la France, Law ne connaissait plus de limites à ses projets, à ses espérances. Un dissipateur, le marquis de Canillac, le força, un jour, de pressentir la fin de cette orgie : « Monsieur », lui dit-il effrontément, « je fais des billets, je les passe et je ne les paye pas. Vous m'avez donc volé mon système? »

La sagesse du parlement ne put prévaloir contre la folie du jour : il adressa des remontrances sévères au roi, il refusa d'enregistrer des édits qui étaient à ses yeux des désastres pour la fortune publique ; il décréta même d'accusation l'audacieux agioteur, qui avait mis le vertige dans les têtes les plus saines, dans les esprits

les plus graves : peu s'en fallut que l'auteur du *système* ne fût jugé et pendu, séance tenante. Aussi Law en avait-il gardé rancune au parlement, qu'il aurait détruit ou supprimé, en remboursant avec ses billets toutes les charges qu'il proposait de remettre ainsi entre les mains du roi. Sa banque devint, en 1719, la banque royale; aux affaires chimériques du Mississipi étaient venues se joindre des affaires plus sérieuses et plus dignes du gouvernement qui les prenait sous sa garantie.

La banque royale acquit le privilège de l'ancienne Compagnie des Indes, tombée en décadence depuis Colbert, qui l'avait créée ; elle avait accaparé le commerce du Sénégal, les tabacs, les postes, toutes les fermes générales du royaume. Mais alors l'argent commençait à manquer, et bientôt il manqua tout à fait. On ne voyait plus que du papier. La valeur des actions de la banque royale représentait, en 1719, quatre-vingts fois tout le numéraire qui pouvait exister dans le royaume; mais en trois mois, elles baissèrent et tombèrent à rien. Law fit des prodiges d'industrie pour relever ces actions, pour maintenir la valeur représentative des billets de banque.

Le duc d'Orléans l'avait fait nommer contrôleur général des finances, dans l'espoir de lui fournir des moyens plus énergiques de défendre le crédit et de soutenir la banque royale. Il n'était plus possible d'empêcher ni de suspendre la débâcle monétaire. Les édits les plus tyranniques, les plus monstrueux, ne servirent qu'à l'accélérer, à la rendre plus terrible : ordre du roi d'apporter à la banque toutes les espèces d'or et d'argent, pour les échanger contre des billets; défense, sous peine de confiscation, de conserver plus de 500 livres en numéraire.

Ce fut le coup de grâce : la panique s'empara de qui n'avait plus que du papier, au lieu d'argent; la foule assiégea la banque

royale, pour échanger contre espèces les billets, qui avaient cours
forcé. On s'écrasait aux guichets, qui restaient ouverts, mais
inexorable. Il fallut escompter à des taux usuraires; ce qui raviva
l'agiotage, sans relever la valeur des actions ni des billets. La

Fig. 170. — Bombario, dont la bosse servait de pupitre aux agioteurs et qui, à ce métier,
gagna, dit la chronique, 150,000 livres en peu de jours. Tiré d'un recueil satirique, publié
en Hollande en 1720.

banque royale avait été transportée du palais Mazarin, situé dans
la rue Vivienne, à la place Vendôme, qui était encombrée jour et
nuit d'une multitude en délire. Déjà presque tout l'argent monnayé,
qui était venu s'engouffrer dans les caisses de la banque, en avait
disparu comme par enchantement; le prince de Conti en fit enlever
trois voitures pleines. La plupart des anciens traitants, ceux-là
même que la chambre de justice avait condamnés à restitution

s'en étaient vengés par l'accaparement des espèces métalliques, qui sortirent de France en n'y laissant que des billets.

Law chercha, essaya des moyens héroïques pour redonner à ces billets la valeur qu'ils perdaient de jour en jour : par édit du roi, les remboursements de rentes et les pensions ne devaient plus être fournis qu'en papier, par l'État, et déjà ce papier n'avait plus cours, malgré tous les édits que le parlement avait refusé d'enregistrer. Il y avait encore des gens qui s'enrichissaient au milieu de la misère générale; c'étaient ceux qui, à l'exemple du gouvernement, payaient leurs dettes avec des billets que personne ne voulait plus recevoir (fig. 171 à 173).

Le duc d'Orléans ne pouvait plus soutenir l'auteur de pareils désordres sociaux; il avait tenu tête au parlement, il n'osa pas résister au peuple furieux, qui se faisait écraser aux portes du Palais-Royal, en demandant à grands cris qu'on lui livrât Law, qui s'y était réfugié. Il ne livra pas cette victime expiatoire, il la sauva, au contraire, en favorisant la fuite de l'imprudent financier, entre les mains duquel il avait mis la fortune publique. Suivant certain témoignage, Law n'emportait avec lui que 2,000 louis, qu'il eut bientôt dépensés à Venise, où il mourut, en 1729, dans la pauvreté et dans l'oubli.

Les deux grands coupables furent le duc d'Orléans et le duc de Bourbon; ce dernier seul avait épuisé de billets et d'argent la banque de Law, à ce point que le conseil de régence faillit lui faire restituer deux ou trois cents millions, comme si c'eût été un simple traitant. Quant au duc d'Orléans, qui se laissait trop éblouir par des promesses et par des espérances, il avait montré à l'égard de Law une confiance trop aveugle, une déplorable faiblesse : il fut forcé d'avouer qu'il l'avait autorisé à émettre des billets de banque pour 1,200 millions au delà du chiffre fixé par les ordonnances du roi! Le chiffre total des billets émis s'élevait donc à 2 milliards 700 millions, qui n'étaient représentés que par les affaires chimériques du Mississipi et par les ressources insuffisantes de la Compagnie des Indes, à laquelle on devait céder la ferme des tabacs.   . o

Fig. 171 à 173. — Un Crieur à la Bourse; Law tirant, à pied sec, le poisson de l'eau, avec ses hameçons; un Agioteur. D'après une caricature de l'époque.

A Law succèdent des financiers moins audacieux et plus modestes. Ce sont les quatre frères Pâris, qui avaient été ses rivaux et qui n'étaient pas étrangers à sa ruine. La valeur du marc d'argent, qui n'était que de 37 à 40 livres sous Louis XIV, s'élevait alors à plus de 90; il avait été de 120, à la fin du système, lorsque le numéraire se tenait caché en présence de la chasse incessante que lui faisaient les édits du roi.

Les frères Pâris parèrent à la banqueroute imminente de l'État, en faisant exécuter le recensement de toutes les fortunes par un

tribunal composé de maîtres des requêtes et autres juges. Plus de
500,000 citoyens, la plupart pères de famille, portèrent à ce tribunal
tout ce qu'ils possédaient en actions et en billets royaux (fig. 174),
et ces dettes innombrables furent liquidées à 1,631 millions, numéraire effectif en argent, que l'État prit à sa charge. Les pauvres
rentiers ne recevaient pas alors un pour cent d'arrérages sur les
capitaux qu'ils avaient avancés au roi sous le dernier règne ! L'État
fit tous les sacrifices nécessaires et supporta toutes les pertes ré-
sultant de l'augmentation excessive du taux de l'argent.

Cependant, l'assiette des impôts n'avait presque pas changé;
seulement, la perception en était plus difficile et plus douloureuse,
sinon plus vexatoire, car ces impôts devaient être perçus de gré ou
de force, quelle que fût la misère du peuple des villes et des campagnes.

La taille formait toujours le produit principal des revenus du
roi; chaque année, le conseil royal des finances en fixait le chiffre
pour l'année suivante, et les 19 généralités taillables du royaume
avaient à y pourvoir d'avance. La répartition était faite par les
trésoriers et les intendants, sur les élections composant les généralités, et chaque paroisse se chargeait de prélever les sommes que
ses habitants étaient tenus de fournir. On comprend que cette
taxation arbitraire et trop souvent injuste donnait lieu à d'interminables disputes. On estimait à plus de 100,000 le nombre des
privilégiés, qui se prétendaient exempts de payer la taille et la plupart des autres impôts. Quant aux malheureux qui ne pouvaient
pas payer, ils étaient en butte à toutes les violences de la part des
agents du fisc.

Citons à ce sujet l'auteur de la *Dixme royale* : « Les tailles sont
exigées avec une extrême rigueur et de si grands frais, qu'il est
certain qu'ils vont au moins à un quart du montant de la taille.

N.º *149277*   Cent livres Tournois.

L A BANQUE promet payer au Porteur à vüe Cent livres Tournois
en Eſpeces d'Argent, valeur reçeüe. A Paris le premier Janvier mil
ſept cens vingt.

Vû p.ʳ le S.ʳ Fenellon.   Signé p.ʳ le S.ʳ Bourgeois.

                                           Controllé p.ʳ le S.ʳ Durevest.

Il est même assez ordinaire de pousser les exécutions jusqu'à dé-
pendre les portes des maisons, après avoir vendu ce qui était dedans, et on en a vu démolir, pour en tirer les poutres, les solives
et les planches, qui ont été vendues cinquante fois moins qu'elles
ne valaient en déduction de la taille. » Les paysans portaient des
habits en lambeaux et laissaient leurs terres en friche, pour se
soustraire aux exigences des répartiteurs. Deux autres impôts,
moins onéreux que la taille, mais plus insupportables, qui n'avaient
été créés qu'à titre provisoire et qui se perpétuaient d'année en
année, la capitation et le dixième, pouvaient cependant disparaître
d'un jour à l'autre.

Quant aux gabelles, abhorrées par tradition, elles ne produi-
saient presque plus rien et ne rencontraient plus de résistance
dans le peuple. Mais la formidable armée que formaient les employés des aides, des gabelles, des tailles, des douanes et des
fermes générales, n'en vivait pas moins sur le travail et sur l'économie des classes inférieures. Noblesse, clergé, magistrature,
contribuaient à peine, d'une manière indirecte et mal équilibrée,
aux charges de l'État.

La direction et l'administration supérieure des finances s'exerçaient par les soins du contrôleur général et sous les yeux d'un
conseil ayant voix consultative, sans préjudice de la surveillance
indirecte des cours souveraines, la cour des aides, la chambre des
comptes et la cour des monnaies.

La ferme générale était une administration particulière, approuvée par l'État en 1720, et agissant de sa pleine autorité en vertu
du privilège que l'État lui concédait pour l'exploitation des droits
de consommation, tels que ceux du sel, du tabac, des entrées à
Paris, etc. Elle contractait avec le gouvernement des baux renou-
velables à des époques convenues, et elle offrait, en garantie de

sa gestion, les signatures de quarante fermiers généraux responsables. Pendant les cinq premières années de son existence, la régie de la ferme générale ne rendit au Trésor que 55 millions, mais le nouveau bail, conclu en 1726, fut porté à 80 millions, et depuis il ne cessa de s'accroître de telle sorte, que le nombre des fermiers généraux fut élevé de 40 à 60. Ils étaient tous millionnaires, puisque leurs gains, dans l'espace de cinq années, de 1726 à 1730, quand ils n'étaient encore que 40, dépassèrent 156 millions.

On s'explique ainsi la magnificence aristocratique et le luxe extraordinaire que les fermiers généraux déployèrent pendant tout le dix-huitième siècle. C'étaient presque de grands seigneurs, la plupart de bonne naissance. Voltaire, qui avait vécu dans l'intimité des plus fameux d'entre eux, disait : « Il y a de très grandes âmes parmi ceux qu'on soupçonne de n'avoir que des âmes intéressées. » Les secours pécuniaires qu'ils fournirent à Louis XV, dans la funeste guerre d'Allemagne, témoignèrent de leurs nobles sentiments : ils avaient emprunté pour le roi à 5 pour 100, et ils ne reçurent du roi que ce faible intérêt. Dans la disette de 1740, où l'on accusait la maltôte de ruiner la Normandie et de jeter des bandes de mendiants hors des campagnes, un fermier général nourrit à ses frais toute une province, en lui envoyant du blé. Ce fut seulement après la mort de Samuel Bernard, qu'on apprit les secrets de sa générosité et de sa bienfaisance.

On comprend que le cardinal de Fleury, en présentant au roi les fermiers généraux, qui venaient de signer un bail avec le contrôleur général, ait dit à leur éloge : « Voilà, Sire, les quarante colonnes de l'État. » Mais on ne comprend pas que le marquis de Souvré se soit permis d'ajouter, en guise de commentaire : « Oui, Sire, ils soutiennent l'État, comme la corde soutient le pendu. »

Exploités sans cesse par les courtisans, les financiers étaient néanmoins le point de mire de leurs sarcasmes et de leurs malices (fig. 175). Ils savaient acquérir et conserver leur fortune; les nobles, au contraire, dilapidaient la leur et avaient constamment recours à la munificence du roi, sinon à des emprunts ruineux. Le maréchal de Villeroy, gouverneur de Louis XV, avait du moins la franchise de dire tout bas : « Quelque ministre des finances qui vienne en place, je déclare d'avance que je suis son ami et même un peu son parent. »

Le mauvais état des finances sous le règne de Louis XV avait peut-être pour origine et pour cause première ces guerres malheureuses où la France perdit ses flottes et ses armées, guerres lointaines, entreprises et soutenues à la fois sur toutes les mers et dans différents pays étrangers. Mais il est plus juste d'attribuer aux prodigalités excessives des dépenses royales les embarras et les désordres successifs qui compromirent la fortune publique. Tous les contrôleurs généraux s'ingéniaient à créer des ressources pour des besoins qui s'accroissaient toujours, et aucun d'eux n'avait recours au remède énergique des économies.

Au début du ministère du cardinal de Fleury (1726), la situation financière paraissait satisfaisante; le revenu total de l'État était de 160 millions, « qui présentaient alors, suivant l'opinion du duc de Richelieu, un beau coup d'œil à toute l'Europe ». Vingt ans plus tard, ce revenu avait presque doublé : en 1750, il atteignait le chiffre de 300 millions; mais les dépenses avaient augmenté dans une telle proportion, que le gouvernement, loin de pouvoir supprimer l'impôt du dixième, comme il le promettait depuis longtemps, songeait à établir l'impôt du vingtième sur tous les biens meubles et immeubles. On avait repris le déplorable système des expédients; on eut recours au plus dangereux de tous, à celui des *acquits de comptant*, que le roi signait, sans qu'il y fût fait mention du genre de service auquel ils étaient ou devaient être affectés. Louis XV, naturellement économe dès qu'il s'agissait d'espèces monnayées, ne regardait pas à signer ces acquits de comptant, qui facilitèrent d'effroyables dilapidations.

De laquais devenu caissier,
Il fait tant par le tripotage
Que l'on appelle agiotage,
Qu'il se voit très gros financier ;

Mais la Fortune, qui se joue
De tel qu'elle a le plus chéri,
Lui fait faire un saut de sa roue
Jusqu'à celle du pilori.

Fig. 175. — L'Agioteur, élevé par la Fortune; fragment d'une estampe satirique du temps.

Les contrôleurs généraux se succédaient l'un à l'autre sans avoir amélioré la situation des finances. Machault (1745), un des plus habiles, avait échoué, d'abord en voulant amortir la dette de l'État par l'établissement de l'impôt du vingtième; puis en réclamant l'établissement d'un impôt territorial, auquel toutes les classes auraient été soumises. L'opposition des privilégiés le renversa. Silhouette, magistrat probe et sévère, débuta par une opération fort applaudie (1759), qui ne coûta rien à l'État : il imagina de créer

72,000 actions de 1,000 livres, donnant droit à la moitié des bénéfices dont jouissaient les fermiers généraux. Il réduisit aussi les pensions et suspendit plusieurs privilèges concernant la taille. Il proposa enfin toute une série de réformes rigoureuses que le roi semblait accepter; mais les moyens qu'il employa pour retrouver l'argent qui avait disparu achevèrent de ruiner le crédit.

Tous les fermiers généraux, qu'on surnomma les *intrépides,* se concertèrent pour faire des avances sur les impôts, qui allaient s'accroître encore. Du reste, pas le moindre changement dans les habitudes dépensières de la cour. Les économistes étaient en faveur, parce qu'ils multipliaient les plus beaux projets du monde pour payer les dettes de l'État et pour diminuer ses charges. Louis XV s'obstinait à fermer l'oreille aux remontrances des parlements; celui de Rouen n'hésita pas, en 1763, à proclamer « que si l'état actuel des finances oblige, en temps de paix, à imposer sur les peuples des fardeaux plus pesants qu'ils n'en ont porté en temps de guerre, les maux sont à leur comble et présagent l'avenir le plus effrayant ». Louis XV répondait à tout avec la même insouciance : « Cela durera bien autant que nous, et puis après, le déluge! » On trouvait toujours de l'argent, que le banquier de la cour fût Pâris de Montmartel ou Joseph de la Borde; mais l'argent coûtait cher et les impôts ne diminuaient pas, malgré les plus audacieuses combinaisons des économistes.

Le duc de Choiseul, dans le cours de son ministère, parvint à économiser plus de 250 millions; après lui, cependant, les finances n'étaient pas, en apparence du moins, mieux ordonnées.

L'abbé Terray, nommé contrôleur général (1769), eut l'imprudence d'émettre ce principe, que le gouvernement seul devait être juge souverain des engagements onéreux qu'il aurait été forcé de contracter dans des temps difficiles. C'était ériger la banqueroute en raison d'État. Ayant pour règle de conduite de ne s'astreindre à aucun principe, et de ne prendre en considération que l'utilité du moment, il obtint, par les moyens les plus arbitraires, des résultats incontestables. Grossier, brutal, on cite de lui quelques propos d'une franchise cynique. Les pauvres rentiers étaient à

Fig. 176 et 177. — Monnaies d'or et d'argent à l'effigie de Louis XV.

demi ruinés : « C'est une banqueroute partielle ! » s'écriait-on. — Si c'était une banqueroute complète, comme je l'avais conseillé, » dit froidement l'abbé, « on ne crierait pas davantage. » Quelqu'un, poussé à bout, osa lui dire en face que ses opérations ressemblaient assez à prendre l'argent dans les poches : « Où voulez-vous donc que je le prenne? » répliqua-t-il d'un air étonné.

Malgré sa fertilité d'expédients, les dépenses avaient augmenté de

26 millions et la dette exigible ou flottante s'élevait à 235, lorsque Louis XVI monta sur le trône. Le roi se piquait d'être à moitié économiste : il appela Turgot à son aide (1774). Le programme de Turgot fut un coup de théâtre : « Je me borne, » disait le nouveau contrôleur général, « à vous rappeler, Sire, ces trois paroles : Point de banqueroute, point d'augmentation d'impôts, point d'emprunts. » Ce programme ne pouvait pas être exécuté sans changer entièrement l'état social, et, dès que Turgot tenta d'affirmer son système par six édits qui n'en étaient que le prélude, il se heurta aux résistances inflexibles de la cour, des parlements, de la noblesse et du clergé, c'est-à-dire de tous les gens intéressés à repousser une égale répartition de l'impôt, l'unique moyen de conjurer la banqueroute. Du reste, il avait prévu son sort, en disant dans sa lettre au roi : « J'ai prévu que je serais seul à combattre contre les abus de tous genres, contre les efforts de ceux qui gagnaient à ces abus, contre la foule des préjugés qui s'opposent à toute réforme et qui sont un moyen si puissant dans les mains des gens intéressés à éterniser le désordre. »

Les nécessités d'argent amenées par la guerre d'Amérique obligèrent le roi à invoquer le secours d'un habile banquier de Genève, le protestant Necker (1776). Il fut accueilli comme un sauveur. Réduire les dépenses au niveau des recettes, se servir des impôts en temps ordinaire, recourir aux emprunts dans les circonstances difficiles, faire répartir l'impôt par des assemblées provinciales, assurer l'intérêt des emprunts par des économies, telle était la base de son système. En peu de temps, le crédit public fut raffermi, et la France en état de soutenir l'insurrection des colonies anglaises. Au mois de janvier 1781, Necker présenta au roi son fameux *Compte rendu* sur les finances de l'État, contenant en résumé les principaux actes de son administration. Cette œuvre, un des plus beaux titres de gloire du ministre, causa une profonde impression.

Rappelons quelques-unes de ses réformes. L'ensemble des grâces accordées à la noblesse sous différents noms formait, pour le Trésor, une charge de 28 millions de la monnaie d'alors. « Je doute, » dit Necker à ce sujet, « que tous les souverains de l'Europe ensemble payent, en pensions, la moitié d'une pareille somme. » Il supprima toutes les largesses obtenues gratuitement de la faveur ou de la faiblesse royale, et ne conserva que les pensions réellement fondées sur des services incontestables. Il supprima les intérêts dans les affaires de finances, que s'étaient arrogées les courtisans; il réduisit, de 48 à 12, le nombre des fermiers généraux, divisa les fermes en trois compagnies (douanes, gabelle, tabac); il modéra les dépenses scandaleuses de la maison du roi; il porta d'utiles améliorations dans la fabrication des monnaies, et établit une caisse d'escompte, qui fut l'origine de la Banque de France.

La faveur générale avec laquelle avait été reçu le Compte rendu excita l'ombrageuse jalousie du premier ministre, le vieux Maurepas. Il montra au faible Louis XVI un danger dans la discussion publique des actes de son gouvernement, et Necker, quoique soutenu par l'opinion publique, offrit sa démission, qui fut acceptée (23 mai 1781). « L'État fut sacrifié à la cour, » dit Ségur, « l'économie au luxe, la sagesse à la vanité. »

Deux contrôleurs généraux, Joly de Fleury et d'Ormesson, ne lui succèdent que pour témoigner de leur impuissance, sinon de leur incapacité. Calonne eut le courage de les remplacer lorsque le numéraire manquait absolument dans les caisses de l'État, et pourtant Necker avait constaté que les contributions du royaume s'élevaient à près de 600 millions. Calonne se mit à emprunter, à emprunter encore, à emprunter toujours, sans avoir égard aux plaintes continuelles du parlement. Il avait pourtant avoué au roi, dès le début de son administration, que la disproportion entre les recettes et les dépenses exigeait le remaniement du système des impôts. Le remède était pire que le mal, puisque Calonne conseillait de donner une nouvelle constitution à l'État, en changeant le régime des finances. Il avait tant et tant emprunté, qu'il ne trouvait plus d'argent, lorsque le roi, d'après ses avis, convoqua l'assemblée des notables, dans laquelle l'audacieux et imprudent ministre dénonça le terrible *déficit*, qu'il n'avait que trop contribué à augmenter. « Déficit, » dit Mercier, « mot nouveau dans notre langue et tristement naturalisé : il présente l'image d'un abîme obscur, et il ne fait naître que des agitations vagues et ténébreuses. »

Cet abîme obscur, c'était la Révolution, qui évoquait le spectre menaçant du déficit et de la banqueroute.

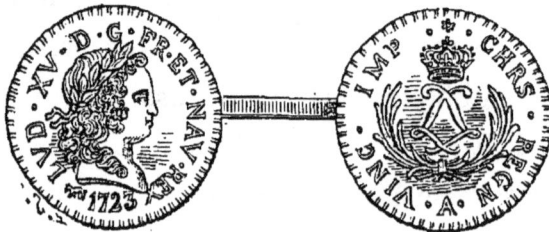

Fig. 178. — Pièce d'or de 27 livres dite mirliton. (Louis XV.)

TABLE DES MATIÈRES.

LA JUSTICE AU MOYEN AGE.

I.

LA JUSTICE.

II.

LA PÉNALITÉ.

III.

LES TRIBUNAUX SECRETS.

LA JUSTICE ET LA POLICE

DANS LES TEMPS MODERNES.

I.

www.ingramcontent.com/pod-product-compliance
Lightning Source LLC
Chambersburg PA
CBHW060140200326
41518CB00008B/1091